Revelaciones del Anticristo
(Revelations of Antichrist)

Revelaciones del Anticristo (Revelations of Antichrist)

La Relatividad Mental

Cada ser pensante logra su transformación guiándose en ambas dualidades negativa-positiva, y por primera vez comprenderá porqué nace con el cuerpo que posee, por su actitud y pensamiento en su vida anterior. Con las pruebas aportadas en estos libros, también sabrá que por su irresponsabilidad fracciona su alma con menos comprensión, por vivir la mayor parte de su vida negativamente.

Semao J. Siulcias

Número de Control de la Biblioteca del Congreso de EE. UU.:   2019904094
ISBN: Tapa Dura   978-1-5065-2867-0
                 Tapa Blanda   978-1-5065-2869-4
                 Libro Electrónico   978-1-5065-2868-7

Información de la imprenta disponible en la última página.

Fecha de revisión: 11/04/2019

Para realizar pedidos de este libro, contacte con:
Palibrio
1663 Liberty Drive
Suite 200
Bloomington, IN 47403
Gratis desde EE. UU. al 877.407.5847
Gratis desde México al 01.800.288.2243
Gratis desde España al 900.866.949
Desde otro país al +1.812.671.9757
Fax: 01.812.355.1576
ventas@palibrio.com
795112

ÍNDICE

REVELACIONES DEL ANTICRISTO

PERFIL DEL ANTICRISTO

El Anticristo viene a ratificar a Israel como encargado de la Tierra, junto a U.S.A. y el 1er Mundo bajo guía Capitalista; fue elegido desde el gran éxodo Atlante siguiendo el Arca de Noé antes de sumergirse el Continente, poblando las costas europeas y Mediterráneo, formando los países actuales. La humanidad ejerció 79,000 años sin guías, hasta el comienzo del Cristianismo creado por judíos por orden de los Maestros E.T.. Se agregan 2000 años de educación Católica Cristiana, completan los 81,000 años que posee el Ciclo de almas de la humanidad finalizado el pasado 22 de Diciembre de 2012. Revelaciones que descubre el autor desde el verano de 1984, gracias a los M.E.T. encargados de encontrarlo para cuidarlo, y posteriormente guiarlo para escribir estos libros con gratas revelaciones que destruían la humanidad.

Años después descubre el personaje que menciona la Biblia es el autor, por la marca que posee en su espalda izquierda en forma de lunar; y su fecha y lugar de nacimiento lo ratifica la numerología de Rotación y Traslación del Planeta. Así se entera que el Anticristo, no es un ser de perdición como muchos creían, ni tendrá un Dios ni religión falsa. Nació Mestizo, educado por sus abuelos en el catolicismo antiguo; hijo de un hombre blanco y madre descendiente de indios Tarahumaras (combinación de raza Amarilla y Negra), representando las 3 razas del planeta. Los Maestros extraterrestres que cuidan la Tierra, sabían que la humanidad no interpretaría los simbolismos escritos en la Biblia que enviaron a los profetas, para educarla en los 2000 años siguientes que faltaban para el final del Ciclo. Con el paso del tiempo, surgió negativamente la deformación y calificación demoniaca del Anticristo, creyendo erróneamente que venía a destruir la humanidad; cuando realmente viene a salvarla interpretando correctamente dichas alegorías y formación del hombre destruyendo el mundo. La Iglesia aparentemente sabe de su aparición al renunciar el Papa anterior, y cambiarlo por otro que hablara español, supuestamente para leer sus libros que ha escrito en su idioma desde finales del 2012. Todas las naciones deberán acatar sus revelaciones descubiertas del nuevo mundo, bajo una guía de libertad para dirigir los pueblos adelante, y terminar con las 3 filosofías que destruían al mundo el pasado Ciclo: Teocracia, Comunismo y Dictadura.

PROLOGO

La historia empieza el día que los Maestros E.T. salvan la vida del autor en verano de 1984 de una muerte segura, parando su auto Renault con fuerte aire antes de tener un fatal accidente jugando carreras. Ese día llenaba su tanque de gasolina en San Diego CA, cuando otro chofer inexplicablemente lo retó a competir quién llegaba primero a Santa Ana, en el Freeway 5 más congestionado de California. Su opositor manejaba un Chevy 79 El-Camino, aliándose otro rival en la contienda; muriendo en el accidente.

Debido al intenso tráfico ambos se turnaban la delantera; de pronto sintió el autor que un fuerte aire detenía solamente su pequeño auto, perdiendo velocidad aun con el acelerador metido hasta el fondo. Optó salir de la autopista creyendo que fallaba su motor; y al comprobar que nada tenía, regresó frustrado de perder la competencia. Al instante notó el tráfico despacio hasta detenerse, la señal de un accidente; tardando casi 3 horas para llegar hasta al lugar del siniestro. Todos pasamos por un carril mirando los autos chocados; quedando el autor estupefacto, al ver el cuerpo de su competidor tendido junto a su camioneta "El Camino". Lo cubría una manta blanca que destapó el aire y ver a su adversario fallecido; quedando impactado al verlo muerto como causante del accidente.

Durante su regreso a casa, seguía muy impresionado por la forma que el aire salvó su vida, deteniendo solamente a su auto entre cientos que corrían en ese momento. Preguntándose por el camino, ¿por qué salvaban su vida para no involucrarlo en el accidente? Ahora entendía que alguien lo cuidaba; y empezó a relacionarlos con los sueños que recibió durante 2 años, ordenándole escribir sobre la humanidad; ignorándolos por creerlos imposibles. Comprendió que los M.E.T. que enviaron los mensajes le salvaron su vida; y más confuso aún estaba preguntándose realmente a quién realmente representaba el autor.

Así experimentó por 1era vez la presencia de Extra Terrestres, con la finalidad de cuidarlo para que escribiera estos libros que necesitaba la humanidad. Con esta prueba contundente, se puso a reflexionar, que no era la primera vez que un fuerte aire salvaba su vida; había ocurrido dos veces el mismo fenómeno sin tomarle importancia. La 1era cuando tenía 16, en la noche del 5 de Mayo de 1962 cuando decidió salir de su casa rumbo a la capital de México, visitando sus familiares en el km 12½ México-Puebla en el Peñón Viejo. Coincidentemente ese día fue la inauguración de la Calzada Ignacio Zaragoza. Era de noche al bajar del autobús, al cruzar el camellón obscuro de la avenida para ir a la Colonia San Lorenzo Xicoténcatl; inexplicablemente un fuerte aire lo lanzó al suelo de espaldas justo el momento que pasaba el tren, salvándolo de morir. Jamás pensó que el ferrocarril corría en medio de camellón que separa las dos avenidas; aunado a su sordera parcial que padece, la obscuridad y los autos corriendo en ambos lados, no se percató que tenía el ferrocarril encima. Pensó que tuvo buena suerte; nunca imaginó que los Maestros lo cuidaban mediante sus Energías para salvarlo de cualquier percance, preparándolo hasta el tiempo de hacer su trabajo.

Un año después, el autor viajando de trampa en tren de carga rumbo la frontera de Tijuana buscando nuevos horizontes; sentado entre la unión de 2 vagones se quedó dormido, y antes de caer en las vías lo despertó un fuerte aire. Con este accidente, era la 2da vez salvando su vida, finalmente dio credibilidad a los mensajes que le enviaron sus Maestros mediante los sueños en los pasados 2 años, para que hiciera estos libros de revelación. Nunca los creyó pensando que eran sueños imposibles o fantasía, además no tenía la educación para hacer este trabajo. Con esta prueba contundente de salvar su vida, se convenció que formaba parte de los elegidos para investigar la humanidad. Estaba decidido a cambiar; y al llegar a su casa, relató a su esposa el milagro recibido, pidiéndole permiso para renunciar a su trabajo 6 meses y empezar la tarea encomendada por sus Maestros. Era lo menos que podía hacer, y al día siguiente arregló el garaje de su casa como un Sanctum privado como lo enseñan los Rosacruces, todavía ignorando lo que escribiría en su soledad, creyendo que 6 meses sería suficiente.

El autor desconocía el comienzo de una larga investigación del hombre; ignorando que aún faltaban 28 años para el final del Ciclo de la humanidad en Diciembre de 2012; tiempo suficiente para que los Maestros le mostraran las guías. Así pasó varios años escribiendo e investigando el verdadero origen del hombre, hasta que finalmente estuvo listo para publicar su 1er libro muy apresurado, antes de terminar el ciclo. Poco después descubrió, que el personaje descrito al final de la Biblia como Anticristo, lo personificaba él mismo quedando estupefacto; cual era muy necesario que apareciera para evitar destruir la humanidad. Así se enteró que los Maestros E.T. siempre han estado al cuidado del planeta vigilando que el hombre no la destruya, custodiando a los elegidos para dirigirla.

La redacción de este libro fue por orden de ellos, incluyendo el título del libro, y todos se enteren la personalidad del autor, con revelaciones para cambiar las guías de la humanidad en los próximos mil años de prueba. Entendió que su lunar o marca que posee en su espalda izquierda, es un chip que los maestros usaron para encontrarlo y cuidarlo, para instruirlo y salvar la humanidad. Como anécdota, al final de 1984 después de escribir los primeros 6 meses en una sonora y antigua máquina de escribir Remington, el autor recibió un grato mensaje de sus maestros. Le decían que por decisión de hacer su trabajo, la Ciencia estaba trabajando en la fabricación de computadoras para que continuara escribiendo mejor. Fue así que a principios de 1985, fue de los primeros en adquirir los procesadores PC de discos blandos; después floppys, luego CD, año con año cada vez mejores para proseguir sus investigaciones. Posteriormente le comunicaron que aparecerían pequeños aparatos muy sofisticados, para utilizarlos en la información y lectura de sus libros, y enterarse todos del gran cambio de la humanidad. Comprobándolo al aparecer Internet, tabletas y celulares saliendo al mercado; grandes inventos para compartir la nueva enseñanza a la humanidad en todos los países en el momento adecuado.

Los Maestros sabían que gran parte de la humanidad ignoraría la Biblia, y volverían a caer en la adicción bisexual que destruyó Sodoma y Gomorra. Ahora comprendemos la importancia de programar el Anticristo al final del libro, para corregir sus guías antes de finalizar el ciclo en el 2012. Fue vital que Dios ordenara la dirección del mundo a Israel y los judíos, desde los tiempos de Noé, para que la humanidad pudiera llegar sana y salva al siglo XXI y final de Ciclo, tal como ocurrió. Por fortuna la humanidad graba en sus espacios toda su experiencia, para que el mensajero predestinado realice su trabajo y descubrir sus errores. Y en efecto, su marca en su espalda le ha servido como chip para mantenerse en contacto con los Maestros E.T. que lo han cuidado desde niño, hasta que realice su tarea.

El autor

ADOSHEM es la 1er palabra hebrea usada para referirse al *Creador del universo*, la única *Divinidad verdadera e inefable y sacrosanta*, impronunciable su significado en todos los idiomas; de esa forma cada país traduce su Dios verdadero en su respectivo idioma como *Creador del Universo*.

CAPITULO I

Programación del Anticristo

La Biblia interpreta la verdad científica, mística y esotérica; increíble la iglesia ni nadie pudo interpretarla correctamente, guiándose simbólicamente hasta el final del ciclo. Identifica al hombre el único camino de llegar a Dios, transformando su cuerpo y derredor con relatividad mental mediante su renacimiento cada 144 años, viviendo y muriendo mejor. Su alma conserva su mismo YO un mínimo de 81,000 años, la base para guardar toda informacion de su experiencia milenaria, creando y transformando su derredor, incluso para autodestruirse. Al ignorar que posee inmortalidad, optó por creer en imágenes Divinas y otras artimañas como los sacrificios humanos, generando energía en su beneficio ejerciendo corrupción y bajas pasiones como forma de sentirse perdonado.

Hace más de 2000 años los Maestros E.T. mediante los judíos, ayudaron a formar en el Vaticano una gran sede Cristiana con la Iglesia Católica. Fue el mejor lugar encontrado para instruir al sacerdocio y educar la humanidad que venía con homosexualidad, salvajismo y sacrificios humanos. El hombre vivió más de 79,000 años en la barbarie de la Edad Media; por ello dictaron a los profetas información filosófica para escribir la Biblia y educar por primera vez las almas de todas las edades. Se percibe en sus comienzos, la aceptación de homosexuales para matrimoniarlos con la Iglesia, tratando de erradicar su adicción sirviendo a Dios, al mismo tiempo adoctrinando la humanidad. Penosamente se infiltraron bisexuales corrompiendo la renuncia de sus afiliados; comprobando mediante los hechos, la entrada al seminario de muchos pedófilos adictos por la atracción de niños monaguillos ayudando la misa. <u>A pesar de todo, gracias a la Iglesia Católica, la mayoría de sacerdotes católicos cumplió su tarea de adoctrinar la humanidad, y sobrevivir el siglo XX y final de Ciclo, y así detener el peor cáncer homosexual que ignoraban todos.</u>

Sin embargo desde el siglo pasado, obispos líderes de Iglesia Católica de U.S.A., por obvias razones encubrieron el abuso sexual infantil cometido por muchos sacerdotes. Los ofensores descubiertos se trasladaban a México y Sudamérica a continuar sus violaciones para evitar repercusiones, sin mencionar lo ocurrido en Europa. La pedofilia ha sido una secuencia alarmante en la conducta del hombre en todo el mundo, especialmente de muchos sacerdotes católicos incapaces de detener su adicción por la presencia de niños. Desde el pasado siglo se descubrió un secreto a voces por tanta violación de niños indefensos, ocasionado por sacerdotes enfermos; y la iglesia ha sido incapaz de frenar estos abusos.

La pregunta viene por añadidura: ¿Acaso el ritual de niños monaguillos lo hizo la Iglesia para atraer homosexuales deseosos de erradicar su flagelo? Si fuese verdad, lo refleja el éxito obtenido con la atracción al seminario de homosexuales incluyendo la pedofilia bisexual, haciendo su trabajo con la violación de niños dentro del templo. Lo ratifican muchos sacerdotes culpables confirmando su ingreso a la iglesia, por motivación de trabajar con niños monaguillos como ayudantes en la Misa.

La pedofilia es un afluente negativo de la sexualidad humana; y en la iglesia se pudo apreciar este fenómeno de violación, por la presencia de niños como ayudantes del templo, despertando la adicción enferma de muchos sacerdotes. Se agrega que al no poseer esposa los sacerdotes para saciar sus bajos instintos, es como se produce el malévolo cóctel de violación pedófila, que ha afectado siempre a la iglesia y el sacerdocio. Ha sido un infierno para el ministerio homosexual, corromper su pedofilia por la presencia de niños sirviendo de monaguillos; y como resultado las violaciones obvias, como una droga imposible evitar. Nos prueba su adicción, ha sido más fuerte que sus deseos de erradicar su flagelo; mostrando que llegó el tiempo de prohibir el ritual de niños en la Iglesia, y evitar continuar sus violaciones.

Se comprende un silencio absoluto del sacerdocio por juramento, siendo testigos de muchas violaciones; incluso la misma iglesia ha tratado de remediar estos males con disciplinas sin resultado. En vano los Papas continúan haciendo su mejor esfuerzo, tratando remediar las violaciones de muchos sacerdotes que desprestigian la iglesia, aunado a la corrupción del resto de la humanidad haciendo su trabajo en pleno siglo XXI.

La adicción de su mismo sexo se documenta desde Sodoma y Gomorra devastadas por la homosexualidad; prosiguiendo su flagelo por todo el mundo desde el gran éxodo producido por Noé, antes de sumergirse la Atlántida. Todos ignoraban la homosexualidad como el peor cáncer de la humanidad; razón principal que los Maestros E.T. ordenaron crear la doctrina cristiana en la Iglesia Católica mediante los judíos, para combatir esta adicción a la penetración masculina. Por ello fue obvia la admisión de homosexuales en sus seminarios, y casarlos con la iglesia como una forma ideal de renunciar a su flagelo al mismo tiempo adoctrinando la humanidad.

Es normal que desde el principio, el Concilio haya prohibido en sus seminarios a los heterosexuales y bisexuales para evitar perturbar los sacerdotes homosexuales. Desde luego la Iglesia planeaba erradicar la homosexualidad impidiendo a sus fieles este flagelo en los próximos 2000 años que faltaban del presente Ciclo de la humanidad. Lamentablemente la adicción bisexual penetró secretamente como un cáncer a la iglesia hasta final de ciclo en 2012. A la par de los países aprobando el matrimonio entre hombres; y lo más grave la mayoría con pedofilia especialmente para adoptar niños. Con esta perversa ley, se evidenció en algunas parejas la preparación de niños en la violación de sus padres adoptivos; enseñándoles la adicción de cómo penetrarlos y viceversa en la edad que decidan hacerlo. La adopción de niños por matrimonios de hombres bisexuales con pedofilia, es el acto más infame aprobado por sus Congresistas para violar los niños, e inducirlos a la adicción de penetración masculina desde muy temprana edad. Esta es la maldad que florece al final del ciclo de las almas para probar la correcta dirección del hombre de respetar los niños.

El Hombre ignora que posee Relatividad, al usar su mente para transformar negativamente con su poder de destrucción; definiendo también esa fuerza de formación positiva por todo su Ciclo. Con su poder destructivo, el hombre usa periódicamente sus acciones corruptas para transformar negativamente su formación, incluso crear aulas especiales y regenerar su alma evitando destruirla. Así es como disfruta su maldad en todos lugares, hasta consumar el asesinato con abominables acciones, configurando mediante su alma las aulas de reformación para violadores. Sigue el adulterio y gente malvada sin temor a Dios creciendo su perdición, creyendo erróneamente que todo acaba en su muerte. Confirman su mal guiados automáticamente por su formación genética, sin importar sufrir infortunios por satisfacer su inmundicia, llaman bueno a lo malo y viceversa, ejerciendo sus bajos instintos. Mentes negativas persiguiendo sus vicios, olvidando a Dios para generar el mal con su guía deformada, y seguir corrompiéndose sin remordimiento. No buscan cambio con obras de armonía para mitigar sus males, afirmando su formación genética para dirigirlo con violencia; negativamente idiotizados por su adicción enferma. La mayoría fracciona su alma embobadas en destrucción y maldad, así como estaban en la Era de Sodoma y Gomorra, antes de sumergirse el Continente.

Llegó el momento del cambio al enterarse mediante estos libros, los descubrimientos que ocasionan vivir en la inmundicia bisexual y comprueben cómo destruyen miserablemente la humanidad. Repito, gran parte de sacerdotes enfermos continúan ordenándose en la iglesia, atraídos por la presencia de niños monaguillos y satisfacer su adicción. Se adhieren las iglesias protestantes, explotando sus fieles mediante actores paleros, creando milagros y terapias corruptas haciéndose ricos con la ignorancia del ingenuo pecador. Piensan erróneamente que sus acciones ocultas, nadie las puede ver y prosiguen su camino haciendo mal; ignorando que su alma registra todos los hechos para tener lo que merece mediante las E.R.C.U.[1]

---

[1]   .- **E.R.C.U. Energías de Reacción de la Conciencia Universal impregnados en todos los espacios de la tierra y Universo,**

Dios Padre aborrece todo lo malo que hace su Hijo el hombre arruinándose por corrupción; bendiciendo a quienes cumplen con su trabajo de vivir en armonía con su familia y derredor. Ahora entendemos porqué ordenaron a los profetas poner el Anticristo al final de la Biblia. Los Maestros sabían que se aproximaba el final del Ciclo de la humanidad en 2012 poniéndola en peligro, y descubriera los males para evitar su destrucción.

Otros discriminan contra los niños que vienen discapacitados evitándoles su nacimiento, negándoles a su alma enmendar sus errores por sus acciones de su vida anterior. Personas con cargos políticos o educativos, no debieran opinar perversamente matar al feto de los niños que vengan deformados; evitando la orden de su padre de engendrarlos, y se enteren mediante su nacimiento su pasado de corrupción. Todo nacimiento del hombre en su respectivo C.P.V[2]., son producto de reacción de su vida anterior, regresando a la vida a reconstruir lo dañado. La Tierra es una excelente Universidad, para capacitar las almas cada vez que regresan a la vida por todo su 1er ciclo milenario de 81,000 años dirigiendo su cuerpo, transformando su alma con su misma individualidad. El hombre ignora que usando su mente en armonía en periodos prolongados, sus energías positivas adheridas a su aura, lo convierten en un generador de vida, entre otras cosas, para sanar y vitalizar las personas en lugares que visita. Es una increíble e interminable fuente de energía que desarrolla su mente en su vida diaria, motivado en los proyectos que realiza positivamente para transformar con su relatividad mental. Nunca olvidar que el alma posee dos cavidades positiva y negativa, para alojar energías que el hombre proyecta en su diario caminar, mediante sus obras que realiza.

Toda acción positiva-negativa que genera su mente, su energía se adhiere en su cavidad respectiva, hasta completar la fuerza requerida para el cambio que necesita al activar las <u>E.R.C.U</u>. Así el

---

para ser activadas por la mente del hombre, para tener lo que merecen sus acciones.

[2] C.P.V. Círculo Permanente de Vida, 6 generaciones: **Bisabuelo, Abuelo, Padre, Hijo, Nieto y Bisnieto. Así el bisnieto engendra al bisabuelo etc., regresando él mismo por su mismo padre cada 144 años.**

hombre inconscientemente aprende generar energías positivas, abriendo espacios para vivir con amor, beneficiando su familia y derredor; motivando a otros a imitar su formación. Es como vuestra vida se guía con sentido común en armonía, gracias a que fluyen de su mente sus buenas acciones, envolviendo su cuerpo con la magia de su aura para repeler las fuerzas negativas a su paso. El hombre experimenta que vivir la vida en armonía es un arte; rompe cualquier maleficio que posea por algún mal proceder en el pasado para vivir mejor, fluyendo motivaciones para continuar realizando sus deseos. Lo cruel y difícil es, cuando cae en sus vicios haciendo daño a su familia, destruyendo lo bueno que hizo; y recibe desgracia tras otra, hasta entender que debe enmendar sus errores. Es fácil comprender que el mal viene precedido de sus malas acciones, como recibir enfermedades, accidentes, o temprana muerte; incluso sus hijos reciben estos males hasta los 21 por ejercer su padre corrupción.

Nuestro mundo es una cápsula con almas dirigiendo su cuerpo respectivo, generando energías mediante las E.R.C.U., fusionadas al Alma Universal y transformar con experiencia su descendencia. Toda desgracia que el hombre recibe en vida, es una clara señal de sus erróneas acciones; le recuerdan que "eso" negativo que hace en su intimidad, debe evitarlo para terminar su malestar. Todo hombre sabe que está supeditado hacer el bien, para generar las energías que necesita y protegerse de la fuerza negativa que día con día le cuestiona su desempeño.

En cambio, si el hombre no trabaja y vive de haragán por más de la mitad de su vida; fracciona su alma en esa dirección para renacer en el ganado y otros animales de carga; para que mascando yerba todo el día aprenda a trabajar. Con su experiencia en el Reino Animal prosigue su ascenso regresando al hombre, utilizando su libre albedrio en el trabajo para vivir mejor. Trabajar en armonía genera reacción de regenerar su alma descarriada, mostrándole que todo mal que produce en esta vida se paga, por el privilegio que poseen las almas de enmendarse, aunque deba retroceder al Reino Animal.

Toda energía almática cumple con sus guías de enseñanza; con la formación errada del hombre crea las aulas que necesita para componer su vida, especialmente si ejerce acciones abominables. Por fortuna ni la muerte es capaz de olvidar su pasado, mucho menos si cometió asesinatos y delitos graves contra la humanidad; es un férreo candidato de ocupar las aulas en el Reino Animal. Esto es posible porque su alma posee el poder de transformación, por sus acciones contra la humanidad; ordenando su regresión al Reino Animal por carecer la humanidad de aulas para criminales. En esta vida todo lo que produce la mente-hombre es Relatividad, y tiene consecuencias debido a que su alma está supeditada al Alma Universal generando su cambio mediante las E.R.C.U. La vida del hombre es muy larga e inmortal para corregir su errónea dirección que tuvo en su vida anterior, empezando nuevamente su reformación en esta vida. Es corta para el ignorante sumido en la adicción de sus vicios, sin motivación de continuar ascendiendo, incluso muchos deben renacer en el Reino Animal y lugares con hambruna para comprender sus errores.

El afecto positivo que produce la mentalidad de las personas, es crucial e importante en el actor en turno; sus ayudados generan energías a su aura al persistir su ayuda desinteresada, que explayan con amor positivamente para envolver su persona. En esa frecuencia, es como nace la motivación de las buenas ideas, para motivarlo incluso a limpiar los lugares públicos de basura que arroja la gente irresponsable; en las calles, playas, parques y ríos. Es una bendición para el hombre, vivir su vida inmortal en la Tierra como la mejor Universidad, que le motiva a mostrar su mejor arte de transformar su entorno.

Por el contrario vemos gente negativa usando sus conocimientos haciendo legrados, y otros males contra la humanidad con sus brazos, preparando su aula de reformación para renacer sin ellos, con el fin de enseñarle a cuidarla. Por naturaleza el hombre es servicial con todos; sin embargo actuar negativamente con el tiempo, su mente modifica su físico para que sientan repulsión de su persona. Incluso vivir para sí mismo es contra su formación; forzadamente requiere de las energías de otros para fortalecer su alma y su destino, de lo contrario sufre toda su vida. "Quien no vive para servir, no sirve para vivir", reza muy bien el refrán.

La misma naturaleza nos revela los 4 elementos que la componen: Agua, Fuego, Tierra y Aire, cada una dando servicio a la Humanidad para fortalecer su capacidad de transformación. Estos elementos incluyendo el Sol, no nacieron para servirse así mismos, nacieron para mostrar al hombre su crecimiento, dando vida a los 3 reinos de la naturaleza, y que la misma humanidad fortalece con sus acciones. Nos muestra, cómo la vida resulta mas atractiva dando servicio a los demás; es la tónica de enseñanza para todo hombre, aprendiendo a valerse por sus propios medios para que sea feliz haciendo lo mejor. Servir a los demás, es una regla que nos ha mostrado sutilmente la naturaleza con su formación, dando vida a nuestra humanidad. La natura provee de energías a las almas persiguiendo un cambio positivo para vivir, con motivaciones para dirigir su mente con armonía, fortaleciendo su aura contra la negatividad de la vida cotidiana.

Al comprobar que la propia naturaleza nos provee gratuitamente de la lluvia, sol, aire, flores, árboles y animales etc.; le muestra al hombre cómo servir disfrutando la grandeza de la vida en todo su esplendor. Más claro no podría ser, que la misma natura nos pone en bandeja de plata su servicio gratuito, recordándonos que así debe ser la conducta del hombre para beneficiar la humanidad. En la naturaleza nació nuestra alma en la conciencia de la materia, luego prosiguió en la vegetación, después en el Reino Animal como su último tramo para dirigir al hombre. Es increíble cómo la Naturaleza nos muestra desde el principio, ser parte de su beneficencia a la Creación humana, y así debiera ser el hombre contribuyendo con todos para expandir la humanidad. La vida diaria nos muestra, cómo la benevolencia del hombre dadivoso con las personas, emana de sus mentes energías positivas hacia su benefactor por toda la vida, con simplemente recordarlo. El hombre siempre ha sido un creador, especialmente cuando activa positivamente sus energías en bien de la humanidad, motivando las personas a crecer en su beneficio. Una bendición automática que el hombre adquiere por su capacidad de formador, lo hace un dios pequeño en este mundo, haciendo en pequeño lo que hace en grande Dios Padre en el Universo.

Fue un movimiento clave que los Maestros E.T.[3]ordenaran poner el Anticristo al final de la Biblia, y nacer en las masas populares para enterarse cómo vive la humanidad para facilitar su tarea. No había forma que un escritor ordinario cumpliera este importante trabajo sin ayuda de los Maestros que cuidan el planeta. El autor, nacido

---

3   E.T. Extraterrestres.

con un chip en forma de lunar en su espalda izquierda, serviría para identificarlo en su nacimiento, para cuidarlo hasta realizar su tarea. Viene del pueblo descendiente de las 3 razas del planeta: la Blanca de su padre con familia católica muy devota, y su madre descendiente de Tarahumaras (Raza Amarilla y Negra). Indicando que en sus venas corre sangre y experiencia de las tres razas del planeta, para dirigirse a todo el mundo con sus descubrimientos.

El estudio de la Psicología Tridimensional (P.T.) enviada al autor por sus Maestros, es un método psicológico para ver las grabaciones de hechos de vida anterior de personas, así como los lugares de investigación. Así comprobó la inmortalidad del hombre revelando los Simbolismos Bíblicos, y otros importantes misterios que la humanidad ignoraba, salvando al mundo de su destrucción al final del ciclo en 2012. Todos hablaban del alma, y nadie pudo descubrir el verdadero uso que desempeña ésta importante energía milenaria para dar vida al cuerpo del hombre, manteniendo su mismo YO por todo su ciclo, dirigiéndolo en cada renacimiento. Descubrimos que el alma del hombre, mantiene su YO personal durante todo el Ciclo de la humanidad de 81,000 años recién terminado; su Alma se fortalece al dirigirlo cuando vuelve a la vida cada 144 años. El hombre es la figura que su alma cambia en cada renacimiento con su 1er aliento, proveyéndole a su cuerpo los genes de formación anterior, y dirigirlo nuevamente al volver a la vida con su personalidad reformada. Es como graba su experiencia nuevamente en cada renacimiento hasta su muerte; y lo regresa a la vida con más experiencia durante su ciclo.

Las almas se fraccionan viviendo más del 50% de su vida por negativismo, o sin hacer nada; y al regresar a la vida vienen con menos intelecto y comprensión en la altura utilizada en su vida anterior. La única forma de evitar dividirla, además de obtener grandes cambios positivos, es mantenerse activo, viviendo siempre en armonía en su derredor. Las almas fraccionadas se desenvuelven en la misma altura de pensamiento y dualidad ejercida anterior, en su respectiva rama de apellido. Todas las almas se programan renacer cada 144 años aproximadamente, es el tiempo que tarda su C.P.V. en regresar a la vida las 6 generaciones que la componen.

Las interrogantes salen a flote ¿quién entonces desarrolla el feto para discapacitados, si aún no ha entrado su alma con el 1er aliento de vida? La respuesta es concluyente, incluso para todos los nacimientos por igual; las energías almáticas de los hijos del padre esperando renacer, permanecen adheridas a él, al tiempo de elegir a su madre. Y justamente en el momento que su padre engendra a su madre, el alma de su respectivo género siente que su cuerpo ya lo gesta su madre, para permanecer junto a ella hasta su nacimiento. Mientras tanto, en los meses de gestación del feto, energéticamente le brinda la formación requerida que programó en su vida anterior, para abordarlo en su nacimiento con el 1er aliento de vida. En otras palabras, las almas antes de nacer permanecen cercas de su madre durante la gestación del feto, dándole la química de formación que tendrá su cuerpo en su nacimiento, por sus acciones de su vida anterior.

Desde el momento que ambos padres fecundan su bebé, la fuerza sexual del padre o la madre debe predominar, para elegir su respectivo género al momento del coito. En ese momento el alma del niño o niña elegido(a) por la fuerza sexual de uno de sus padres, estará cercas de su madre hasta su nacimiento con el 1er aliento de vida, proveyéndole su formación. Empero, si su alma percibe que el feto que desarrolla su madre, no reúne condiciones por la corrupción de su padre en esos momentos; el cuerpo muere porque no es vida que merece tener.

El alma posee energías con formación increíble para detectar el género sexual, que imperó en la gestación de sus padres, para permanecer cercas de su madre hasta que nace. Si es el varón que merece la deformación de su cuerpo, su alma ya se encuentra adherida a la madre con sus energías para transformar el feto concebido, transfiriendo la formación que debe mostrar en su nacimiento. La pareja que posea el temperamento sexual más alto en la concepción, es quien designa el sexo de su contraparte mujer u hombre. Así el alma de ambos géneros, esperan al vencedor sexual en la concepción, para permanecer adherida a su madre hasta su nacimiento.

Obviamente la mujer engendra al hombre y el hombre a la mujer, de acuerdo a su fuerza sexual mostrada cada cual en la gestación para designar el sexo de su hijo-hija. En algunos casos la mujer solo engendra niñas, es señal que ella es baja en temperamento sexual por naturaleza, o que su esposo podría ser muy ardiente. El trabajo que debe desarrollar el hombre, si desea gestar un varoncito, debe estimular al máximo a su esposa para que su temperamento suba más alto que él como esposo el momento de la concepción. La fórmula del género sexual, es la fuerza sexual de una de las partes para crear su contraparte mujer u hombre; una forma simple que la Ciencia pasó inadvertida.

Volviendo al comienzo, sería imposible arrancar de nuestras vidas a la Iglesia Católica; aún sin interpretar correctamente la Biblia ha sido fuente y faro de virtud y rectitud con doctrina Cristiana para sus fieles y resto del mundo. Gracias a ella contuvo por siglos la furia homosexual destruyendo la humanidad; cumpliendo los estándares para lo que fue diseñada por judíos, para educar al hombre que venía de la Edad Media, incluso con salvajismo y sacrificios humanos.

Pronto terminará la ignorancia ocasionada por desconocer el hombre su inmortalidad, experimentando su alma la transformación de su cuerpo y derredor mediante su mente, manteniendo su mismo YO por todo su Ciclo. La incomprensión de la Ciencia en esta importante Energía Almática ha sido crucial ignorando, como el hombre se distribuye en todos los lugares para nacer donde merece su formación y deformación. Incluso mediante su mente posee capacidad de retroceder su alma al Reino Animal por sus crímenes contra la humanidad, obviamente por carecer la humanidad de aulas de reformación. La explicación es simple por la gran mentira de educar al hombre viviendo una vez, desconociendo su formación para generar violencia con sus falsas ideas del mundo en general. Creándose las guerras en el pasado para diezmar la negatividad existente, experimentando mejores formas de vida y prosperidad.

La adicción del hombre deseando ser mujer, crearon calladamente el más dañino cáncer humano para destruir la Creación humana mediante la homosexualidad. Afortunadamente el asesino y otros destructores de la humanidad los llevan a renacer en el Reino Animal para enseñarlos a vivir en la humanidad; incluso saber por qué nacieron pegados o sin extremidades para comprender su error. Finalmente comprueba cómo su fuerza negativa regula su mente constructiva y destructiva, para comprender la corrupción de sus hechos, delatándolo al sufrir accidentes o enfermedades. La adicción de sus vicios crean la deformación de su entorno para atraer negativamente el mismo orden; afortunadamente llegó el tiempo de terminar con este enredo totalitario que nos destruía como humanidad.

Normalmente para tener un hijo varón, en una mujer normal, no temperamental; la esposa debe estar intocable por varios días y sin masturbarse para que suba su temperamento sexual sobre su esposo al momento de engendrar; lo contrario gestará niña.

CAPITULO II

LA METAMORFOSIS DE SU CUERPO

Desde su origen, la mente del hombre desarrolla su formación individual con experiencia única en cada renacimiento, guiándose conforme su dirección Positiva-Negativa. El mundo posee lugares apropiados para atraer la misma formación de sus almas, atraídas por sus acciones; y así prosiguen sus guías como aulas de reformación para continuar la vida que desea. La humanidad es dual en su conducción positiva-negativa de todo hombre, según la formación que hace con su genética instaurada, incluso para crear filosofía y religión. Así nació el Capitalismo Positivo con sus guías de libertad y libre albedrío; y Socialismo Negativo con sus afluentes Comunismo, Dictadura y Teocracia; mostrándonos, cómo dirigieron sus respectivos pueblos el pasado siglo.

Recordamos la pasada confrontación de las grandes potencias en la "Guerra Fría" del Comunismo y Capitalismo, saliendo triunfador U.S.A. al dirigir en libertad los países, en comparación de los opresores. La Teocracia islámica observó esta Guerra Fría de Oriente-Occidente, sin mostrar cambios a su formación; viendo cómo mediante la libertad del hombre, llegaba más lejos comparado con los pueblos opresores. Gran experimento de confrontación que todos pudimos apreciar, cómo el Capitalismo salió triunfador sobre las guías de opresión; educando a las personas afines con su formación de libertad.

Así nació el F.A.[4] por la forma negativa de conducirse los pueblos oprimidos del Comunismo, Teocracia y Dictadura; incluso este fenómeno también se activa en Occidente al educar el padre negativamente a sus hijos por 3 generaciones. La ingenuidad de países opresores cree erróneamente que su gente, es como niños incapaces de sobrevivir la modernidad de Occidente de no soportar la "Mesa Opulenta". El Capitalismo con libertad y libre albedrio demostró tener la mejor filosofía dirigiendo al hombre con libertad de pensamiento; una forma de encontrar las almas adultas viviendo en sus lugares. Contrariamente los países amarrados con opresión, experimentan el colapso de sus mentes por la falta de libertad, impidiendo realizar sus sueños por su errónea actitud, activando el fenómeno destructor.

La Izquierda y sus afluentes Comunismo, Dictadura y Teocracia; cree erróneamente que atando la mente del pueblo en una sola guía, podrían hacer países fuertes e inteligentes; probándoles lo contrario. Por fortuna el pasado final del Ciclo en 2012, con la llegada del Anticristo, se descubrió el gran poder que posee el hombre mediante su inmortalidad y su relatividad mental. Ejercer su libre albedrio, nos muestra que nadie es igual que otra persona por la partición negativa que desarrolla periódicamente en cada renacimiento por su ciclo de 81,000 años.

En el siglo pasado la dualidad Positiva, aun sin conocer la inmortalidad del hombre, ya pensaba en lo absurdo del Socialismo en estado Negativo, dirigiendo su gente sin libertad. Esta Guerra Fría afortunadamente fue un experimento crucial, y definir la filosofía del Capitalismo conducido con libertad y libre albedrio por todo el mundo. Mostraron lo que puede hacer el hombre sin opresión, motivándolo a trabajar buscando las mejores formas de construir libremente sus deseos sin ataduras de ninguna índole. Por fortuna su presencia ha mostrado evidencia de su experiencia inmortal, descubriendo

---

[4]   .- F.A. Fenómeno Apocalíptico son genes asesinos que aparecen en los hijos varones después de la 3era generación en estado negativo, educados negativamente desde su abuelo, padre, y él mismo a sus hijos.

él mismo hasta dónde llega su capacidad de transformación de su Relatividad Mental. El hombre ha mostrado ser el único camino para llegar a Dios; programando su muerte en cada renacimiento después de disfrutar sus obras; no hay fuerza que pueda librarse de su razonamiento transformando su derredor. Es y siempre ha sido la fuerza para crear y destruir, su mente es relatividad asombrosa para transformar todo su derredor, incluso su propio cuerpo; configurando sus lugares de nacimiento y las aulas apropiadas para reformar su alma.

El ciclo de la humanidad posee 81,000 años, y desde su comienzo hasta la fecha, continúan las mismas almas experimentando la vida fraccionando su energía por su errónea conducción. Situándose las almas pequeñas con edades desde 2,000 hasta los 40,000 años, que poseen aproximadamente las almas adultas en este Ciclo, por la partición que ocasiona vivir negativamente en su renacimiento. Es como podemos apreciar la diferencia de intelecto, cada alma ejerciendo su propia libertad de pensar en la formación de su sociedad; algunas autodestruyéndose por la falta de libertades. Todos han experimentado que la inteligencia óptima se construye al ejercer en libertad y armonía, única forma de trascender como almas creadoras para beneficiar la sociedad en que vive.

En las almas fraccionadas se palpa la mentalidad enferma de los adictos bisexuales por ignorar su inmortalidad, y conocer cómo su adicción destruye paulatinamente la Creación Humana. Incluso el más ignorante sabe que hacer sexo entre hombres es antinatural e inhumano; no es el tipo normal de adicción a los vicios para calmar su desenfreno; es un infame flagelo para destruir la feminidad de la mujer. La Asociación Americana de Psicología y todos, han ignorado la inmortalidad de la humanidad como base fundamental, para definir por qué la mente del hombre es relativa por la transformación de su vida anterior. Sodoma y Gomorra nos probaron con hechos cómo se destruye la humanidad haciendo sexo homosexual; la mayor adicción del hombre para destruir la Creación Humana. Ignoraron todos, la descomposición paulatina de sus enfermos bisexuales, factor clave para que los Maestros E.T. programaran el Anticristo al final del Ciclo y de la Biblia, para que descubriera este cáncer destructor.

El desajuste heterosexual del hombre comienza penetrando sus traseros por ignorancia o prostitución, hasta adquirir adicción; luego prosigue hasta su muerte como bisexual, y así sucesivamente hasta renacer M.C.H[5]. Los hombres adictos han ignorado que hacer sexo homosexual, requiere la feminidad de su CP-AMujer[6] para sentirse mujer; la cual arranca poco a poco su feminidad cada vez que se corrompe con su mismo sexo. Ignora que al extraer paulatinamente su feminidad de su mitad alma-mujer, al final de su corrupción la convierte en lésbica, al mismo tiempo que él se convierte en homosexual; al intercambiar su masculinidad en un mínimo de tres vidas. Lo cual indica, que posee más de dos vidas para regenerarse; pero no lo hace por su adicción que adhiere a su alma; para que en su renacimiento prosiga su desenfreno hasta renacer M.C.H. Todos ignorábamos que el alma del hombre nace con su mitad alma mujer; hijos de la misma madre viviendo como su hermana; sino es así por causas genéticas, nacen en la misma rama de apellido para cuidarla protegiendo su feminidad y hombría al mismo tiempo. Su corrupta adicción de ser penetrado por otro hombre, es por sus deseos de sentirse mujer; y por ese flagelo intercambia la masculinidad que detesta por feminidad de su CP-Amujer.

La antropología del ser humano es única, nace hombre o mujer heterosexual con buen estado físico, para constatar la buena dirección desarrollada en su vida anterior. Nacer con adicción bisexual lo delata que vivió corruptamente; el hombre nunca debe cambiar su formación masculina para convertirse mujer; es repudiable, es mucho más criminal que asesinar porque destruye su alma y la humanidad. Y en tanto al corromperse bisexual, contagia a sus hijos expandiendo su

---

[5]   M.C.H. **Mujer en Cuerpo de Hombre se denomina al homosexual, no puede engendrar; y su mitad alma H.C.M. Hombre en Cuerpo de Mujer se denomina la lésbica igualmente no puede engendrar.**

[6]   .- **CP-AMujer, CP-AHombre. Contraparte Alma Mujer u Hombre, es la mitad alma del hombre que encarna como su hermana (o), o de la misma rama de apellido; encargado de su alma como guía heterosexual.**

adicción por todo el mundo hasta convertirse homosexual, sin oportunidad de regresar a la vida al final de su flagelo.

En estos 81,000 años del Ciclo de las almas recién terminado en 2012 pasado, el hombre con sus acciones corruptas dirigiendo su alma, dispuso hacer aulas de castigo para reformarse. Por ejemplo nacer 2 hombres pegados, discapacitados, ciegos, con síndrome de Down, etc. etc.; hasta retroceder su alma al Reino Animal para los asesinos y más, por carecer la humanidad de aulas de reformación. Increíble, **cómo los malhechores pagan caro los daños que h**icieron en su vida anterior, gracias a que su alma lo graba todo; la encargada de transformar su nuevo cuerpo en su siguiente renacimiento.

Los nacimientos deformes, se producen por la actitud inhumana que su mente fue capaz de transformar durante su vida anterior; incluyendo exterminadores de animales salvajes; su alma se programa retroceder renaciendo en los mismos que destruye. El alma del hombre con su gran poder de transformación, se encarga de crear en su renacimiento las aulas para reformarla, evitando destruirla y no prosiga su destrucción. De esa forma regresa a la vida humana protegiendo los animales salvajes, como lo hacen las almas adultas bendecidas por el Creador del Universo.

Los lectores cristianos muestran su ingenuidad con la errónea traducción de la Biblia: María representa a la mujer, José al hombre, y Jesús al hijo del hombre; o sea que el único camino para llegar a Dios es el Hombre como único hijo de Dios. Vean cómo la ignorancia sigue haciendo tonterías sin pensar que nosotros como hombres tenemos todo para llegar a Dios, o incluso alcanzar el infierno si así lo desean; porque no tenemos intermediarios. La humanidad ha tenido su propia experiencia individual, al renacer sus almas cada 144 años y 562 cuerpos como mínimo, viviendo libremente para comprobar, si es capaz de vivir en armonía con su derredor.

En cada renacimiento el hombre posee la opción de fraccionar su alma por su errónea conducción, y así mismo su alma crea las aulas que merece su reformación, cuando ignora conducirse en armonía. Se llegó el tiempo para que el hombre comprenda tanta podredumbre que realiza al destruir la vida, creyendo que todo pasaba sin registrarlo su alma mediante las E.R.C.U., impregnadas en los espacios para tener su merecimiento. Las aulas de reformación del hombre en la humanidad y Reino Animal, siguen cumpliendo sus funciones de recuperar su alma evitando destruirla después de recibir su castigo.

El autor descubrió mediante P.T.[7], las aulas de castigo para los políticos y empresarios corruptos que roban al pueblo, creando su mejor aula para renacerlos en lugares con hambruna. El alma, es la básica Energía que transforma la mente del hombre cuando actúa corruptamente, para darse el lujo de vivir en los lugares deseados por su voluntad, para corregirla y salvarla de su destrucción. Es muy importante que el hombre reconozca su alma como su YO inmortal, enseñándola a guiar su cuerpo positivamente todos los días, para evitar caer en los vicios y bajos instintos que la destruyen. Su alma es energía milenaria, transformado su cuerpo y derredor en cada renacimiento desde el comienzo del Ciclo; o sea posee experiencia mínima de 562 renacimientos con igual número de cuerpos, para reformar la vida hasta su muerte.

Ahora que el hombre ya conoce su inmortalidad, debe cuidar sus pasos y evitar los errores de corrupción que dañan la formación positiva que viene ejerciendo. Gracias a su alma nadie escapa de sus acciones negativas, lo graba todo para proveerle a su cuerpo la evidencia de hechos que tuvo hasta su muerte, programándole incluso los accidentes que recibe por sus errores. Todo cambia por sus acciones impulsadas automáticamente por la genética que desarrolla su guía, persistiendo inconscientemente a destruirse.

El hombre desde que nace refleja la felicidad en su carita, al sentir que vive otra vida y otra oportunidad de perfeccionar su crecimiento. Finalmente se acabó la falsa opinión para calificar el accidente, enfermedad y muerte prematura; creyendo que

---

[7] .- **P.T. Psicología Tridimensional. Psicoanálisis Dimensional actualmente lo ejercen los psicólogos mediante estudio de su derredor; Tridimensional, es una investigación más profunda que abarca el estudio del alma desde su vida anterior; incluso la palabra escrita a través de los tiempos para identificar su origen de formación.**

Dios o la casualidad y mala suerte los ocasionaba. Es increíble, el trabajo del alma cuando vuelve a la vida cada 144 años penetrando al cuerpo con su 1er aliento de vida, guiándolo con la formación anterior, engendrado por su mismo padre. Su alma con su mismo YO, nunca pierde su individualidad por todo su ciclo milenario; siempre ha sido su trabajo aprendiendo a conducir su cuerpo en armonía cada renacimiento. Por ello es importante educarla, que no use su cuerpo como esclavo de sus pasiones, por el peligro de modificar sus genes negativamente; destruyéndose con cambios involuntarios de formación.

El hombre con su mismo YO de su alma puede tomar control con su razonamiento, dirigiéndola en armonía; evitando caer en las pasiones para guiarse idiotizado hasta su muerte, perdiendo otra vida reformándose. Es el fenómeno ignorado de almas extraviadas por dirigirse en corrupción, fraccionándose por su adicción a los vicios, y peor aun haciendo sexo con su mismo sexo. Todo hombre desde su hogar, posee la capacidad de cambiar el mundo empezando con organizar su familia en armonía sin necesidad de ostentación de llamar la atención. Solamente los débiles de mente se reconocen por mantener más tiempo su negatividad; genéticamente programados para continuar su formación anterior. La Humanidad posee un gran camino: inmortalidad, y con ella el hombre empieza a moldear su propia vida en las cosas positivas que le atraen, aprovechando su alma que todo guarda para continuar ascendiendo. Ahora comprenderá que sus hechos en esta vida, lo refleja su cuerpo con cada pensamiento, para modificarlo hasta su muerte para tener su renacimiento de acuerdo a su formación deseada.

Todo mundo sabe que el hombre no se lleva nada material en su muerte; pero sí puede llevarse algo mucho más valioso que la riqueza material. Como son las grabaciones que su alma guarda con cada experiencia positiva acumulada durante su vida, proveyéndole las energías para continuar recibiendo las mismas bendiciones y mucho más que no pudo lograr en vida. Todo lo opuesto para los violadores humanos, que continúan su infierno de desgracias, fragmentando nuevamente su alma en su siguiente nacimiento. Así es como toda alma registra la formación genética que su experiencia realiza hasta su muerte, programando en esa forma el cuerpo que usará en su renacimiento con su 1er aliento de vida. Demostrando que su fuerza no solo es su físico, es también fortalecer su aura positivamente con sus acciones, acumulando energía para evitar que los males entren a su cuerpo deformando su metabolismo y su destino.

Las E.R.C.U. impregnadas en todos los espacios del mundo, se conectan a todas las almas para darle al hombre lo que merecen sus acciones. Así es como nuestro mundo se ha guiado por la genuina formación del hombre viviendo en libertad, con los cambios logrados hasta ahora positiva y negativamente en cada lugar por merecimiento. Ahora sabemos que la inactividad es el opio de los pueblos que viven en la miseria, tiene repercusiones cuando vive la mayor parte de su vida de haraganes; se auto- programan renacer en el ganado del Reino animal. Es como aprenden a trabajar mascando yerba todo el día, y otras funciones para alimentar la humanidad. Por esa razón y más, las funciones del alma se sustentan con la experiencia en cada renacimiento por todo su ciclo de 81,000 años, adquiriendo aulas de reformación en la humanidad y Reino Animal para evitar destruirla.

Es decisión del hombre programar su renacimiento con el cuerpo que formaron sus acciones durante su vida anterior, así como el lugar escogido por su experiencia vivida. Cada alma con su ejercicio durante su vida, posee su propia transformación para reeducar al hombre que la dirige, creando patrones de conducta, y proseguir su formación anterior. Finalmente saben que todos los nacimientos y lugares tienen un por qué, para educar a su alma por el camino del bien. Y saben que mediante su inmortalidad, los prepara a vivir en armonía, mediante las lecciones que recibe, hasta lograr sus cambios positivos en esta vida hasta su muerte, y tener un buen renacimiento. Ahora también saben, que los países desarrollados han llegado gracias a su formación de vida en los pasados 81,000 años, del Ciclo de la humanidad, mostrando mediante su fachada su labor desarrollada del 1ero al 4to Mundo.

Es importante que los padres deban educar al niño desde pequeño con moralidad y mucho amor, para que al llegar adulto tenga voluntad de deshacer los genes que le perturban, o continuará destruyéndose. Recordar que todas las almas pasaron muchos miles y miles de años para formarse en los 3 Reinos de la naturaleza, capacitándose para abordar al hombre; guiándolo para transformarlo mediante su relatividad mental. El hombre con alma adulta, se reconoce por tener menos particiones en su energía; son los más sobresalientes con excelente formación y comprensión y realizar su liderazgo, son ellos artífices del Primer Mundo.

Todos sabemos que las fuentes de trabajo son importantes para crear motivaciones al hombre y cambiar su economía; la humanidad no comprendía que las almas requieren esa condición para conducir al hombre positivamente en todos los niveles. Por el contrario su condición negativa es diferente; la holgazanería y la violencia crean aulas de castigo de todo tipo en la humanidad; incluyendo las aulas a los destructores y asesinos en el Reino Animal. Afortunadamente toda acción crea conocimiento, por la reacción que emerge de esa formación que llama su atención; aunque pudiera cometer errores por la reacción tratando de hacerlo mejor. No obstante, volver al mismo error negativo ya no es producción, sino corrupción, para crear la adicción que dificulta su vida, en especial la adicción bisexual para destruir la Creación Humana.

Las muertes por accidente o enfermedad se programan después de activar las E.R.C.U. por sus acciones corruptas; para atraer el desenlace funesto que programa su pensamiento; incluyen los niños menores de 21, por causa de su padre llevando una vida corrupta. Ignoran que por 3 ciclos de 7 años, los hijos están unidos al padre, y deben vivir en armonía mientras sus hijos crecen para prevenir cualquier desgracia. La armonía del padre al engendrar sus hijos es importante para vigorizar sus caminos, además de protección que brinda a ellos de cualquier desgracia mientras llegan a adultos.

Nuestro planeta proporciona las aulas de clase sofisticadas en la humanidad y en el Reino Animal, para regenerar la corrupción del hombre, incluyendo la avaricia y podredumbre en toda su manifestación. Por otra parte, los fenómenos naturales que se forman en el mar como los huracanes, también son atraídos por la fuerza de negatividad humana, recibiendo los impactos por su decadencia. Se crean en el océano para disolverse en sus aguas; empero, las acciones negativas del hombre en la tierra pueden atraerla hacia sus costas, para disolverse en sus lugares. Coincidentemente comprobó el autor, cómo un huracán cambió su rumbo cuando amenazaba una costa específica; sin embargo, de inmediato la ciudad quedó vacía por una orden de su gobierno, y el huracán cambió de rumbo disolviéndose en el mar. Nos probó que al cambiar la fuerza negativa del lugar, el fenómeno perdió atracción, regresándose al océano; a menos que encuentre otros lugares negativos que atraigan su fuerza, para disolverse con menos destrucción. Los torbellinos que se forman en la tierra de forma natural, por las corrientes encontradas de aire, igualmente son atraídos a sus lugares por la excesiva negatividad existente de personas. Son muchas pruebas que brinda la mentalidad del hombre creando energías para atraer la misma función positiva o negativa en todos los lugares, desencadenando hechos destructores que todos lamentan, pero que nadie relaciona directamente con las acciones del hombre, incluso desde su vida anterior.

Ahora el futuro depende de la respuesta que la humanidad ejerza en los próximos 1000 años, mediante las revelaciones en este libro; prácticamente los convierte en los primeros creadores del nuevo ciclo milenario. Con los descubrimientos rebelados, todo hombre tendrá capacidad para cambiar su propia historia para bien, mostrando el don especial que ha ignorado tener. Enterados de su poder inmortal gracias a su alma, guardando su experiencia desde que empezó el Ciclo hace 81,000 años; hace al hombre único e incomparable para modificar o ampliar sus formas de vida. Todos sabrán mediante las pruebas aportadas en el pasado siglo, quienes formaron el Primer Mundo y quienes el resto de los mundos 2do, 3ero y 4to. Evidenciando cómo el 1er Mundo fue construido con almas adultas, haciendo grande sus lugares por tener menos particiones su alma durante su ciclo milenario, y sucesivamente las menores. Incluso se palpan las almas adultas inmediatamente por el buen trato que dan a los animales en todos los lugares; factor clave para reconocer la formación de su alma.

Sin embargo, todos ignoran que existe un fenómeno muy negativo: el F.A. desarrollándose esporádicamente en el 1er mundo; y con más auge en países regidos por la Teocracia, por la falta de libertades del pueblo para explotar su intelecto. En el 3er Mundo también surge este fenómeno, pero la falta de armamento les impide matar como quisieran y se conforman con dedicarse a mantenerse en las pandillas y el hampa para calmar sus genes asesinos. Es la razón de por qué, los gobiernos teocráticos viven continuamente en guerra, por este fenómeno asesino activado en su pueblo en estado Negativo después de 3era generación, amarrando la mente de su pueblo. Desatan mucha violencia sintiendo deseos de matar, creando intimidación a su gente para inducirlos a huir hacia Europa y usarlos con propósitos negativos. En esa inmigración podrían sus hijos llevar este gene asesino sin activar, que heredan de sus padres oprimidos por vivir en la Teocracia por más de 3 generaciones. Y como ya tienen la aprobación de su religión para matar infieles, les facilita el trabajo al creer que ganarán el cielo asesinando; ejerciendo incluso terrorismo para hacerlo sin compasión donde sea. Este F. A. se activó en los nietos viviendo en la negatividad por 3 generaciones; a partir de la última generación nacida en los 1940s de este Ciclo de 81,000 años.

El siglo XX fue crucial para la libertad de los pueblos después de la II Guerra Mundial; los U.S.A. impulsó la libertad sexual, abriendo closets a la homosexualidad prohibida por siglos en la Iglesia Católica. Fue increíble conocer la gran cantidad de enfermos bisexuales que salían del closet ilusionados, sabiendo que finalmente podían mostrar públicamente su preferencia sexual. Auge libertario que se expandió a todo el mundo, propiciando la inmigración bisexual hacia los países libres que lo permitían, buscando saciar su desenfreno; como nunca se había hecho desde Sodoma y Gomorra en la destruida Atlántida[8]. Con la euforia de expandir su adicción bisexual, nadie imaginaba la cantidad de adictos ejerciendo en secreto, el más brutal cáncer homosexual de todos los tiempos producido por el hombre para destruir la Humanidad. Al ignorar la inmortalidad, restaron méritos a su intelecto llevando al mundo a un cataclismo fatal por la idea de tener una sola vida; usándola para destruirse.

---

[8]   .- Después explicaré dónde estaban ubicadas estos lugares, donde Noé construía su Arca.

¿Qué podríamos esperar del hombre si ignorase estos libros conduciéndose sin responsabilidad para destruir la vida? La inmortalidad provee responsabilidad al hombre, para evitar renacer en lugares deplorables para reconstruir lo dañado, y al mismo tiempo saber su capacidad de transformación. Regularmente el hombre nada hace sino mira otros conducirse positivamente como una forma de concurso, mostrando lo que puede hacer mediante su voluntad para continuar ascendiendo.

Excluyo la mujer heterosexual de los errores bisexuales, ella solo lo haría si renace contagiada con este flagelo por causa de la corrupción de su mitad Alma-Hombre, o prostituyéndose.

CAPITULO III

ÚLTIMA GENERACIÓN del CICLO

Somos la última generación nacida en los 1940s, de este ciclo de almas terminado en 22 de Diciembre de 2012; generación única, la culminación de un periodo de 81,000 años del hombre renaciendo cada 144 años con su misma individualidad. Después de esta descendencia, vinieron los grandes cambios mundiales empezando con la II Guerra Mundial, y gracias a ella se produjo la ansiada libertad de la juventud exorbitada de los 60s, haciendo lo que nunca hizo nadie en el pasado. Creándose la mejor música en la Era de los Hippies y Rebeldes sin Causa: los Beatles, Rolling Stones; y muchos más que hicieron historia en todo mundo creando sus propios conjuntos. La década del uso de la marihuana y otras drogas, con libertad sexual; así como la transformación de los egos, para valorar su poder de intuición, incluso para responder las revelaciones de este libro.

La libertad sexual sorprendió al mundo la gran cantidad de adictos bisexuales saliendo del closet, mostrando el peor cáncer oculto que padecía la humanidad desde Sodoma y Gomorra en la Atlántida destruida. Presenciamos en esta década de los 1940s, el final del ciclo de 81,000 años terminado el pasado 2012; especialmente sus nacidos en esta última generación, con 10 años de renacimientos para cambiar nuestro mundo. Después de la Guerra Fría del Bien contra el Mal que ganó el Capitalismo sobre Comunismo; fue la primera vez que sentimos libertad, la mejor forma de prepararnos para la prueba de

1000 años que obtuvimos al llegar bien al final del ciclo. Esta generación incluyendo el autor, actualmente posee más de 70 años trabajando por un mundo mejor, con la gracia de escuchar consejos de los padres, tíos, abuelos, a quienes respetaban igual que a los más viejos.

Se está yendo la última generación de fin de Ciclo de las almas, que hizo posible que pasáramos la prueba recién terminada en 2012; de quienes orgullosamente continúan velando por el bienestar de nuestro mundo. Generación privilegiada que engendró el comienzo de las futuras generaciones del nuevo milenio, empezando con nuestra propia familia, hijo, nieto y bisnieto. El futuro de nuestro mundo comienza con estos 1000 años de prueba, para mostrar la experiencia que tuvimos durante 81,000 años el pasado Ciclo; y aceptar los cambios importantes que revela este libro para salvar la humanidad de su destrucción. Es importante que el planeta Tierra, posea al menos el 40% de Polaridad Positiva para que pueda sobrevivir, y evitar atraer mediante la fuerza mental negativa, a los asteroides del espacio para estrellarse en ella. La respuesta de continuación de vida la responderá la humanidad, después que se enteren las revelaciones que informan los cambios en estos libros que deben hacer, para continuar la vida en este periodo de prueba.

El autor pertenece a la última generación de este Ciclo recién terminado; fue el mayor de 18 dieciocho hermanos, al morir su hermana mayor con meses de nacida; 7 de ellos engendrados con la 2da esposa de su padre. Comprobó con los años, que envejecer es sinónimo de sabiduría al mirar su derredor, viendo crecer sus hermanos positivamente guiándose por el camino del bien. Con la muerte de su padre el 4 de Julio de 1967 a la edad de 52; el autor recogió a 6 de sus hermanos viviendo con su madrastra hasta la ciudad de Aguascalientes, y llevarlos a la frontera con USA para reunirlos nuevamente con su madre, que ya vivía con el autor desde 1965 con 3 de sus hermanas menores.

Tristemente su padre cumplió la sentencia que da la vida, a los padres que arrebatan los hijos a su madre; no viven más de un ciclo de 7 años. Su padre no fue excepción al despojar a la madre del autor cuando tenía 15 años, a 7 de sus hijos en Julio de 1960 por una disputa familiar.

Vivir envejeciendo ha sido su mayor regalo, con la satisfacción de cumplir con su deber, comprobando que todos sus hermanos hicieron lo suyo con responsabilidad al cuidar sus respectivos hijos por el camino del bien. Se agregan sus amigos y familiares que por alguna razón se unieron a él por su iniciativa de mudarse hacia la frontera con USA, engendrando también su estirpe con prosperidad y felicidad. Ser viejo es un privilegio que no todos cumplen, se requiere determinación de soportar las circunstancias negativas de la vida; viendo cómo nuestra obra sigue por el bien de todos.

Por ese detalle de cambiarles su lugar de vida, promovido por el autor; experimentó tener la gran bendición de ser el Padre Intelectual de todos los hijos y nietos, que tuvieron sus amigos y hermanos, contribuyendo con la prosperidad de Baja California. Escribir con miles de bendiciones, es un gran honor que no cualquiera posee, para completar la tarea encomendada por sus Maestros que salvaron su vida milagrosamente en 1984, para escribir estos libros.

Así empezó el autor investigando fuera de su casa, comprobando cómo trabaja la voluntad humana transformando su mundo día a día con sus ideas y pensamiento. Siendo contemplativo por naturaleza, empezó descubriendo el comienzo del más dañino cáncer humano de los adictos bisexuales, toda su vida motivados en la penetración masculina. Esta adicción de rellenar de semen los traseros masculinos, es el descubrimiento más importante del autor, al comprobar, cómo estúpidamente sus adictos crearon este terrible cáncer de transformación homosexual para destruir la humanidad. Y para ello el autor necesitó comprobar la inmortalidad del hombre, y descubrir todas las interrogantes que la humanidad ignoraba, por la creencia errónea de tener una vida. Era la razón que la sociedad vivía en ignorancia, pasando por alto el más dañino cáncer, protegiendo ingenuamente los llamados gays o bisexuales adictos, y homosexuales destruyendo la Creación Humana.

Es increíble cómo se gesta el peor cáncer humano viviendo más de dos vidas en adicción; y peor aún ver a la ingenuidad humana ignorando, cómo los bisexuales que mira en la calle, destruyen la humanidad rellenando de semen los traseros masculinos. Y por si fuera poco, increíblemente el Congreso de varios países actúa corruptamente como si estuvieran contagiados con este flagelo, aprobando leyes homosexuales para exhibirse y besarse en público. Y lo más cruel e inhumano, están aprobando la adopción de niños a la perversión masculina de pedófilos bisexuales, ignorando que la inmensa mayoría de parejas gays son pederastas. Lo cual es un crimen dar en adopción a niños a matrimonios masculinos, por utilizarlos la mayoría, en la penetración de sus padres en la edad que decidan hacerlo, amén de otras artimañas de violarlos desde pequeños. Es la peor infamia que ha hecho el Congreso, cómplices de aprobar esta terrible aberración con la adopción de niños inocentes. Es increíble y triste, que en vez de lograr el cambio positivo en muchos lugares del 1er Mundo, la ignorancia en pleno siglo XXI todavía continúe destruyéndolo, movido por los genes de adicción bisexual del peor cáncer humano.

Los enfermos bisexuales ignoran, cómo estúpidamente se vuelven adictos penetrando traseros masculinos en busca de transformación homosexual M.C.H., con más de 2 vidas de adicción bisexual. Esta adicción, silenciosamente transforma su genética mediante su mente y fuerza de su alma, configurando su deformación individual para usarlo en su siguiente nacimiento. Comprobamos por qué la adicción de penetrar traseros masculinos es más fuerte que las drogas, por la repetición constante por la genética que adquiere con mucha fuerza como adicción, para transformar negativamente su cuerpo. Esta dependencia ocurre, a partir de heterosexual 100-00% hormonas masculinas-femeninas, destruyéndose convirtiendo esos números a la inversa y nacer homosexual M.C.H., 00-100% en 3 o más vidas corrompiéndose.

Nadie se ha puesto a reflexionar, cómo los homosexuales nacidos M.C.H. empezaron su adicción siendo 100% heterosexuales, poco a poco perdiendo su fuerza hasta convertirse en bisexual hasta homosexual M.C.H. Al renacer con adición bisexual, continúa su flagelo toda la vida, desfigurando su rostro femeninamente por la persistencia de ver a los hombres; genéticamente auto programa su atracción hacia su mismo sexo. Y así prosiguen vida tras vida consumando su adicción de ser violados de pequeños o juventud, atraídos por su flagelo, hasta que pierden toda su masculinidad, a cambio de la feminidad que arrebata a su CP-AMujer, y renacer homosexual.

Todo Homosexual comienza su deformación a partir de: 1.-Heterosexual Desajustado; 2.-Bisexual Pasivo; 3.-Bisexual Adicto o Extremado; 4.-hasta renacer Homosexual M.C.H, al terminar con la feminidad de su CP-AMujer. En este punto vemos cómo en 3 renacimientos como mínimo, el hombre adicto bisexual convierte a su mitad alma Mujer en lésbica H.C.M., y él en Homosexual M.C.H. O sea que la misma alma mujer y hombre, fusionan con la masculinidad y feminidad intercambiada por el hombre encargado de su alma.

La mayoría piensa erróneamente que la bisexualidad que sienten los contagiados es defecto de la naturaleza, que no es producto de una férrea adicción producida en su vida anterior. Lo pensaran 2 veces, al ver cómo rellenan de esperma sus conductos masculinos con permiso del Congreso de sus países para ejercerlo libremente, y la forma que terminan con la feminidad de las mujeres.

Es nuestro deber comprender, que el alma requiere ser entrenada correctamente en nuestro cuerpo, para experimentar los mejores pasajes de la vida mediante nuestra formación. Recordar que su alma recibe entrenamiento por miles y miles de años en los 3 Reinos de la naturaleza, capacitándose para dirigir al hombre; para que comprenda la base de su inmortalidad. No es posible que el hombre viva obstinado en la penetración masculina, destruyendo su alma toda una vida rellenando de esperma sus conductos anales. Esta adicción es la peor infamia que pueda hacer en contra de la Humanidad y peor aún, contra la madre que los pario.

Las almas nacen en ambos géneros masculino-femenino en cada tiempo de renacimiento, regularmente nacidos como hermanos de la misma madre; para que el hombre cuide su heterosexualidad. Si la madre no engendra ambos géneros por cuestiones genéticas, su otra mitad alma debe nacer en la familia del hermano de la misma rama de apellido, incluso podría nacer hasta en la nieta, hija de su hijo.[9]

Al fallar el hombre haciendo sexo con hombres, requiere de la feminidad de su CP-AMujer para sentirse mujer; arrancándole cada vez su feminidad poco a poco, hasta convertirla en lésbica H.C.M., y él homosexual M.C.H. al final de corrupción. Finalmente entendemos por qué la prohibición de casarse entre hermanos; la hermana es la mitad alma del hombre masculino, la parte negativa para completar su nacimiento mujer-hombre. Esa es la razón fundamental del alma, debe nacer con ambos géneros, para constatar que el hombre cumpla con su deber de cuidar a su mitad alma mujer con guía heterosexual. Al no hacerlo por su adicción bisexual, desajusta a su hermana viviendo como su CP-AMujer al intercambiar la masculinidad que detesta, despojándola a ella de su feminidad para sentirse mujer. Excluyo la mujer heterosexual de los errores bisexuales, que solo lo haría, si nace contagiada con flagelo bisexual por causa de la corrupción de su mitad Alma-Hombre, o prostituyéndose.

Cuando el hombre enfermo decide ser penetrado por otro hombre; en ese momento requiere arrancar la feminidad que necesita a su propia hermana o mitad alma mujer para corromperse, dejándole la porción que detesta de masculinidad. O sea, el hombre para sentirse mujer haciendo sexo con hombres; necesita arrancar a su mitad alma-mujer la feminidad que necesita; porque ambas almas fusionan en una sola viviendo en su respectivo género. En otras palabras el hombre enfermo, no requiere ir tan lejos para arrancar la feminidad que desea experimentar haciendo sexo con hombres, se la arranca a su mitad alma-Mujer siglas CP-AMujer, intercambiándole la masculinidad que detesta. Tuvieron que pasar 2000 años cometiendo estos errores de Sodoma y Gomorra, con la doctrina Cristiana, para que la humanidad comprendiese mediante el Anticristo, el peor cáncer humano que pasó desapercibido.

---

[9] **.- Debe nacer en la misma rama de apellido del hombre; incluso los hijos de su hijo, pues los hijos de su hija son de la rama de apellido de su esposo.**

Así es como el hombre enfermo arranca la feminidad a su mitad alma mujer, en 2 y más vidas para nacer lésbica H.C.M., y él renace homosexual M.C.H. Cuando renace homosexual, tiene hasta su muerte para renunciar a su mismo sexo, de lo contrario destruye su alma. No destruye a su mitad alma lésbica, porque ella no es culpable de su transformación; podría ella empezar su reformación renunciando a su mismo sexo dedicándose a otras experiencias positivas en su sociedad, para continuar su vida armoniosamente.

La formación de nuestra alma es especial, individualmente posee ambos géneros para que tenga el hombre responsabilidad de cuidar su heterosexualidad. Y al mismo tiempo cuida la feminidad de su CP-AMujer, y engendre sus hijos sin adicción bisexual que perturba la humanidad en estos tiempos. El hombre que desajusta la heterosexualidad de su CP-AMujer por hacer sexo con hombres, es un corrupto destructor de la Creación Humana valga la redundancia. Por su adicción de penetrar su mismo sexo, se le priva engendrar varón con su esposa, por pensar y sentir que está con un hombre igual que ella al momento de gestar; y de paso engendra a su hija con el gene bisexual. Aunque existe la posibilidad que su esposa tenga el gene bisexual, ello también le priva de engendrar varón, por pensar en mujer igual que el esposo. Adelante explico las razones del por qué la pareja evita procrear a su niño o niña independientemente si es o no bisexual.

Ahora comprendemos las funciones e importancia del Anticristo; el mundo sin él no podría seguir su marcha, porque es entrenado por Maestros E.T. para descubrir la formación corrupta que tuvo la humanidad el Ciclo pasado. La humanidad ignoraba el peor cáncer que ha producido el adicto bisexual desde siempre, dejando el camino libre a la adicción enferma para destruir la humanidad. Es importante comprender que la adicción bisexual de los enfermos extermina su alma al final, al extraer la feminidad a su mitad alma-mujer a cambio de su masculinidad que detesta para sentirse mujer. La naturaleza humana nos dio instintos sexuales hombre-mujer para multiplicar la especie, y muchos se aprovechan corruptamente para hacer sexo con su mismo sexo transformando sus genes para destruir la Humanidad.

Su error de penetrar traseros de hombre, la adquiere como una droga por la adicción en su vida anterior, por ello cuando vuelve a la vida, siente la atracción de su mismo sexo para continuar ejerciéndolo, hasta terminar su heterosexualidad. Al disfrutar su corrupta adicción, contribuye a contaminar su propio C.P.V.; dejando mal parado al Congreso de sus países al penalizar la homofobia, y aprobar la homosexualidad con libertad bisexual para exhibirse en público.

Hasta finales del siglo XX, el autor descubrió que la Biblia menciona las relaciones homosexuales, como el peor y más sanguinario cáncer que ha producido el hombre para destruir la humanidad. La Cristiandad no interpretó el verdadero veneno que produce este cáncer homosexual, revelado perfectamente con la destrucción de Sodoma y Gomorra, y otras fuentes mostrando su mal. ¿Qué sucedería si la homosexualidad fuera aceptada globalmente?, el mundo explotaría en menos de 200 años por tantas almas ardiendo en el centro del planeta, además de la atracción de meteoritos a la Tierra por la negatividad existente.

Los Maestros sabían por qué programaron el Anticristo al final de la Biblia, y completar el trabajo del hombre al fin de ciclo de las almas de 81,000 años, para evitar destruirlo. Las almas poseen su propio código de conducta cuando el hombre persiste en exterminar su heterosexualidad, motivado en la penetración de traseros masculinos; y hasta el más tonto lo comprende. La Creación Humana es heterosexual, y el hombre es encargado de cuidar su mitad alma-mujer (CP-AMujer), mediante su propia heterosexualidad para engendrar sus hijos sanamente. El único con iniciativa y poder para destruir el mundo, así como transformar su renacimiento en muchos lugares; incluyendo degradar su alma al Reino animal para pagar los crímenes que hace en la tierra.

Una mujer heterosexual 100% en armonía, nunca por iniciativa propia se corrompería con su mismo sexo; su propia naturaleza femenina se lo prohíbe a menos que sea una mujer nacida bisexual. Afortunadamente la inmortalidad ofrece la información correcta para verificar las acciones que motivan sus genes a corromperse; y enterarse porqué nació contagiado bisexual, incluso saber por qué vive en lugares con hambruna y todo tipo de discapacidad. El hombre ahora puede comprobar, cómo transformó su cuerpo que posee en mal estado, investigando la corrupción de su pasado, para corregir los males que siente mediante su genética impregnada. Al sentir que sus genes le muestran atracción de su mismo sexo; es una prueba de su corrupción pasada para nacer bisexual; y como primer paso, debe tratar de erradicar de su mente la mirada incansable de ver a los hombres, y tratar de mirar a su contraparte mujer.

En el siglo pasado después de la II Guerra Mundial, finalmente la humanidad tuvo la oportunidad de ser libre, para que el hombre ejerciera su libre albedrio como 1era fuerza. Por ello aprendió a vivir el tiempo deseado, experimentando la "Mesa Opulenta" del mundo civilizado obteniendo sus deseos y satisfacer su formación. Las funciones del alma dirigiendo su cuerpo en armonía, es como suma números con cada experiencia vivida, y que su mente continúa hasta lograr el cambio. Las grabaciones milenarias que guarda su alma durante su vida, son parte de su formación para impregnar su genética en cada renacimiento, al penetrar con su 1er aliento de vida. Es increíble cómo mediante su alquimia mental y relatividad de formación ejercida durante su vida anterior, su alma registra todo para configurar su nuevo cuerpo en esta vida. Las almas después de su muerte, es el único tiempo de descanso que poseen para transformar su vehículo, en la misma formación que motivaron los años de su experiencia de vida.

EL hombre ha pasado por alto, que su propia Vida mediante su alma, posee una copia del Universo, para transformar en armonía su experiencia en la tierra, y la formación de sociedad que desea para sus hijos. La Vida es como la arcilla en cada ser humano, para moldear su destino y sus formas de vida que desea; convierte en artistas individuales a todos los hombres por la constancia de transformar su alma positivamente. Incluso la desfiguración de los cuerpos por su dirección negativa. Así el hombre descubre su humildad ejerciendo su armonía de pensamiento; al advertir cómo su intelecto atrae las ideas con su altura y fuerza del alma, para salir de su ignorancia.

Increíble como el Universo en armonía así como la natura nos muestra su formación, y así debieran ser las acciones del hombre para configurar su ascenso, con actitud y pensamiento viviendo en los mejores lugares. Los Maestros nos dieron una gran lección al ocultarnos la inmortalidad con simbolismos, para que el hombre lo entendiera mediante errores e intelecto hasta lograr su mejor nivel de vida. Le dio la oportunidad de fraccionar su alma para comprender la multiplicación; de esa forma se comprueba la diferente edad de almas, desde la más pequeña hasta las adultas por su partición. Al hombre no le importó vivir desenfrenadamente en corrupción, creyendo que todo acababa en su muerte; razón que terminaba irresponsablemente su vida. Por el contrario al experimentar mucho tiempo su dolor y sufrimiento, especialmente cuando se vuelve viejo, comprende que debe cambiar sus formas de pensamiento para vivir feliz el resto de sus días. El sufrimiento es una forma de enseñanza para probar cómo trabaja su corrupción creando aulas de regeneración especiales; incluso lugares con hambruna para educar al hombre las formas de vivir.

La naturaleza misma, son tres formaciones de armonía que han producido los 3 Reinos, Mineral, Vegetal y Animal, preparando el alma especialmente para dirigir al hombre; y mediante su mente descubra su relatividad de transformación con la experiencia mínima de 81,000 años con su pensamiento.

CAPITULO IV

AULAS DE CLASE

El alma nace en la conciencia de la materia por millones de años; después su energía se desprende de la misma con el estallido para ejercer en Reino Vegetal; y por último en Reino Animal preparándose para dirigir al Hombre. Las almas se formaron para penetrar como inteligencia el cuerpo del hombre con su 1er aliento de vida, dirigiendo su individualidad por un mínimo de 81,000 años que posee el Ciclo de las Almas. La muerte del cuerpo ocurre 562 veces, renaciéndolo aproximadamente cada 144 años con su misma alma, encargada de grabar sus hechos en cada experiencia de vida. Al regresar en su renacimiento, genéticamente su alma impregna al cuerpo su formación anterior para reformarse hasta su muerte con su libre albedrio, regenerando su nueva formación y destino.

Nacer el hombre con salud y buen estado físico, es un buen indicio que trabajó en armonía en su vida anterior; sus genes los impregna su alma en cada renacimiento para comprobar que no posee corrupción negativa que perturbe su existencia. Empero si nace genéticamente con adicción bisexual, es una prueba que viene con corrupción anterior, y debe combatirla en su juventud arrancando la atracción mental de su mismo sexo con actitud heterosexual. El hombre es único para trascenderlo todo, especialmente ahora que sabe que ha vivido individualmente como inmortal por todo su Ciclo de 81,000 años regenerando sus propios deseos. Si viviera una sola vida como creía la ignorancia; con simple sentido común, no tendría caso la formación de su alma por millones de años en los 3 reinos de la naturaleza, preparándola para dirigir al hombre al final de su ejercicio. Tampoco tendría capacidad de percepción, ligándolo a sus experiencias pasadas con la sabiduría que necesita para lograr sus objetivos. El alma inmortal mantiene su propia individualidad ejerciendo como mínimo su ciclo de 81,000 años, tiempo suficiente para ascenderla o destruirse con su mismo YO, con la fórmula de sus acciones.

Es agradable comprender, cómo el alma además de proveer vida al cuerpo del hombre con su 1er aliento, posee los mecanismos de transformar su cuerpo con la genética programada para continuar ascendiendo. Y este es el detalle principal que determina la función de las almas; saber cómo, y dónde debe nacer su cuerpo para continuar la estrategia de formación deseada que dejó pendiente en su vida anterior. Al abordar el alma su nuevo cuerpo programado, impregna en su organismo los genes experimentados en su vida anterior para confirmar, si continuará con su mismo proyecto del pasado, o cambiará de guía con otra mejor formación. Así es como reforma individualmente su alma, para trascender en los niveles deseados de comprensión, beneficiando la generación de sus hijos en todo lo logrado, o negativamente sumirlo en su desgracia.

Al formar su alma en los 3 Reinos de la Naturaleza, lo ligan directamente a la Materia, Vegetación y Animales, como el origen de su transformación, una forma de reconocer su entorno. Por eso el trabajo del hombre mediante su experiencia positiva, lo convierte en dios pequeño en la Tierra haciendo y transformando en pequeño, lo que hace en grande Dios Padre en el Universo. Vemos y sentimos, cómo su alma logra su capacitación para dirigirse como hombre usando su raciocinio, para que experimente en armonía, su nueva dirección en este paraíso llamado Tierra. Es la mejor forma de generar conocimientos para transformarlo todo, desde su familia y su respectiva sociedad, con la mágica actitud de vivir en armonía, motivando a todos a tener prosperidad. Mis investigaciones continuaron para comprobar, cómo el asesino y otros destructores humanos transforman su alma para regenerarse en el Reino Animal, por carecer la humanidad de aulas especiales; y regresarlo totalmente reformado.

Quedé impactado comprobar que los asesinos renacen en puercos, para sufrir la muerte tantas veces atravesando la daga su corazón, para producir alimento a la humanidad. Su admisión en los animales es automática renaciendo en camadas de cerdos, como forma de pagar sus crímenes al comerciar su deliciosa carne. Lo increíble, que dichas aulas todo mundo las conoce, dónde y cómo matan los cerdos en el Matadero, incluso lo hace en su propia casa, ignorando ser la reencarnación de criminales viviendo en cerdos por asesinar en su vida anterior. Su exquisita carne la producen los homicidas para dar acomodo a tanto criminal para mantener vigentes sus aulas de castigo, manteniéndose en los animales por el tiempo de vida arrancado a sus víctimas, antes de regresar reformado a la humanidad. Increíble como las acciones del hombre producen Relatividad mediante su mente, encargada de transformar las funciones que debe desempeñar. Este es el llamado infierno que la Iglesia se refería simbólicamente a los diferentes pecadores después de su muerte.

De igual forma descubrimos, cómo trabaja el origen de los nacimientos deformes y sin extremidades; incluso saber por qué se forman en el mundo lugares con hambruna con formación deprimente. Es increíble la transformación que hace el hombre con Relatividad Mental mediante su experiencia, detallando cómo, energéticamente su alma es capaz de transferirlo en los lugares que merece renacer. Cuando el hombre falla haciendo corrupción, su alma paulatinamente va creando su propia aula de clase, para que él mismo pruebe y rectifique la descomposición que viene realizando. Empero, si su corrupción es antihumana, su alma lo configura renacer en el Reino Animal, obviamente por carecer en la humanidad de aulas reformadoras. Ahora todos sabrán las razones del porqué era muy necesaria la inmortalidad del alma para dirigir al hombre, como la base de su formación en todo lo creado. Y así mediante su mente, conformar las diferentes clases humanas mediante su experiencia, creando la desigualdad del mundo por sus acciones; incluso deformación recibida por merecimiento.

La humanidad posee un propósito digno de capacitar sus almas con el fin de poblar otros mundos expandiendo el Alma Universal; y para ello requiere educar positivamente su alma en la Tierra.

Esto no quiere decir que debemos olvidar esos lugares deprimentes, viendo la gente morirse de hambre por la corrupción de su vida anterior. Ahora más que nunca comprendemos las razones de los M.E.T.[10] de educar al hombre, dejando al final de Ciclo la tarea del Anticristo para revelar la podredumbre que hizo durante su Ciclo y reformarse en estos 1000 años de prueba. Presenciamos las almas en constante descenso, cómo llegan al asesinato de muchas formas, configurando su nuevo renacimiento en el Reino Animal, para enseñarlo a vivir en armonía. Finalmente existe una razón de porqué, si un hombre es capaz de asesinar, debe retroceder las funciones del alma su mismo camino deformado, para recibir su castigo viviendo en animal.

En cambio, al nacer el hombre deformado, 2 cuerpos pegados, ciegos, etc., es por la corrupción que hizo en su vida anterior, experimentando corrupción, y su reformación en aulas apropiadas. Vemos a la mayoría de incapacitados intuyendo sus deformidades, al sentir deseos de responder por su estado, pero su invalidez le impide; y continúan haciendo méritos para valerse por sí mismos.

Quienes ayudan a los seres discapacitados, son gente bendecida eternamente por la Deidad; y más bendecidos aún son quienes se casan con una mujer u hombre sin brazos, para formar con ellos una familia. Dios bendice y les da fuerzas a los niños que nacen discapacitados, para que puedan soportar su castigo en su tiempo requerido de vida, por los males que hizo en su vida anterior. Al llegar adultos, aceptan con dignidad su discapacidad valiéndose por sí mismos preparando su próxima vida con lección aprendida, de nunca usar sus manos para destruirla.

Es duro para todos comprender su inmortalidad, por la cultura recibida de tener una vida; por eso la humanidad nunca comprendía que hay un por qué para nacer deformados de

---

10   -. M.E.T. Maestros Extra Terrestres.

nacimiento, y se olviden de culpar al Creador por su mal estado. Por fortuna las fotos que muestran las redes sociales, así como los inválidos de nacimiento que vemos en la vía pública, hemos podido comprobar el origen de sus acciones de su vida anterior, como los causantes de su mal. Nacer discapacitado es una prueba importante que registra su alma, encargada de moldear el cuerpo que merece tener en su siguiente renacimiento, como forma de recordarle las atrocidades cometidas en su vida anterior.

La P.T.[11], descubre la vida anterior del incapacitado para saber por qué nacen ciegos los niños, o sin brazos y piernas, 2 hombres pegados, etc., etc. Es sorprendente cómo su discapacidad les delata la corrupción de su vida anterior, con fines de comprensión, para que todas las almas asimilen y comprendan sus daños, pagándolos en esta vida. Sabiendo el hombre es inmortal, se despejan muchas dudas de su origen y formación, y clasificarlo como el gran hacedor con poder de transformación. Ahora nadie puede ocultar sus hechos a toda la gente; nuestro cuerpo es una prueba contundente para mostrar cómo vivió su vida anterior; y respetuosamente nosotros trataremos de ayudarlos. Dios nunca ha sido injusto con el hombre, los ha dejado en libertad para que mediante su libre albedrío se guíe con sus energías con propósito de activar las E.R.C.U., y recibir su merecimiento. A los discapacitados su misma sociedad les provee de fuerzas, con ayuda desinteresada para soportar su vida haciendo algo productivo, incluso ayudando otra gente con su mismo mal. Es obvio que los inválidos nunca han reconocido su culpa de su discapacidad, pero lo intuyen mostrando su cuerpo como prueba de sus acciones; recordándole que todo se paga en esta vida.

Los nacidos sin brazos, podrían haber sido practicantes de legrados, o usando sus brazos para algo turbio, como matar animales salvajes y destruir la natura, para nacer actualmente

---

[11]   .-Psicología Tridimensional. **El Psicoanálisis Dimensional actualmente lo ejercen los psicólogos mediante estudio de su derredor; y el Tridimensional, es una investigación más profunda que abarca el estudio del alma para ver las grabaciones de su vida anterior.**

deformado. La humanidad posee aulas de castigo para reformar a todos los discapacitados con esa condición; excepto para quienes hacen actos contra la humanidad como el asesinato y otros, debe retroceder su alma al Reino Animal para pagar sus crímenes.

Hay varias formas de engendrar los hijos con discapacidad o deformes, con historial pendiente que deben pagar en esta vida:

#1.- HEMARFRODITAS. Hay muchas preguntas del público referente a los llamados "gays" si nacen o se hacen, incluso tienen dudas qué hacer cuando nacen bebés como hermafroditas; sin embargo es un error hacer cirugías para determinar el sexo que llama su atención. Los gays nada tienen que ver con este fenómeno, que se da solo a las mujeres bisexuales por transformar maliciosamente su mente, tratando e imitar al hombre en la penetración vaginal. Los llamados hermafroditas son casos raros de mujeres que nacen con el clítoris desarrollado como un pene; la ignorancia les ha dado ambos sexos, cuando en realidad son mujeres con clítoris desarrollado. Un bebé que nace con vagina simplemente es una mujer, no importa que desarrolle su clítoris en forma de pene, sigue siendo una mujer. Los llamados hermafroditas nunca nacen con testículos como un niño normal, y eviten mostrando solamente su masculinidad, para deslindar usos indebidos.

#2.- Enfermos con Síndrome de Hidrocefalia. Estos nacimientos con deformidades del cerebro, tiene sus bases en los genes bisexuales del padre del niño desde su vida anterior. Nacer bisexual adicto, algunos con deseos pedófilos, persistentemente desean engendrar un hijo varón, y tratan de encontrar a la mujer ideal para embarazarla con fines pedófilos. Todo hombre enfermo de su mismo sexo intuye, que su formación genética traerá consecuencias fatales si continúa su adicción bisexual en esta vida; una clara señal que viene transformándose desde su vida anterior. Algunos adictos, registran en su mente buscar mujer para engendrar un hijo varón por deseos pedófilos. Regularmente es difícil para el bisexual engendrar varón, porque piensa en hombre igual que su mujer al momento de engendrarlo, y solo procrea niña; salvo en ocasiones especiales puede fecundar masculino. Si lo realiza, es por tener la fortuna de conquistar una mujer joven con alto temperamento sexual, lo que hace posible engendrarlo pensando ambos en hombre al momento de gestarlo. Empero, por esta condición, nace enfermo del cerebro por la anomalía bisexual del esposo. Las madres de esos niños ignoran, que mediante su fuerza sexual, aunado a su estado negativo que poseía al momento de atraer al hombre bisexual equivocado; es lo que ocasiona tener su hijo con defectos del cerebro y Síndrome de Hidrocefalia. Si el esposo no la abandona desde su nacimiento, el niño puede vivir mucho tiempo porque el padre está junto a ella para cuidarlo. Lo contrario si lo abandona, las energías del padre que lo engendró trabajan para que el niño muera en el 1er ciclo de 7 años, porque la madre no es la culpable de su nacimiento, es el padre. En estas condiciones precarias del nacimiento del niño por culpa del padre, no es responsabilidad solo de la madre educar un hijo toda la vida; si el padre lo abandona el niño muere el 1er ciclo de 7 años. La madre solo aporta su cuerpo para darle vida al hijo de su esposo, y el esposo aporta la corrupción de ese hijo que viene dañado, para manifestar los hechos del hijo en su vida anterior.

Cuando un adicto bisexual busca una mujer para engendrarla maliciosamente, es obvio que ella debe estar negativa para que surta la atracción que busca para engendrar su hijo con problemas físicos, enfermedades, o deformación. Este es un fenómeno natural que se da con aprobación de la madre viviendo temporalmente en estado negativo; prestando su cuerpo para engendrar el hijo deformado de su esposo. Es obvio que la madre ignora las intenciones del esposo bisexual, para engendrarle un hijo con malos propósitos; máxime si ella por andar embriagándose u otras negatividades pierde los estribos y la educación de familia. Al consolidarse este raro nacimiento, el hijo de padre bisexual, ya viene programado con Síndrome de Hidrocefalia a cumplir una deuda pendiente de corrupción de su vida anterior. Repito, no cualquier madre puede engendrarlo, ella debe estar negativa por la osadía de violar las reglas de familia que le impusieron sus padres, para atraer al hombre equivocado; de otra forma ella en armonía, otro hombre normal sin karmas negativos la hubiese conquistado.

Desafortunadamente la comunidad nos ofrece una gama de proyectos negativos que reflejan su interés mezquino; donde los hombres bisexuales buscan a las mujeres para engendrarles un hijo con fines de violarlo. Con esta descomposición sexual, es como el hombre bisexual destruye los deseos de la mujer de tener un varoncito, pero la excesiva mayoría engendra mujer por pensar en hombre igual que su esposa a la hora de engendrar. Toda mujer es conquistada por el hombre en forma natural, atraído por sus propios números para darse los resultados esperados. Ningún hombre con un pasado enfermo, podría atraer a una mujer que vive en armonía para engendrar un hijo deforme; absolutamente. Es importante la unión en armonía, para que la mujer traiga en su vientre a la rama de apellido de su esposo, muy diferente del padre que la trajo a ella al mundo, para engendrar especialmente sus hijos. Esto es importante, la mujer debe conocer quién será su esposo mediante el noviazgo, para que se den los resultados esperados; así, ella asume su responsabilidad mediante sus acciones para tener su merecimiento.

En toda experiencia sexual, el hombre transmite su fuerza de atracción a la mujer que será su esposa para engendrar sus hijos, para realizar una familia con sus números. Engendrar su esposa es el mejor arte de vida que ha logrado el hombre con su experiencia positiva o negativa, para promover la atracción de las almas de sus hijos de su rama de apellido esperando nacer. Así se promueve la transformación positiva de su descendencia, en especial cuando los padres cumplen con su obligación de dar amor y cuidado a sus hijos. Todos los padres son causantes de los malestares de los hijos desde su nacimiento, especialmente si el hijo nace con Síndrome de Hidrocefalia al engendrarlo su padre con adicción bisexual. O sea su esperma y óvulo se contraen al chocar ambos deseando hombre; por eso los bisexuales casi nunca engendran varón, solo mujeres. Por ello es recomendable saber, que si el padre es bisexual, o hace corrupción negativa, evite engendrar a su hijo para evitar malos momentos en su nacimiento. Recalco, todo nacimiento de su hijo, el padre es responsable de ellos hasta la edad de 21.

#3- NACER CIEGOS. Los nacidos ciegos. Nacen por hacer mal uso de su vista en su vida anterior, matando animales salvajes, pájaros silvestres, etc., o blasfemando intensamente la negación de Dios toda su vida. Al nacer ciegos sentirán a Dios en sus corazones por usar mejor su raciocinio, y sintiendo amor por los animales.

#4- NACER PEGADOS. Los nacimientos de 2 hombres pegados, o dos mujeres pegadas en un solo tronco, regularmente son hermanos gemelos que en su vida anterior vivieron homosexualmente como marido y mujer toda la vida, evitando casarse y tener hijos. Su alma registró esta corrupción violando sus derechos, evitando formar una familia; configurando renacer pegados en esta vida por su homosexualidad. El mismo padre de ellos quien engendró a los gemelos o gemelas en su vida anterior, parcialmente fue culpable en su educación anterior, haciendo mal uso de sus funciones heterosexuales; y ahora se encarga de engendrarlos, pero esta vez pegados del mismo tronco por la violación anterior de sus hijos.

De esta forma el padre engendra a sus mismos hijos gemelos del pasado, quienes vivieron en corrupción toda su vida; y él como padre, se encargó de mal cuidarlos, para que ahora experimente la tragedia que hicieron sus hijos viviendo juntos. La Creación Humana nos vuelve a confirmar que las almas poseen su propio código de conducta, cuando el hombre-mujer destruye su formación heterosexual con actitud y conocimiento; para que sus almas nazcan pegadas por su poder de transformación. Es obvio cuando 2 hermanos gemelos violan preceptos de la familia, destruyendo su heterosexualidad por vivir homosexualmente toda la vida, es como sus almas configuran renacer pegados, evitando formar su respectiva familia. Los nacidos pegados raramente son bisexuales, nacieron normalmente como gemelos en su vida anterior; pero la costumbre de vivir juntos desde pequeños, la corrupción cambio los métodos para vivir como marido y mujer toda su vida.

#5.-**Esclerosis múltiple.** Es una enfermedad neurológica que la mujer desarrolla mayormente. Después de los 21 **años** al tomar responsabilidad de sus acciones y posesión absoluta de su guía mental de conducción; es como cultiva la esclerosis múltiple y otras deformidades mediante su dirección negativa, dependiendo de la frecuencia de ejercerla, sea muy tarde o tempranamente. Su formación es básica de este mal que daña su sistema nervioso central, evitando que siga destruyendo su alma mediante energía de prepotencia por las mentes que daña; una mujer en armonía no daña a nadie, es inmune a deficiencias del sistema nervioso. La mujer es más propensa que los hombres para desarrollar este mal que desarrolla su mente con relatividad para resguardarla de todo negativismo o accidentes. La mujer que padece esta deformación, canaliza su fuerza mental negativa a otra mujer, distorsionando su pensamiento con quienes convive. De esa forma automática fluyen hacia su sistema nervioso sus energías de reacción como un contra veneno de formación, para detener su fuerza negativa mediante esclerosis **múltiple**. La mujer altiva con pedantería por la forma que dirige negativamente su pensamiento, es como activa una especie de frenos y no continúe destruyendo la formación de su alma.

#6.-SÍNDROME DE DOWN. Los que nacen con S. de D., son seres que vivieron negativamente casi toda su vida anterior, usando su raciocinio e intelecto, criticando y envidiando con rencor la voluntad humana. De esa forma grabaron en su alma las anomalías de sus hechos que obstruyeron su desarrollo la mayor parte de su vida; creando la transformación de su nuevo cuerpo, y renacerlos con reacciones lentas para evitar seguir destruyéndose. Con esta práctica inconsciente de criticar negativamente, se vuelve adicción por toda la vida, para renacer con S. de D. Ahora siente la desdicha de no responder en forma despectiva el trato con sus semejantes, por la lentitud de su cuerpo, auto-programado para evitar dañar su alma. Todo negativismo de los impulsos del hombre, su alma graba los hechos mediante sus acciones, creando los números poco a poco para transformar su nuevo cuerpo después de su muerte, al actuar negativamente contra las personas. El S. D. es producto de vivir más de la mitad de su vida criticando mal a las personas; una forma de cortar su ímpetu impulsivo negativo, para detener la destrucción de su alma.

Se percibe en ellos un sentimiento de frustración al no poder reaccionar rápidamente sus deseos de hablar, de gritar, o de mostrar al instante lo que su mente percibe para enfrentarlo. Este Síndrome se encarga de renacerlos con cara aplanada desde el puente nasal, ojos almendra rasgados hacia arriba, cuello corto y orejas pequeñas; menguando sus ímpetus de alcance para evitar dañarse. La lengua tiende a salirse de la boca, con una estatura muy baja, y otras fisonomías peculiares restándole impulsos como persona altiva y despectiva, que antes era en su vida anterior, viviendo negativamente.

#7.- ASESINOS. El alma del asesino se reprograma renacer en el cerdo en el Reino Animal, para que experimente el dolor de las muertes provocadas en la humanidad, y esta vez para comerciar su carne. Este noble animal ha fortalecido su demanda por su deliciosa carne, gracias al asesino y hombre desquiciado, abriendo nuevas aulas para educar a estos impúdicos mal nacidos el daño que hacen a la humanidad. Ahora comprendemos por qué este noble animal sufre más que otros animales, hasta el momento de ser cruelmente matado y destazado para comerciar todo, hasta su sangre; como una forma de pagar sus crímenes contra la humanidad. Lo sorprendente del alma, nos comprueba cómo transforma los cuerpos en cerdos por asesino y depredador humano, sintiendo periódicamente cuando son matados al sentir la daga atravesar su corazón. Les aplican correctamente en el Reino Animal, la ley de "ojo por ojo y diente por diente", para que sientan el dolor en carne propia lo que causaron sus asesinatos. Los asesinos y otros males contra la Creación, no hay aulas de clase en la humanidad para que reciban entrenamiento. Por ello su alma con esa numerología criminal, posee la capacidad de retroceder su energía al Reino animal, por sus actos inhumanos, para renacer como cerdo o puerco y recibir el mismo daño de muerte que hizo en vida. La Conciencia Universal, no puede exponerse a perder un alma de millones de años, por una mala experiencia negativa del hombre; por ello las almas criminales reciben la oportunidad de reeducación en las aulas requeridas del Cerdo para reformarse. O sea el asesino renacerá como puerco, el mismo tiempo de vida que arrebató a sus víctimas, viviendo y sintiendo el mismo horror de morir periódicamente sacrificado, para que la humanidad saboree su deliciosa carne.

#8.- Parte del <u>Ganado Vacuno</u> y otros como el <u>Asno y Burro,</u> son usados por el hombre como aulas de castigo por vivir de haragán más de la mitad de su vida, capacitándolo para regresar a la humanidad. La fracción de su alma que renace en esta aula de flojos y haraganes, es la misma que divide para vivir en el ganado, mascando yerba todo el día y haciendo trabajos de carga y cumpla su deber de trabajar al regresar a la humanidad. El resto de su alma prosigue normalmente con menos intelecto haciendo su trabajo de sobrevivencia. Su alma graba todo lo bueno y malo de sus acciones, para darle su merecimiento; y al vivir más de la mitad de su vida como haragán viviendo de los demás, su alma se auto programa para retroceder al reino animal para educarlo en el trabajo. Compruébenlo vean que estos animales poseen inteligencia por vivir en la humanidad, ahora viven y sienten en carne propia el castigo por ser corrupto, ignorando que vino a la tierra a trabajar para formar una familia.

#9.- CEBRA. El animal conocido como Cebra, fue aula de clases de los salvajes indígenas del pasado, quienes vivían solamente pintando y rallando su cuerpo durante su vida sin trabajar. Actualmente ésta aula con cebras rayadas, se mantiene abierta para alojar a quienes no les agrada su piel, en especial quienes se tatúan más de la mitad de su cuerpo a la vista de todos. Algunos viven gran parte de su vida atareados en esta descomposición de su piel, evitando trascender, desfigurándola al transformar su pensamiento durante su vida.

#10.- El <u>Toro de Lidia</u> es una manipulación del mismo torero, encargado de hacer rabiar al toro hasta el éxtasis, con el fin de perdonarle la vida para que sirva de semental, y engendrar esa forma de pelear en el ruedo. Al torero le agradan los toros de lidia para destruirlos en el ruedo miserablemente, frente una audiencia sedienta de ver sangre correr hasta matarlo lentamente, enloqueciendo a los fanáticos. Sin embargo, ignoran que estas maquinaciones de la brutalidad del torero, lo registra su alma para convertir los toros de lidia en sus propias aulas de clase, para que renazcan los toreros en ese noble animal después de su muerte. Increíblemente los toreros renacerán en toros de lidia después de su muerte, para que sufra el torero directamente lo que hace con los toros en el ruedo, y sientan la muerte lentamente después de la estocada final. He psicoanalizado cómo el mismo toro en el ruedo, se queda pensativo, recordando como humano, que ahora vive como toro de lidia para que sienta la bestialidad de los toreros, cómo le quitan su vida hasta matarlo. En efecto, cuando vean un toro de lidia en un ruedo, ya no vean al animal que sufrirá su muerte, vean al torero que en su vida anterior se dedicó a matar toros de lidia, de la misma forma que ahora ese toro morirá sintiendo su muerte. El hombre es el más grande transformador que ha producido la Creación Humana, para comprobar, porqué es un dios pequeño en la Tierra, haciendo estas aulas de castigo para enseñarlo a vivir humanamente. Increíble la grandeza del alma del hombre, transformando su camino para comprender mejor la vida con sus acciones en la tierra.

#11.- Animales Salvajes. Comprobé en mis investigaciones, cómo el hombre mediante su mente criminal, de matar ilegalmente animales superiores de la selva; su alma retrocede al Reino Animal para renacerlo en los animales que mata por corrupción. Estos inhumanos cazadores, por dinero, se dedicaron a la caza de animales en extinción; una gran injusticia que pagan muy caro, para que sean testigos de su mal proceder de vivir como animales salvajes. Las E.R.C.U. no se equivocan para que estos crueles asesinos de animales superiores, renazcan en esos animales que matan, por la injusticia de los depredadores humanos. Toda enfermedad cualquiera que sea, la deformación, accidentes de toda índole, y problemas de la mente; especialmente para aquellos que al final de sus días perdieron el razonamiento, para desconocer a toda su familia. Estos últimos deben saber que algo turbio hizo en el pasado y que siempre guardó en su mente sin resolverlo; para desconocer paulatinamente su familia.

El cuerpo del hombre es el vehículo del alma para generar los sentimientos que proveen su reformación, con el fin de transformar su cuerpo y derredor con su relatividad mental.

CAPITULO V

LAS 6 DESCENDENCIAS DEL HOMBRE

El nacimiento del hombre lo programa su propia experiencia que realizó en su vida anterior hasta su muerte; incluye la genética que impregna su formación por el trabajo realizado en esa guía. Así determina su presente nacimiento, incluso si merece renacer deforme, o en lugares especiales que requiere su alma y continuar su aprendizaje. Si nace discapacitado, no comprende las razones de su estado deprimente, mucho menos por el resultado de acciones irresponsables de su vida anterior. Todo nacimiento refleja su trabajo realizado hasta ahora, y otra oportunidad para reordenar su formación genética, encargada de transformar para bien o mal su nueva personalidad. Sus acciones son la guía genética que genera su mente durante su vida, fortaleciendo su alma para configurar su cuerpo después de su muerte con relatividad de pensamiento. Todo hombre representa su genuina formación, al mostrar mediante su cuerpo cómo trabajaron sus acciones en el pasado; utilizando su propia energía para atraer a sus hijos en esa formación.

La educación Católica Cristiana comenzó faltando 2000 años para terminar su Ciclo; los Maestros E.T. sabían que la Ciencia y fieles cristianos no comprenderían en ese tiempo la inmortalidad del alma. Sin embargo, naturalmente pudo experimentar la reacción que producen sus acciones al activar las E.R.C.U., para recibir su merecimiento. La iglesia no estaba lejos de comprenderlo al interpretarlas como Espíritu Santo. Los profetas escribieron los bellos simbolismos de la Biblia como los entendieron según su formación, dejando que los fieles adoctrinados las interpretaran mediante su comprensión. La iglesia interpretó lo suyo informando a sus fieles la dirección de sus doctrinas, especialmente para las almas infantiles acostumbradas a la brujería y sacrificios humanos. Es obvio crearse esta confusión de fin del Ciclo de la Humanidad, y el Anticristo revelara los simbolismos Bíblicos después de 2000 años de educación cristiana; especialmente el más importante refiriéndose al hombre: "Jesús".

En efecto, la humanidad no interpretó correctamente la Biblia, ni se enteró que el Anticristo formaba parte fundamental de la educación Cristiana, revelando lo que el hombre no pudo descubrir en 2000 años. Una excelente forma de educación para experimentar directamente, **cómo trabaja el efecto reacción** por sus acciones, activando las E.R.C.U. para tener su merecimiento. En efecto, el hombre en cada renacimiento aprendió a tener libertad, buscando resolver sus problemas mediante su experiencia y percepción, transformando su vida hasta el final del ciclo de la humanidad.

Ahora con 81,000 años de experiencia la humanidad posee capacidad, para soportar la revelación de los descubrimientos en estos libros que no pudo traducir en la Biblia. Ahora sabrá por qué la Vida en todo el Universo tiene su propio esquema en los planetas habitables, gracias a su alma, entrenada en los tres Reinos para dirigir el cuerpo del hombre un mínimo de 81,000 años de su ciclo. La magia de la vida acontece al penetrar su alma de Dualidad Positiva al cuerpo recién nacido de dualidad Negativa con su 1er aliento de vida; activando su poder de transformación mediante su mente. Por ello la importancia del hombre de dirigir su alma positivamente en cada renacimiento, manteniéndose en actividad constante buscando vivir mejor con toda su familia.

Todo hombre en su nacimiento, empieza su trabajo en la misma formación dejada en su vida anterior, gracias a las grabaciones que su alma impregna a su cuerpo con su 1er aliento de vida. Si por ejemplo el hombre es obligado a vivir con Dictadura o Teocracia, amarra su mente automáticamente a la altura negativa de sus dirigentes, evitándole trascender. Es como se crea el Fenómeno Apocalíptico, con genes asesinos en los hijos varones después de 3era generación. Incluso este fenómeno también se crea en la libertad de Occidente, con padres educando negativamente a sus hijos varones durante 3 generaciones consecutivas, y nacer con genes asesinos –valga la redundancia.

Estos libros son el resultado de 35 años de investigación del origen del ser, como nadie lo hizo en el pasado, basado en el origen inmortal del hombre y su mismo YO que nunca cambia. Cuando los Maestros E.T. salvaron la vida del autor jugando carreras en el verano de 1984; nunca se imaginó educarse en la investigación del origen de la humanidad e interpretación de la Biblia. Jamás pensó que la Ciencia ignoraba como todos, el verdadero origen de la humanidad; mucho menos que el autor duraría todo este tiempo investigando el origen del hombre. Pero gracias a sus Maestros E.T. que lo encontraron mediante su marca que tiene en su espalda izquierda, es como continúa escribiendo estos libros, ayudando la humanidad con esta información a continuar su vida positivamente.

La tarea de ilustrar al mundo nunca estuvo preparada por el autor, tampoco fue educado en la Universidad para tener educación especial; mucho menos imaginó que el personaje descrito en la Biblia lo representaba él mismo. Hasta el momento que los Maestros salvaron su vida en 1984; se enteró que su preparación estaría a su cargo; ignorando que periódicamente lo cuidaban desde su nacimiento especialmente para ilustrar la humanidad. El autor ignoraba que la humanidad guarda fielmente en todos los espacios los registros de su experiencia en la tierra; mismos que comprobó mediante Psicología Tridimensional. Posteriormente le informaron que no requería estudios superiores para investigar el verdadero origen del hombre, porque todos lo ignoraban, incluyendo la Ciencia. Es obvio que al no haber libros de investigación del origen del alma y su desenvolvimiento, la mesa estaba puesta para comenzar su trabajo de indagación; y cómo trabajan las energías que dirigen al hombre usando P.T. Ahora entendemos porqué la Ciencia nunca logró investigar el verdadero origen del alma y del hombre; por la falta de filósofos que ilustraran el camino de proseguir su estudio.

Comprobamos que si no hay una guía que dirija y cuide la humanidad como hacen los Maestros E.T., se destruiría pronto. Después de experimentar la humanidad vivir 79,000 años sin guías; llegaba el tiempo para que el hombre tuviera su 1era educación Cristiana, para empezar a conocer cómo trabaja su Relatividad de pensamiento. Era necesario educar la humanidad con la doctrina Cristiana para que el hombre tuviera la experiencia requerida, y evitar el colapso programado de destrucción al final del Ciclo en 12/21/2012, con la llegada del Anticristo.

Al hombre le complació creer que poseía una sola vida; razón que los adictos bisexuales prosiguieron el más dañino cáncer para destruir la humanidad. Ahora los nuevos psicólogos tendrán una valiosa arma para guiarse desde su vida anterior, investigando la base de su Alma, dueña de su YO individual milenario para reformar su cuerpo y derredor. Después de estos libros, la P.T. será fundamental para indagar cómo vivió en su vida anterior, para nacer en esas condiciones deplorables. Afortunadamente el cuerpo del hombre es la única prueba que muestra su experiencia vivida, revelando su trabajo pasado y presente de formación; para que todos vean la transformación palpable que ha hecho su mente hasta el día de hoy. Es increíble como vivíamos ciegos ignorando la base más importante del Alma manteniendo la misma personalidad en todo su ciclo, fortaleciéndola con su experiencia inmortal en cada renacimiento. Repito, gracias a los Maestros E.T., el Anticristo reveló antes del final del Ciclo de la humanidad, las verdades que requería para pasar la prueba y evitar su destrucción. Ahora que el hombre se entera que es inmortal, comprenderá porqué es único e irrepetible por su experiencia individual que ha tenido por más de 81,000 años viviendo su mismo YO en esta Tierra. Es él mismo renaciendo cada 144 años en los diferentes lugares para formar su experiencia; mostrando el trabajo de su alma dirigiendo su cuerpo y formación en su respectivo C.P.V. y rama de apellido.

Todo hombre ha sido parte importante en la renovación y evolución de los pueblos; evitando caer en la adicción homosexual que destruye la humanidad. Es diferente a todos por sus miles de años de experiencia individual, cada uno enfocado en lo que más le agradan sus altos y bajos instintos; día con día desarrollando su intelecto para formar su persona hasta el día de hoy. Usted querido lector, es quien llena positivamente este molde que la sociedad próspera construye, mostrando la superación de su YO individual que impone su sociedad para crecer con su familia. Su experiencia inmortal ha mostrado, que el verdadero poder del hombre está en la fuerza de su aura que proveen sus acciones, para abrirle camino en la conquista de su nueva vida y cuidarlo de la negatividad.

Sin embargo, podemos ver que existe la egolatría para tratar de cambiar su físico, ¿solo porque no le agrada algo de su cuerpo? Con ello crea un detonante negativo por violar el patrón de su conducta, pues él mismo se encargó formar su cuerpo con su actitud y pensamiento. No olvidar que las almas están adheridas a la Conciencia Universal mediante las E.R.C.U. impregnadas en todo el mundo, para que su mente decida su destino y formación de vida mediante sus acciones. Si su mente fluyen envidias resentimientos falsos, deseando tener el cuerpo de otra persona; en ese momento su alma construye exactamente lo opuesto, para enseñarlo que no es el camino para producir el cambio, sino mediante su armonía.

La apariencia y personalidad son totalmente diferentes, porque la una no hace la otra aunque trate de cambiarla; su propia mente mediante su actitud prolongada, es quien dirige los cambios para labrar el físico que posee. La apariencia satisface un evento deseado o académico, incluso celebración altruista; no para mostrar la personalidad que realmente es; es para darle lucidez al evento que ha creado su propia historia. Sin embargo, el hombre siempre será indescifrable y único, y nadie lo puede cambiar porque es su propio YO con formación milenaria, capaz de crear y transformar todo lo que desee mediante su voluntad.

El hombre no es un objeto, es un cuerpo con funciones genéticas que su alma reforma y transforma mediante la dirección de su mente, aunada a la experiencia de miles de años de renacimientos continuos, es como logra su formación y físico actual. Salir airoso en cada experiencia lo hace diferente; incluso si por esa motivación positiva rompe con su pasado, atrayendo las fuentes positivas para ayudarlo en su tarea. La autenticidad es lo que el hombre refleja desde que es un niño, mostrándose como es, por las condiciones dejadas en su vida anterior. Sin embargo la edad de su alma, mucho le ayuda para definir los momentos difíciles que está pasando, incluso para huir del seno familiar, buscando un mejor sendero para él y sus hermanos indefensos, si los posee. Todo hombre es auténtico, educado a su manera por miles de años, reflejando en este momento su pasado anterior de formación; con la personalidad para hacer su trabajo en su propia dirección. Un cuerpo perfecto, no lo compone un físico bello; lo conforma la armoniosa experiencia como hombre, en especial educando a sus hijos viéndolos crecer con amor. Su físico automáticamente se logra cuando llega a la vejez, descubriendo cómo sus acciones hacen grande su vida, viendo crecer en armonía a su descendencia y su C.P.V.

Recalco, los profetas judíos que escribieran la Biblia formaron la Iglesia para educar la humanidad que venía de vivir en la barbarie de la Edad Media, con intención de erradicar los residuos homosexuales de Sodoma y Gomorra. Afortunadamente los hechos ocurridos en el Concilio Vaticano, están grabados en su espacio para ilustrar cómo la iglesia católica ideó positivamente crear imágenes santas, para erradicar los sacrificios humanos de esa barbarie vivida. Repito, la iglesia originalmente se creó para ayudar a genuinos homosexuales a terminar con su flagelo, únicos con la fuerza de hombre y carácter de mujer, con determinación para evangelizar el mundo. Era obvia esta formación de seminaristas homosexuales para crear un sacerdocio fuerte y responsable, y al mismo tiempo renunciaban a la adicción de su mismo sexo. Es obvio que se haya prohibido la entrada al seminario a heterosexuales y bisexuales para evitar orgias dentro del plantel con los homosexuales. Al matrimoniarlos con la iglesia, evitaban su flagelo sirviendo como sacerdotes guías con la tarea de moralidad, adoctrinando al salvajismo de la humanidad que venía de la Edad Media.

Por la naturaleza del hombre heterosexual, cuando es confinado por mucho tiempo aislado del mundo, debe vivir una mujer a su lado para satisfacer sus deseos sexuales, o trastorna su mente para hacer actos indebidos; por eso las violaciones de niños en la iglesia han causado confrontación con el paso del tiempo. Los homosexuales M.C.H han ignorado, que al renunciar a su flagelo sirviendo a la iglesia, evitan de forma automática convertir en combustible a su alma, y ser destruida en el centro del planeta después de su muerte. Hago esta declaración encubierta, porque el hombre heterosexual nunca debe evadir el matrimonio, pues requiere su hijo primogénito para regresar a la vida a proseguir su experiencia inmortal mediante su descendencia y C.P.V. Los sacerdotes que cumplieron con su tarea de renunciar a su homosexualidad, se salvaron de destruir a su alma regresando a la vida nuevamente con otra oportunidad de renacimiento. No así aquellos que no cumplieron, ya no volvieron a la vida como lo hacemos todos, su alma está ardiendo por siempre manteniendo el fuego del centro de la tierra. Es obvio que se fue olvidando este propósito original de la iglesia, al mezclarse bisexuales adictos para corromperse, y con otras violaciones, aprovechando el noble trabajo de servir a Dios.

Los Maestros E.T. tenían sus razones para dictar a los profetas el Anticristo al final de la Biblia; es obvio, pues quedarían muchos cabos sin atar por los egos enfermos del hombre. Sabían que había mucho vestigio de adicción bisexual diseminado por todo el mundo, desde Sodoma y Gomorra en la Atlántida desde aquel éxodo masivo siguiendo a Noé, para poblar las costas de Europa y Mediterráneo.

Todos sabían de este flagelo sexual; razón que se escribió la educación heterosexual en la Biblia y la Iglesia mediante sus doctrinas para evitar su adicción. Con la libertad recibida del hombre en el siglo XX después de la II Guerra Mundial, aparecieron todos los brotes escondidos de adicción bisexual oculta en el closet por siglos, a causa de la iglesia; misma que se multiplicó hasta final del Ciclo de la humanidad en 2012. Este hecho trascendió hasta la fecha revelándonos cómo los bisexuales tradicionalmente casados, aún continúan infectando al engendrar sus hijos impunemente con su flagelo. Ha esto se agrega que la Ciencia nunca descubrió la energía del Alma, como la base del hombre inmortal, encargada de su formación y de grabar toda experiencia individual en cada renacimiento.

La intención original de los Maestros E.T., fue conformar la Cristiandad en hermosos simbolismos; para poner a prueba por dos mil años al hombre viviendo en armonía. Así fue cómo, con la nueva doctrina de poseer una sola vida, el hombre configuró su nacimiento del cuerpo que posee, experimentando fraccionar su alma por ignorancia, restando comprensión e inteligencia para interpretar la Biblia. El Anticristo se programó salir de las masas, cumpliendo una tarea que no pudo realizar la humanidad durante su ciclo para evitar su destrucción. Fue proyectado con numerología del planeta Tierra para nacer el día indicado, y con marca en su espalda izquierda para que los extraterrestres lo pudieran encontrar desde su nacimiento para cuidarlo. Al revelar el Anticristo el origen de los males que destruían al mundo antes de finalizar el ciclo en 2012, es como la humanidad logró pasar la prueba y obtener 1000 años extra como recompensa para reformar su pasado. Ahora los nuevos nacidos después del 22 de Diciembre de 2012, anexarán una a una la fracción del alma que perdió en el pasado, adhiriendo más fuerza e intelecto. Mil años importantes para que el hombre se reforme; bastante tiempo para combatir 3 guías que destruían su libertad: <u>Comunismo Teocracia y Dictadura.</u>

La mujer nació para hacer lo que nadie podrá hacer como madre de la humanidad, a quien se debe respetar su fragilidad femenina, que la hace más bella por su heterosexualidad y que su hombre protege, para expandir el mundo positivamente.

CAPITULO VI

PERFIL DEL ANTICRISTO

Es obvio que la educación de las almas se programa de la misma forma para todos los planetas habitables del Universo; y es muy necesaria la ayuda de los Maestros E.T. que cuidan los planetas para evitar que el hombre se autodestruya. Reitero, el Anticristo se escribió al final de la Biblia coincidiendo con el final del Ciclo de la humanidad; y confirmar la comprensión del hombre en su educación obtenida. Su nacimiento fue programado en los 1940s, de la última generación del Ciclo de almas de 81,000 años; nacido con un lunar o marca en su espalda izquierda que sirvió como chip para que los Maestros pudieran encontrarlo, y cuidarlo hasta hacer su trabajo de información. Su nacimiento concuerda con numerología de Rotación Traslación de la tierra para evitar falsos duplicados; nacido con el calendario católico el día de San Camilo de Lelis, encaminador de almas.

En este suceso, existen dudas si Mahoma fue designado profeta al descubrirle que tenía la misma marca en su espalda izquierda, y que menciona la Biblia al Anticristo. Seguramente ignoraron que este personaje estaba programado su nacimiento en la última generación de los 1940s, del siglo pasado del presente Ciclo terminado en Diciembre de 2012. Comprendemos ahora los motivos porqué el Anticristo debía aparecer al final del Ciclo, para despejar las dudas de la humanidad.

Indirectamente con este cambio, los descendientes de exjudíos renunciantes del judaísmo y creadores del Islam, formaron con su religión la polaridad Negativa que no existía, odiando a muerte a sus ex hermanos. En la evolución humana ambas polaridades deben existir, para que definan dos tipos de dualidad y formación: Las producidas por el hombre viviendo en libertad, y las que produce el hombre viviendo en opresión. El hombre que vive en libertad posee su libre albedrio, para guiarse conforme su formación inmortal: Positivo. Y desde luego quien vive bajo la opresión es Negativo al privarse de esta gracia que ocasiona la dictadura y teocracia; es como se crea el F.A. en los hijos varones nacidos en la 3era generación en opresión. Ambas polaridades poseen el mismo Dios, guiándose bajo su orden; los formados en Libertad, y los formados con Comunismo, Teocracia y Dictadura.

Por ignorancia se formaron ambas guías positiva y negativa para hacer filosofía, política y religión. Ambas fuentes conforman el Bien y el Mal; Armonía y Desarmonía, cada cual produciendo sus respectivos genes para guiarse naturalmente defendiendo su postura, y seguir adelante en su propia dualidad. El Anticristo viene a revelar lo que la humanidad no pudo descubrir en 81,000 años de su Ciclo; especialmente el más dañino cáncer que el hombre ha formado por su adicción bisexual, para destruir la humanidad. Ahora sabemos que no es un ser de perdición como temían; viene a ilustrar la humanidad equivocada, revelando verdades que no pudo descubrir; por ello obtuvo 1000 años extras para que el hombre se reorganice.

Ahora se comprende por qué los Maestros enviaron a los profetas los mensajes en parábolas y hermosos simbolismos, porque la humanidad no estaba preparada para recibir el poder mental que posee el hombre. Era normal que viniendo de la barbarie por miles de años, sería un error mostrarles su inmortalidad por usar su mente para autodestruirse, sabiendo que renacerían otra vez. Era muy necesario que vivieran bajo la doctrina cristiana enviada por ellos en simbolismos, reflejando un solo Dios que todo lo ve, y una sola vida; y empezaran a vivir positivamente desde su nacimiento. La inmortalidad del hombre fue revelada con la imagen de "Jesús Cristo", pero sucedió como estaba programado, tomándolo literalmente como su profeta y otros como su dios.

En este punto se ha ignorado, que los Maestros E.T. enviaron a los profetas judíos designados por ellos para dictar la formación de la Biblia Cristiana, nunca podrían enviar dos versiones diferentes y mucho menos a los enemigos del judaísmo. Lo cual confirma la deslealtad de los renunciantes judíos de revelarse, formándose con ello la Polaridad Negativa para atraer a su misma frecuencia negativa del mundo, y crear la formación de su propio estado. Al ignorar la corrupción de su vida anterior, les fortaleció tener una buena educación Cristiana que mitigase la formación de su pasado negativo, y empezar a vivir positivamente. La Religión Católica fue la salvación para entrenar y educar por 2000 años a las almas del salvajismo de la Edad Media, hasta el final del Ciclo en 2012, con la llegada del Anticristo.

Por ello la educación cristiana fue rigurosa, y muchas veces salvaje por los errores de sus dirigentes creando violencia y asesinatos, para mantener su hegemonía e influencia en Europa. Se adoctrinó al hombre tener una vida empezando de cero, para que actuara positivamente en el principio, sin preocupaciones de su vida anterior. De esa forma comprendió en forma natural cómo sus almas están unidas a la Conciencia Universal mediante E.R.C.U. impregnadas en todos los espacios del mundo, para que mediante su mente transforme su vida y su destino. De esa forma su adoctrinamiento se formó con parábolas y hermosos simbolismos; es como gradualmente el hombre fue descubriendo mediante su mente, como trabaja la transformación de su cuerpo y derredor, hasta el final del Ciclo de la Humanidad.

Originalmente los Maestros E.T. representantes de Dios que cuidan el Planeta, investigaron los mejores hombres de la tierra para darles el cargo de dirigir al mundo; encontrándolo en el pueblo de Israel. Fue en tiempos de Noé, al ordenarle construir el Arca para realizar el gran Éxodo masivo desde la Atlántida, antes de ser destruida por el diluvio hace más de 6000 años. Gracias a Noé encontraron al pueblo judío altamente calificado, viviendo en el Noreste Atlante, donde construía su Arca ante la eminente destrucción del Continente. Tarea que los judíos se encargaron de llevar su sabiduría a todos los lugares que fueron desembarcando, en el gran éxodo masivo realizado por cientos de lanchas siguiendo el Arca de Noé, poblando las costas de Europa y Mediterráneo; luego del hundimiento del Continente. Nadie se hubiera imaginado la tarea realizada del Anticristo especialmente programado, para hacer su trabajo de traducir el simbolismo cristiano, identificando la inmortalidad del hombre y origen del alma. Descubriendo al hombre como un dios pequeño, haciendo en pequeño en la Tierra lo que hace grande Dios padre en Universo, transformando su cuerpo y derredor con relatividad mental. Mucho menos sabían que el Anticristo vendría del pueblo, descendiente de las 3 razas del planeta, y nacido en América para revelar los descubrimientos del hombre; clave para educar la humanidad.

El hombre con su experiencia milenaria, nunca pensó que sus acciones harían posible la creación de aulas de castigo, para los irresponsables como forma de salvar su alma de ser destruida. El Gran Arquitecto del Universo es Dios para todos, consolidando la formación del hombre mediante Sus Energías impregnadas en todos los espacios, para que tener lo que merece mediante las E.R.C.U. El personaje Anticristo es un hombre normal como todos, nacido en México y nunca será dictador, ni representante de cualquier religión; su trabajo desde 1984 ha sido descubrir porque se destruye el hombre. Estos 1,000 años de prueba adquiridos en el 2012, serán definitivos para que la humanidad recupere el camino perdido.

Si acaso los países que dirijan al mundo deciden ignorar estos libros, las consecuencias son trágicas; y es obligatorio que se cumplan los lineamientos escritos en este texto para evitar su destrucción. Con estos libros termina el autor su tarea de información, por el cual salvaron su vida los Maestros para que hiciera este trabajo; ratificando a Israel encargado de la Tierra ayudado por U.S.A. y el 1er Mundo bajo guía Capitalista.

Su trabajo lo descubre el mismo autor con esta prueba contundente, mencionado en el prólogo; es como se entera que el Anticristo no es un ser de perdición como muchos creían, ni tendrá un Dios ni religión falsa. Repito, nació Mestizo, educado por sus abuelos en el catolicismo antiguo; hijo de hombre blanco y madre descendiente de la etnia Tarahumara.

El Anticristo es una Mezcla de raza Negra y Amarilla de los indígenas de América, donde proviene su madre, y su padre blanco representa a las 3 razas del planeta, Amarilla, Blanca y Negra. Nacido en México en la última generación de los 1940s, de este Ciclo de 81,000 años.

Con el paso del tiempo, surgió negativamente la deformación y calificación demoniaca del Anticristo, creyendo erróneamente que venía a destruir la humanidad. Sin embargo, coincidentemente la Iglesia sabe de su aparición, al renunciar el Papa anterior y cambiarlo por otro que hablara español, supuestamente para leer sus libros que ha escrito en ese idioma desde antes del 2012. Al descubrirse la inmortalidad del hombre, todos deberán acatar las revelaciones del nuevo mundo bajo guía de libertad; y dirigir los pueblos adelante, y terminar con las 3 filosofías que destruían al mundo el pasado: Teocracia, Comunismo y Dictadura. Viene a ilustrarnos el más destructivo cáncer homosexual que el hombre ha producido haciendo sexo con su mismo sexo, destruyendo desde el principio la feminidad de la mujer y masculinidad del hombre; explicando su comienzo adictivo para erradicarlo.

Estoy en desacuerdo con una nota que leí, que del Islam vendrá el Anticristo, quizá lo pusieron porque Mahoma posee esa marca en su espalda, por el cual lo eligieron su profeta a pesar de todo. El anticristo fue creado para poner orden a una revolución de elementos creados en la educación de 2000 años del hombre después de vivir en la barbarie. Su presencia coincide con la numerología que concierne a este planeta, y la humanidad se identifica con los números 666 que rige el tiempo de nuestra tierra. Por ello la orden de los Maestros de programar el Anticristo al final de la Biblia, como sinónimo del final de ciclo de la humanidad; creado para traducir la educación simbólica del cristianismo. Eran otros fines que los enemigos judíos ignoraban, que este personaje era muy importante para salvar la humanidad de la hecatombe, sino aparecía antes de finalizar el Ciclo en 2012.

El Anticristo actualmente posee más de setenta años de edad, nacido en América según su numerología que revela la Rotación y Traslación de Planeta Tierra. En archivos del Vaticano es posible que se encuentre la verdadera ilustración de este personaje que trae los cambios que debe hacer la humanidad en los próximos 1000 años de prueba; para continuar la vida del ciclo recién terminado. El Anticristo fue clave en la educación humana al final de ciclo, para ilustrarnos los simbolismos que la humanidad no pudo interpretar; así como informarnos los países que dirigirán al mundo al mando de Israel: U.S.A., y el Primer Mundo.

Nuestro mundo es identificado por los Maestros E.T. como El planeta 666 cuando ellos hablan de la Tierra; se sorprenderán cómo nuestro cuerpo y el día esta medido por estos números. Vean que nuestro tiempo está perfectamente medido por el 666: A.- 60 segundos un minuto; B.- 60 minutos una hora; C.- 24 horas un día; son los 666 del tiempo y día. 2do grupo de 3 seises del cuerpo humano: A.- 2 pantorrillas, 2 pies y 2 muslos. B.- 2 manos, 2 brazos y 2 antebrazos. C.- 2 ojos, 2 oídos, 1 boca y 1 nariz. La otra numerología del 666 lo contempla el nacimiento del anticristo.

Los Maestros le informaron al autor respecto a los exjudíos que renunciaron a su estirpe para crear el Islam, y odiarlos a muerte hasta el día de hoy, como parte de la educación humana. Vemos que todo cae por su propio peso para crear la dualidad Negativa que no existía; ahora más que nunca entendemos las razones del Anticristo, y desenmarañar todo este embrollo que iban a producir los enemigos judíos, poniendo en claro los errores de humanidad. El alma es una impresionante energía que requiere ejercitarse diariamente mediante el uso de la mente del cuerpo que dirige, generando sus energías para vitalizarse y transformar su destino. Su formación positiva atrae las ideas por su pensamiento mediante la fuerza de su aura, así como a las personas con su propia altura de pensamiento; comprobando, cómo forma su propio destino y lo que merece tener.

El ciclo de las almas posee 81,000 años desenvolviéndose todas desde el comienzo; pero no hay almas individuales que tengan esa misma edad, debido a que se han fraccionado por ignorancia después de su muerte. Los hombres que poseen menos fracciones en su alma, reflejan ser los más adelantados del planeta, y la mayoría se reconocen viviendo en el 1er mundo. El resto de almas menores viven en el 3ero y 4to

Mundo, con una edad aproximada de comprensión de 4, 5, 6, 20 mil años y más, cuando todas las almas sin particiones debieran de tener 81,000 años.

Los Maestros E.T. le comunicaron al autor, que al pasar la prueba la humanidad al final de Ciclo el pasado 2012; las almas que perdieron sus fracciones en el pasado, regresarán una a una a su alma principal en cada renacimiento. Estos 1000 años de prueba es el premio que recibe por completar felizmente la humanidad el ciclo de 81,000 años, adhiriendo la fracción perdida de su alma en el pasado. Notarán que los nuevos nacidos tendrán más inteligencia en cada nacimiento, al recibir la 1era fracción de su alma con la opción de trascender con más fuerza y comprensión; ahora que la humanidad está mejor informada. Con 2000 años de educación Cristiana, después de vivir en la barbarie de la Edad Media; posee mucho conocimiento para comprender el buen futuro que le espera. Ello le facilita el trabajo de unidad con todos los países, bajo un solo objetivo mundial Capitalista, al mando de Israel, U.S.A. y el resto del Primer Mundo.

Todos los países deberán acatar las guías establecidas en base a la dirección encargada para dirigir la humanidad; y serán los mismos que en el pasado siglo demostraron por su capacidad de formación, llegar al 1er Mundo por su comprensión. Ellos serán los encargados para dirigir a todos los países en este ciclo de reformación de 1000 años. De esa forma se comprende, que solo a un enfermo retrasado mental se le ocurre manejar a su pueblo bajo Dictadura o Teocracia, ignorando que sus almas requieren libertad para poder trascender. Con la milenaria edad de las almas, no se pueden dar el lujo de vivir como animales mediante Dictadura, Teocracia o Comunismo; mucho menos ejercer el más dañino cáncer homosexual para destruir la Creación Humana. Se terminó el tiempo de dejar a los pueblos autodestruirse con la complicidad de los fuertes. Todos ahora saben que haciéndolo, configuran ellos mismos renacer en esos pueblos olvidados, como sus aulas de castigo. Esta nueva Era es para dirigir al hombre ascendente con alta tecnología, buscando otros mundos con el fin de expandir la humanidad; así como lo hicieron los Maestros Extraterrestres poblando la Tierra.

Repito, a partir del pasado 22 de Diciembre de 2012, final del ciclo de 81,000 años de la humanidad; dio comienzo la reformación de 1000 años aprobado por la Deidad por pasar la prueba. El hombre recibirá como recompensa, adherir a su alma principal la 1er fracción que perdió en el pasado, para tener más fuerza en su renacimiento. Las nuevas generaciones al llegar a su mayoría de edad, deberán tener estos libros; para evitar caer en los vicios bisexuales que destruyen la humanidad.

Con estos descubrimientos, se termina la ingenuidad de permitir ejercer el más dañino cáncer de adicción bisexual con resultados trágicos para destruir poco a poco la humanidad. En este ciclo de reformación, la Iglesia Católica-Cristiana termina con su formato anterior cumpliendo su excelente trabajo de educar la humanidad por más de 2000 años, después de vivir en la barbarie de la Edad Media. La programación del Anticristo, fue la mejor movida de ajedrez de los extraterrestres que cuidan la tierra, para revelar los simbolismos de la Biblia y otros descubrimientos importantes. Finalmente se resuelven todas las interrogantes del hombre, y a partir de ahora el hombre sabrá que posee poder de dios pequeño, para hacer en pequeño en este mundo, lo que hace en grande Dios Padre en el Universo.

Al conocer su inmortalidad, termina con su retraso programado que evitaba su desarrollo; y comprenderá que sin una guía que dirija positivamente su alma, podría autodestruirse. El hombre ahora sabrá cómo su alma da vida a nuestro cuerpo con experiencia del pasado, para renovar su presente existencia y YO individual. La formación del alma dirigiendo al Hombre ha hecho un verdadero arte de Vida; y por 81,000 años de existencia, experimentó varias veces la negatividad al sufrir fatalidades por corrupción. Ello le creo una fuente de sabiduría que ha llevado grabado en su alma, como sentimiento de intuición, para evitar volver a caer en esos pantanos de la lujuria; por los deseos que le pervierten sus bajos instintos para destruirlo.

La Biblia mencionó las fuerzas del Mal, dándole nombre de Satán a un supuesto personaje, que realmente interpreta las fuerzas mentales negativas del hombre actuando en esa polaridad. Las fuerzas Positivas nos dieron el pase al final del Ciclo de la humanidad, para tener 1000 años de prueba adicional. Descubrimos por qué la maldad no entra en las personas positivas, por el aura que cubren sus acciones al repeler lo negativo. El trabajo de estos mil años de prueba, es reformar la guía del hombre creciendo sin control; empezando con ayudar al enfermo bisexual a erradicar su flagelo, evitando contaminar sus hijos.

Se suman a este contagio negativo las iglesias negativas cristianas, que indebidamente crean paleros para hacer terapias de limpiar sus pecados falsamente[12], haciendo supuestos milagros para engañar a la audiencia. Igualmente la mayoría de pastores corruptos usan a Jesús-Cristo para dirigirlos, aprovechándose del pecador para engañarlos mediante su gran teatro de actores, especialmente entrenados para impactar a la gente con milagros recibidos. Ignoran que esos impostores están preparando su renacimiento para vivir en la hambruna y pagar sus males. El hombre no necesita esos grupos cristianos de terapia, porque cada uno representa el símbolo de Cristo, personalmente para servir al prójimo y donar sus diezmos a organizaciones dedicadas a los pobres. Muchos ignoran que su propia casa es el lugar más sagrado para redimir sus pecados, en vez de contagiarse de la corrupción que poseen muchos pastores corruptos en templos para estafar las personas.

Escribir sobre la humanidad, es una magia increíble conocer, cómo la naturaleza se formó en armonía con hermosa escenografía; mostrándole al hombre la misma guía que debe hacer al entrenar su alma ejerciendo positivamente su libre albedrio. El Alma del hombre muestra con altibajos, como aprende a percibir la armonía dirigiendo su cuerpo en su diaria experiencia formativa, con la principal función de cuidar su heterosexualidad. De esa forma cuida la sexualidad de su mitad alma Mujer, al mantener integra su heterosexualidad por la responsabilidad de cuidarla, como su mitad alma-hombre.

---

12   .- **Paleros es significativo de actores pagados para hacer teatro y engañar la audiencia haciéndoles creer que es verdad su restablecimiento.**

El Psicoanálisis Dimensional actualmente lo ejercen los psicólogos mediante estudio de su derredor. El Tridimensional, es una investigación más profunda que abarca el estudio del alma desde su vida anterior; incluso para revelar el origen de la palabra escrita a través de los tiempos para identificar su origen de formación positiva- negativa.

CAPITULO VII

¿POR QUÉ DEBEMOS CAMBIAR LA HUMANIDAD?

Los Maestros trajeron a la Tierra 3 razas humanas poniéndolas en forma triangular: raza Amarilla en Lemuria; raza Blanca en Atlántida y raza Negra en África. Con el tiempo, los cataclismos transformaron la tierra al sumergirse Lemuria de raza amarilla, y Atlántida de raza blanca. Así emergieron lugares de Asia, América y otros; formando los primeros nativos de América con el apareo de la raza Amarilla con la Negra por el naufragio Lemuriano y Africano.

La barbarie de los pueblos ignorantes acechaba la tranquilidad de los prósperos; y para detenerla solo era posible protegiendo sus lugares con muros para contrarrestar los saqueadores. Así se construyó la gran muralla China, para protegerse del exterior del saqueo de los mongoles y hordas salvajes. Estos hechos probaron al mundo, la necesidad de tener un gobierno mundial al final del Ciclo para convivir con todos. Comprenderlo, era necesario que la humanidad terminara el Ciclo de 81,000 años en 2012, viviendo y experimentando los problemas que surgen sin una guía establecida para todo el mundo; finalmente ha llegado el momento de cambiar. Las E.R.C.U. impregnadas en todos los espacios como reguladoras de la formación de la humanidad, nos ha mostrado el trabajo que ha hecho el hombre hasta ahora de transformación con su actitud y pensamiento. Su trabajo continuo nos muestra cómo desarrolla su destino y lugares para reformarlo y transformarlo positivamente, incluso para deformarlo negativamente mediante sus acciones.

Los judíos aparecieron en el Sur Atlante, hace aproximadamente 7000 años durante la construcción del Arca de Noé; el comienzo de la recta final del Ciclo de las almas finalizada el 2012. Tiempo que Dios le dio a Israel el mando de la tierra, para programar el gran éxodo masivo de cientos de barcazas siguiendo su Arca; arribando a las costas de Europa y Mediterráneo después de colapsar la Atlántida. Grabaciones que se guardan en el espacio mostrando los hechos mediante P.T., comprobando cómo los judíos interfirieron en la mayoría de países actuales, con costumbres y dialectos atlantes, hasta formar su idioma. Después del éxodo con la destrucción atlante, se muestra la divergencia de culturas de países europeos y Mediterráneo, mostrando cómo transformaron los atlantes sus lugares que hoy habitan, para tener la formación actual de sus pueblos mediante su experiencia.

Es importante recordar, que nuestra energía almática nació en la conciencia de la materia como 1era etapa; y con el estallido se convirtió en energía. La 2da etapa como energía inteligente, pasó miles de años dando vida al Reino Vegetal; y otros tantos en la 3era y última etapa recibiendo entrenamiento en el Reino Animal, capacitándose para vivir en el hombre como alma viviente. Al emanar nuestro cuerpo humano de la natura, teniendo como base los 4 elementos que la componen, Agua, Tierra, Fuego y Aire; es como obtuvimos el vehículo perfecto con transformación óptima, para que nuestra alma recibiera entrenamiento por todo su Ciclo milenario. Al penetrar por 1era vez el cuerpo del hombre, le dio vida, con las primeras experiencias en el manejo de su cuerpo, para proveerle energías a su alma para seguir ascendiendo. Por fortuna la naturaleza nos muestra de varias formas, cómo actúa el hombre para configurar los desastres naturales siguiendo sus deseos mediante las E.R.C.U. Las destrucciones de todo el mundo, nos ha mostrado que son ocasionadas por la conducta de sus habitantes, en sus respectivos lugares.

La búsqueda del autor debía tener un comienzo, que le diera la pauta para descubrir el origen del hombre a través de su alma, mediante las grabaciones de su experiencia viviendo en la tierra. Debía investigar cómo adquiría su inteligencia al nacer, erróneamente pensando que la obtenía por casualidad; cuando es él mismo, grabando toda su experiencia inmortal en su alma, en cada renacimiento. Si el Universo se formó en armonía, es obvio que en la misma forma se crearon las almas en los 3 reinos de la naturaleza; mostrándonos que de igual manera debieran ser las acciones del hombre para lograr su exitosa formación. Finalmente todo hombre comprenderá su inmortalidad como la base de su formación; al saber que su alma nunca descansa mientras se encuentra con vida, para aprovecharla ejerciendo buenas acciones.

Para pertenecer al Alma Universal, el hombre requiere vivir un mínimo de 562 renacimientos, acumulando energías positivas para trascenderlo, probando su aptitud para ser parte del UNO. El hombre buscando su beneficio, requiere vivir en todos los lugares, experimentando todo tipo de costumbres para calificar su desempeño, lo que hace posible transformar su cuerpo. Como forma de valorar la experiencia de su mismo YO de alma-hombre, requiere ejercer su vida en ambas dualidades positiva-negativa en todos los lugares del planeta, formando y deformando su cuerpo en cada renacimiento, hasta comprender la armonía que debe ejercer. Es imposible que el alma viva solo el tiempo que dura el cuerpo del hombre; basta pensar que su alma necesitó miles y miles de años entrenándose en los 3 Reinos de la Natura para dirigir al hombre. Sería imperdonable exterminarla en los 50, 60, 70 años que vive su cuerpo; suena ridículo como piensa la ingenuidad, que la humanidad tiene una sola vida. Especialmente por el hecho que el alma del hombre se hizo aproximadamente en 100,000 años en los 3 Reinos de la Natura, para dirigir el cuerpo del hombre durante todo su ciclo con la misma individualidad. El alma es inmortal por naturaleza, para darle vida al cuerpo del hombre cada 144 años, y continuar su progreso con el mismo YO que nunca pierde, por un mínimo de 562 renacimientos en todo su ciclo. Siempre lo engendra su mismo padre, incluso para tener los mismos hermanos, primos, etc.; excepto su madre, y que su padre debe cambiar cada vez que regresa a la vida.

La labor del hombre es configurar en el mejor estado posible su cuerpo, dirigiendo su alma en armonía para fluir sus energías que produce su mente, en la formación de sus proyectos y su propio destino. Viviendo en armonía el hombre aprende a sentir la mágica forma de sentirse feliz, sin padecer enfermedades, accidentes o cualquier trastorno que pueda impedir al hombre o mujer llegar sanos a la ancianidad. Afortunadamente existe la "Mesa Opulenta" que ofrece el mundo civilizado, para medir la capacidad mental del hombre, con todos los vicios y alimentos a su disposición, para hacerlo caer en tentación y apresurar su muerte.

Cualquiera puede vivir en armonía sin dañar a nadie; con la fórmula simple de mantenerse ocupado durante el día, evitando resentimientos y negativismo que daña vuestro sistema genético. Recordar que toda deformación mental produce las aulas de clase que necesita para comprender que debe vivir en armonía con su derredor. Empero si trata de resaltar corrompiéndose deseando sobresalir, pone en peligro su propia seguridad y estabilidad, desfigurando lo hecho en el pasado. Recalco, las E.R.C.U., impregnadas en todos los espacios del mundo, se encargan de proveer las formas de vida que merece el hombre de acuerdo a sus acciones; nadie escapa de su formación oculta que realiza en su intimidad, absolutamente. Es la razón que Dios Padre no mete sus manos en este mundo; deja que sus Energías impregnadas en todos los espacios, le provean a su Hijo el Hombre sobre la tierra, todo lo que merece tener por sus acciones. O sea que Dios tiene control de todo, gracias a sus Energías encargadas de proveerle al hombre lo que necesita; y lo deja hacer lo que sea para medir sus conocimientos al final del Ciclo, calificándolo mediante sus hechos. Lo más sorprendente con la prueba de su cuerpo para medir sus acciones.

Sería una injusticia que Dios nos diera a todos buenos y malos las mismas bendiciones por igual; viviríamos peor que animales, como estúpidos rascándose los genitales como la mejor opción de vida. La Vida en los planetas como la Tierra, es para que las almas aprendan a conducir su cuerpo en armonía, creando su transformación positiva, recibiendo su recompensa con altura de pensamiento. Si no existiesen las E.R.C.U. impregnadas en todos los espacios, viviríamos en el caos sin opciones de bienestar para nadie, viviendo en la barbarie sin motivaciones de ninguna forma. Es obvio que el control de la vida lo tiene el hombre mediante su alma, dándole Dios Padre la potestad para vivir una vida inmortal, por un mínimo de 81,000 años de su Ciclo, para hacer su mundo a su gusto. Así de forma automática regula su formación para calificarlo con el fin de pertenecer a Su Alma Universal; si falla es porque elige arder su alma como combustible en centro del planeta.

Otro dato importante, no es coincidencia que las plantas estén en todos los hogares, es una forma inconsciente de agradecer nuestra formación; sintiendo cómo la natura nos da la motivación de todo lo creado. Y es precisamente la mujer como polaridad negativa del hombre, la encargada de cuidar las plantas mediante sus jardines adornando su casa; incluso espacios reducidos dando vida a su hogar. Muchos ignoran que la vegetación, es la misma polaridad de la mujer; cual debe el hombre siempre cuidar, haciéndola su esposa para engendrarla y ver crecer sus retoños. Las plantas y flores en el hogar poseen grandes funciones positivas, haciendo su trabajo de sanación cuando están enfermos; fluyen energía para su beneficio por su armonía de crecimiento.

La Gran Energía beneficia a toda persona que cuida la naturaleza, especialmente quienes evitan ensuciar sus calles, playas, ríos y arroyos con basura y desperdicios, son altamente bendecidos. Han ignorado que ensuciar los lugares públicos de recreo, desprenden energías negativas que dañan su entorno por toda la vida, hasta remediar esa costumbre. Dicha limpieza, es parte de la limpieza del alma viviendo en armonía, es como abre los espacios para tener todo lo bueno que merece en sus niveles de comprensión. Repito, las E.R.C.U. es el llamado "Espíritu Santo" que usa la iglesia Católica para revelar que Dios está presente en todas partes, aunque hayan desconocido su labor directa como Energías de Reacción. Las Energías del Creador trabajan en interacción con la inteligencia de los 3 reinos de la naturaleza, para que toda alma egresada de sus reinos, tenga el poder de dirigir al hombre, usando su mente mediante relatividad de transformación.

El autor percibió estas Energías de la Conciencia Universal, como una parte inseparable del Universo; una indestructible alianza que posee el alma-hombre con la Unidad, convirtiéndolo en un gran transformador. Es obvio que todos los buenos caminos del hombre poseen la gracia del pensamiento constructivo, activada mediante la fuerza de su alma, para encontrar las expectativas y sabiduría que busca afanosamente. Nunca olvidar que la base más importante es trabajar en armonía para trascenderlo todo, o lo contrario para descenderlo viviendo en la desgracia. Todos los espacios donde el hombre actúa, están llenas de buenas ideas impresas por milenios por otros seres del pasado, para que pueda atraparlas con su misma fuerza de atracción. Por ello el hombre debe vivir en armonía, para expandir su potencial intuitivo por las energías que atraen a su mente para darle información y formación; y así es difícil que tenga depresión. Se ha comprobado que el silencio, es el mejor estado contemplativo del hombre, capaz de trascenderlo todo; despierta la memoria de archivos grabados de su vida anterior, así como las experiencias por otros para trabajar en su beneficio. En algunos casos, el hombre en estado positivo o negativo, puede escuchar voces en su subconsciente de alguna entidad tratando decirle algo importante en algo que hace, o induciéndolo a cambiar de dirección y cumplir un hecho que debe ocurrir. Es el poder de la energía que activa su mente en determinada polaridad, para atraer lo que desea, tratándole de mostrar algo de interés; especialmente si actúa positivamente.

Por otra parte debe saber, que toda imagen familiar y parecido físico de su descendencia, incluso de actitud, reflejan los lineamientos de conducta que han influenciado positivamente a sus hijos en el pasado por su cambio. Es impresionante recordar, cómo la humanidad y la naturaleza misma, son dos formaciones de armonía producidas en la materia, encargadas de formar su alma-cuerpo y relatividad de transformación. El C.P.V. que poseen todos los hombres, guardan por 81,000 años las mismas 6 generaciones que compone su familia y Rama de apellido, para regresarlo a la vida cada 144 años mediante su mismo padre. Miles de años requirió el hombre para comprender su desarrollo en los lugares designados por su voluntad, para adaptarse a su trabajo de configurar positivamente su respectivo Círculo familiar. Por otra parte, nadie nace donde no merece nacer; sus acciones conducen a su alma a vivir en los lugares apropiados, para que entiendan la lección. Aunado a las particiones que el hombre hace a su alma, es como promueve el aumento de sus habitantes del planeta, por mantenerse ocioso en la mayor parte de su vida. La inactividad produce la partición de su alma, cual debe ocupar su mente en cosas productivas para mantenerla íntegra con progreso y bendiciones; además transforma positivamente su cuerpo y su lugar de nacimiento. La humanidad afortunadamente logró llegar salva hasta el 2012, solo falta mostrar en estos mil años de prueba, si podrá cambiar el rumbo negativo que nos estaba destruyendo. Recalco, no es positivo que el hombre continúe pensando que sus males llegan al azar o caídos del cielo; evitando el compromiso de restaurar sus propios errores.

El autor empezó psicoanalizando los nacimientos deformes para indagar por qué nacían en esa forma deplorable; sabiendo que el Universo fue creado en Armonía, no era posible que nacieran así. Los nacimientos deformes no coincidían con la armonía de la naturaleza y Universo, obviamente debía investigar que algo turbio estaba haciendo el hombre para nacer en esas condiciones deplorables. Así descubrió mediante P.T. sus grabaciones, cómo ellos mismos ocasionaban sus males desde su vida anterior; evidenciando que nadie nace en cuerpo equivocado. Increíblemente todos son la representación fidedigna de sus hechos consumados, gracias a que su alma inmortal, se encarga de grabar durante su vida, toda su experiencia, y con ella configura el cuerpo que merece tener en su renacimiento. Así explicamos cómo la humanidad mediante su relatividad mental, ha podido transformar todo lo que existe sin tener escuelas especiales; solamente usando su mente en armonía para trascender; o en desarmonía para descender. Fue así como el autor prosiguió su investigación del origen y conocimiento de sus hechos, psicoanalizando las pruebas de los cuerpos deformes en su nacimiento. Los Maestros programaron el Anticristo al final de la Biblia, interpretando correctamente la formación de vida que tenía el hombre hasta final de Ciclo.

Desde la destrucción de Sodoma y Gomorra en el Continente Atlante por la homosexualidad, sabían que la humanidad volvería a caer en la adicción bisexual, por ser una adicción más fuerte que las drogas sin costo monetario. Afortunadamente no fue difícil descubrir los adictos bisexuales, por configurarlo en su cara por su mirada penetrante de ver constantemente los hombres. Sabían que la adicción de su mismo sexo crearía muchos cavos sin atar, otra razón de programar al personaje para que investigara el origen de la homosexualidad. No era posible continuar la educación de la humanidad teniendo este cáncer bisexual, creyendo ingenuamente obtenerlo al azar; mucho menos ignorando que al viciarse, intercambiaba su hombría por la feminidad de su mitad alma-mujer.

Pensadores del pasado descubrieron el alma y su inmortalidad cada 144 años, pero sin detalles de su formación. Con excepción del autor revelándonos, cómo su mismo Yo individual dirige su cuerpo físico, al menos por todo su ciclo de 81,000 años renaciendo cada 144 años. Ahora se comprueba perfectamente la dirección positiva-negativa del hombre, y el origen de los nacimientos deformes, pueblos con hambruna, países pobres y ricos, etc. etc. Increíblemente todo se encuentra en la Biblia cuando se interpreta correctamente. Ella es como un libro científico, místico y esotérico; con revelaciones de la inmortalidad y origen del hombre, y que por más de 2000 años católicos cristianos no pudieron traducirla correctamente. Ahí se escribieron las verdades ocultas en hermosos simbolismos, que recibieron los profetas mediante los Maestros que cuidan la tierra, obviamente pasando inadvertida por la inmensa mayoría.

El autor comprobó en la Biblia la veracidad del descubrimiento inmortal del hombre y renacimiento cada 144 años; y que filósofos del pasado estuvieron cercas de completar estas verdades. Repito, los Maestros sabían que la humanidad no comprendería el peligro homosexual, por la adicción de la mayoría incrédula de la Biblia; razón de sobra de recurrir al Anticristo para su trabajo revelador. Todo hombre debiera saber, que la actitud positiva de todos los días, evita caer en la adicción de los vicios y corrupción de sus bajos instintos, al proseguir su destino con más intelecto y excelente formación. Nuestro mundo continúa siendo el perfecto escenario para entrenar nuestra alma, dirigiendo su cuerpo-hombre con el fin de fluir sus energías con mejor actitud, activando las E.R.C.U. en su propio beneficio.

Si por ejemplo el hombre decidiera un cambio negativo repentino en su vida, solo para darse el gusto de autodestruirse; no lo podría hacer si posee acciones positivas de su vida anterior para cambiarle su mente y evitarlo. En otras palabras, sus acciones armoniosas del pasado transformaron su metabolismo mediante el aura que cubre su cuerpo, para cuidarle siempre de todo percance, aunque cayera en la perdición.

Estos libros son importantes para evitar que aumente la corrupción bisexual que destruye la humanidad miserablemente; causando el más dañino cáncer al convertirlos en M.C.H., llevando a la humanidad al borde del colapso. Todo malestar del alma-hombre se refleja al nacer su cuerpo, es cuando su alma con el 1er aliento, le adhiere la formación de vida anterior para proseguir su formación, y continuar reformándose con la educación de su padre. Pero al verse en mal estado, culpan a Dios creando negativismo para proseguir haciendo daño; y al abrumarlo sus culpas, es cuando decide buscar doctrinas con terapias fuertes que le motiven cambiar su rumbo, con otros problemas adheridos.

Actuar en armonía, le ofrece al hombre una gama increíble de energías para transformar todo su derredor, incluyendo su aspecto físico. Toda energía que emana de sus acciones, siguen una guía previa del tipo de formación que realiza; y continuarla, es como alimenta su dualidad con genética de formación para hacerlo automáticamente. Toda acción tiene reacción, y como tal los problemas que resaltan en su vida diaria lo causan sus errores, para que los resuelva él mismo desde el comienzo.

Toda Alma registra las grabaciones de sus acciones mientras su cuerpo esté con vida; la mejor prueba que la Conciencia Universal posee, para percibir mediante los ojos del hombre, cómo trabaja su individualidad. Con estos descubrimientos se terminaron las hipocresías, gracias a las pruebas que aporta la imagen de su cuerpo, mostrando cómo trabaja en su vida actual y lo que hizo en la anterior. En otras palabras, todo hombre nace mostrándonos sus hechos mediante su cuerpo si vive bien o mal; como si agarráramos un culpable con las manos en la masa, para saber lo que hizo en el pasado.

La fuerza del alma es Positiva por naturaleza; y al conducirse el hombre durante su vida más del 50% negativamente; es como fracciona su alma al sobrepasar sus límites negativos, dividiendo también su intelecto y comprensión.

CAPITULO VIII

MUJERES VIOLADAS

Las energías del alma son extraordinarias, poseen un hilo que las une al Alma Universal mediante las E.R.C.U. impregnadas en todos los espacios, programándose continuamente desde el momento que penetran al hombre con su 1er aliento de vida. Después que el hombre fecunda a su esposa, el alma del feto ya ronda cercas para cerciorarse de su buen estado, hasta que nace con su 1er aliento. Si el feto muere antes de nacer o después de nacido, el alma del niño nota los cambios negativos de su padre, que no concuerdan con su alma, programándose nacer en otro tiempo mejor. Todas las almas de los nacidos vienen de su vida anterior a continuar su experiencia de vida, esta vez nacidos con otra madre pero engendrados por su mismo padre. Pero antes, sus almas detectan su madre durante su embarazo y sexo respectivo del alma, y estar cercas de ella para influenciar la formación del feto que debe tener en vida al momento de nacer.

El alma de su hijo es una fuerza individual que su padre atrae a ambos sexos masculino-femenino, al momento de gestar; para saber el género sexual que debe permanecer junto a su madre hasta su nacimiento y penetrar con su 1er aliento. El sexo designado de su hijo o hija, se da al tiempo de concepción, con el resultado del ganador en efusividad para que su alma en su respectivo género, permanezca cercas de su madre hasta su nacimiento para darle vida con su 1er aliento.

Para engendrar varón, es importante que el hombre permita a su esposa motivarla mucho con buen trabajo sexual, para que ella suba su temperamento sexual por encima de su esposo y poder engendrarlo; si ella es baja nace mujer. La determinación es simple para crear el sexo del bebé, mediante la fuerza sexual de una de las partes a la hora de la gestación; increíblemente es lo que propicia la fecundación del género sexual como principio básico que todos ignoraban.

La Ciencia ignoró que para hacer el género sexual de los hijos, se requiere la fuerza sexual de una de las partes para definir el sexo de su hijo o hija al momento de la gestación. Estos simples principios para crear el género sexual determinado, pasaron desapercibidos por todos. Recordar que los hombres poseen la mitad de su alma femenina, y normalmente vive como su hermana; empero sino es así por la fortaleza temperamental de la madre de engendrar solo varones; entonces su alma debe nacer en la misma rama de apellido, incluso hasta nacer en la nieta.

Todo hombre que engendre a su esposa, no debe cambiar su conducta negativamente mientras el feto se forma en su vientre, para evitar que nazca enfermo o morir tempranamente. Al nacer su hijo, conforme su crecimiento, su alma se encarga de proveer a su metabolismo, la genética que tuvo en su vida anterior; supeditado a las acciones de su padre, encargado de su bienestar hasta los 21. Por ello cuando el hijo muere antes de la edad mencionada, es por la mala conducta del padre, demostrando con sus hechos, que no merecía tener a su hijo en ninguna condición, por sus acciones negativas.

Todo embarazo en proceso de gestación, es importante que los padres del niño muestren su armonía en su propio derredor, para que el feto de su hijo siga creciendo positivamente sin males que lamentar. Si por ejemplo la madre fue violada, independientemente si sus padres o el Estado ordenen su aborto; ese hijo trae la determinación de terminar con el atropello si lo dejan nacer. Una madre violada, son circunstancias programadas por ella misma por su condición negativa en el momento de los hechos; o por acciones de su padre si es menor de edad. Toda energía que desarrolla el hombre en su derredor permite la atracción de energías y personas influenciadas con sus mismos números, incluso para confeccionar una acción que debe realizarse. Independientemente de los delitos que impongan las leyes; todos los hechos tienen un porqué, para que las víctimas atraigan al violador con esos números para realizar su tarea. Si son menores de edad, independientemente del daño consumado, es responsabilidad de su padre al influenciar su hija en ese mal. Empero, si dejan vivir ese hijo producto de una violación, son otras bendiciones que la violada mujer obtiene el resto de su vida, aunque decida entregar el niño en adopción. Su hijo es hechura de la rama de apellido del padre quien la engendró violentamente, y ella solo sirvió para darle forma a un ser que merece nacer, bajo las circunstancias que imperaron en su formación, incluso para dar vida a un posible deformado. Es obvio que en la violación, el producto sea una niña, debido a que la mujer está asustada y amenazada, de lo contrario si es varón, existen pros y contras, porque se unieron los deseos de ella para engendrarlo por su efusividad mostrada.

Son varios factores que determinan si su nacimiento debe o no realizarse, aunque la madre no esté de acuerdo con el bebé. Abortarlo evita las labores que ese hijo debía cumplir, por la violencia y las formas en que fue engendrado; aparte del problema que la madre tendrá en su vida, por su decisión de quitar la vida a un ser. Yéndonos a los extremos, todavía arrojando vivo a su hijo a la basura recién nacido, tiene la posibilidad de salvarse de su desgracia el resto de su vida, si alguien lo descubre llorando para adoptarlo. Es otro fenómeno energético de las almas de esos niños que merecen vivir de cualquier forma, su llanto atrae a las personas para salvarlo por culpa de madres criminales e irresponsables. En este caso negativo, no le quita a la madre la fuerte reacción que tendrá toda la vida por desechar criminalmente a su propio hijo, sin antes darlo en adopción en vez de asesinarlo o hacer salvajadas. Nunca olvidar que las almas de los hijos de una madre son independientes, no la une con la rama de apellido del hijo que engendra; por eso son únicas y sagradas por ese deber de gestarlo en condiciones negativas.

Cuando vivimos una mala experiencia, nos impulsa recordar el pasado positivo de nuestros padres, con la guía mostrada para limpiar nuestro camino y proseguirlo armoniosamente. El hombre es esa guía trazada positivamente para que rectifique la deformación que hace durante su vida. Vuestra familia les ha dejado buenos ejemplos, cómo cuidar sus hijos haciéndolos responsables de proseguir su legado, principalmente dándoles amor para que ellos lo continúen haciendo. Quejarse que la vida ha sido injusta consigo mismo, es auto marginarse, negando su responsabilidad en sus hechos anteriores, cual debe remediar para evitar que las energías de otras personas involucradas, fluyan en su contra. Afortunadamente el futuro del hombre nunca será incierto como antes lo creía la ignorancia; y a partir de ahora empezarán con conocimiento de causa a reformar su destino. Comprobarán que las cosas buenas llegan naturalmente al hombre armonioso con su familia, gracias a sus energías que lo envuelven mediante su aura; dándole protección para que logre buena dirección.

Vivir en armonía cada día de existencia, es como transforma su propia vida y su alma inmortal, fortalecida con las grabaciones de sus acciones para renacerlo con muchas bendiciones. Todo sufrimiento viene seguido de su mal proceder; amargura que le recuerda la esperanza que todo se puede solucionar, porque el hombre es un dios pequeño nacido para hacer el bien. Dios les dio el mando de la tierra al pueblo de Israel; los gobernantes de todas las naciones del mundo de aquella época y muchos de ahora, lo continúan deshonrado, asesinado y expulsando de sus países. Ahora entendemos por qué los maestros extraterrestres que cuidan el planeta, nunca han convivido con los humanos, porque hacerlo eclipsaría el poder que posee el hombre, y evitarían educar a sus almas en su ciclo de enseñanza. Sabían que trabajando con los humanos, estos los destruirían inmediatamente por los egos enfermos del hombre, que no permite que haya alguien protegido por Dios. Y la prueba nos la ofrecen ahora el pueblo de Israel bajo la amenaza de sus eternos enemigos deseando destruirlo por este privilegio concedido por la Deidad para cuidar tierra.

El cuerpo del hombre es la base del alma que usa para dirigirlo y darle vida, lo requiere para continuar fortaleciendo su energía que promueve mediante su pensamiento y Relatividad Mental. Toda acción del hombre lo promueve su mente influenciada por su alma para realizarlo, aunada a la formación establecida en su vida anterior, lo reafirman para gozar su bienestar. No existen los hechos ocultos en la vida del hombre, para evitar las reacciones que recibe tarde o temprano por sus acciones secretas mediante las E.R.C.U. para tener lo que merece. Repito, la mejor prueba del hombre lo representa su propio físico y su YO individual, mostrando la formación de su pasado con hechos para hacer su propio destino hasta el momento. Es increíble, cómo Dios Padre le dio al hombre la bendición de ser dios pequeño en esta tierra para transformarlo todo, conforme su actitud y pensamiento. Afortunadamente todas las almas en su recorrido por el mundo han dejado su sabiduría con sus hechos, así como rituales esotéricos y metafísicos, creando en cada dualidad, su respectiva religión y filosofía hasta hoy. Solo basta una orden a la mente del hombre para ejecutar una acción, y esa misma produce energía que fluye de nuestra Aura personal, que sirve como fuente de atracción de las ideas y personas con sus propios números para fortalecer su camino. Una mente bien dirigida, manipula todas las energías a fines, impregnadas en su espacio, para atraer las ideas que realmente merece en su momento apropiado. Por ello, cuando las desgracias llegan, es una clara señal que algo corrupto viene tejiendo por días; ignorando que las E.R.C.U., trabajan sin cesar en todo momento para configurar su merecimiento.

Al finalizar el pasado Ciclo de las almas en 2012, el hombre ahora comprenderá mejor su actitud, sabiendo que su alma graba sus hechos en cada renacimiento, con su mismo YO por todo su Ciclo. Recalco, estos libros rebelan las mentiras que ha vivido la humanidad creyendo que el hombre vive una vez; y la confusión creada en los últimos 2000 años con el llamado "Hijo de Dios" con la hermosa alegoría de "Cristo Jesús", y que representa al hombre mismo.

Los judíos fueron escogidos por los Maestros E.T. para dirigir la Tierra, trabajaron con ellos cómo desarrollar una doctrina cristiana que condujera a la humanidad por el camino del bien. De esa forma el mensaje que dieron hace 2000 años fue determinante, para educar al hombre venido de la barbarie, sin guías por 79,000 años para que pudiera comprenderla sin dañarse. Buscaron la mejor historia, para que la humanidad conociera poco a poco al hombre como Hijo de Dios mediante el Cristianismo. Fue obvia la necesidad de un Mesías, que impactara a los nuevos egresados de la Edad Media para darles educación y enseñanza de moralidad cristiana, antes de finalizar su ciclo de 81,000 años en 2012. Fue así con la llegada del Anticristo se reveló finalmente el secreto de "Jesús Cristo", por su inmortalidad, terminando con todas sus anomalías creadas con las iglesias protestantes, y sus falsas terapias para atraer devotos. Faltaban aproximadamente 2,000 años al Ciclo de la humanidad para que el hombre pasara la prueba y evitar el Armagedón; veinte siglos eran determinantes para acabar con la fuerza bruta que imperó viviendo el hombre a la buena de Dios y barbarie. Tiempo suficiente para dirigir al hombre en armonía, y formación de sus lugares bajo la nueva cristiandad. Justo el tiempo que debía nacer el Anticristo en los 1940s del siglo XX, en la última generación del Ciclo de las almas; para corregir su camino y entender la Biblia, y salvar nuestro mundo de su destrucción. El bello simbolismo del Cristo-Jesús que mostró la nueva doctrina cristiana, anunciaba parcialmente al hombre inmortal y su don especial que posee; preparando el terreno al Anticristo para revelar su origen inmortal. La Cristiandad fue crucial educando a sus adoctrinados a nacer limpio de culpas, para que se mantuviera igual el resto de su vida; ofreciéndole la oportunidad de rehacer su vida empezando de cero. Empero, mucho contribuyó su karma del pasado para dirigirse negativamente para fraccionar su alma al final de cada renacimiento. Sus particiones renacían en lugares de su elección según su formación negativa; incluso para vivir en la pobreza y lugares especiales y hambruna.

Es obvio que para muchos, no fue suficiente la doctrina cristiana de renacer sin culpas. Especialmente los renunciantes a su estirpe judía para convertirse al Islam; ellos por centurias buscaron la terapia que requerían sus males, hasta formar su propia religión. Misma que aconteció después de encontrar un hombre con las marca en su espalda izquierda perteneciente al Anticristo para hacerlo su profeta, 700 años después del Cristianismo.

Con el tiempo, un grupo más inteligente de almas adultas los protestantes renunciantes de la iglesia católica, hicieron el mejor movimiento de ajedrez, creando el Primer Mundo. Continuando la iglesia Católica educando a las almas infantiles que componían la mayor parte del mundo positivo, con sus respectivos lugares 2do, 3er y 4to Mundo. Ignoraban que la maldad posee sus respectivas aulas de castigo por merecimiento, incluso los criminales y otros se programaban renacer en el reino animal para pagar sus crímenes.

Por otra parte, estos libros son una orden al autor, por los Maestros que cuidan la tierra, ilustrándolo en varios tópicos que todos desconocen, auto-destruyéndose por ignorar su inmortalidad. El hombre ignora que es él, la continuación de este mundo, haciendo la gran obra por miles de años en su camino inmortal; con importantes lecciones aprendidas para transformarlo con su experiencia mística espiritual. Sus acciones ratifican su trabajo que ha hecho en su vida, programándose para regresar a la vida cada 144 años a disfrutar la obra dejada en su vida anterior, y continuar ascendiendo. Todo modelo del hombre cambia para Bien y Mal, por la genética que alimenta la repetición de sus hechos positivos o negativos en su vida; ejerciendo su formación con relatividad mental. Esto incluye la genética de personalidad del aspecto que posee su físico mediante su pensamiento; mostrando fielmente cómo trabajan sus acciones. Todo hombre está dotado de valiosos mecanismos dirigidos por su mente, buscando estímulos conforme la dualidad que ejerce, para configurar su genética de formación altruista o decadente. Nuestra galaxia posee una formación inteligente proveniente de la Conciencia Universal; después de formar los cuerpos celestes, nació la energía almática como conciencia de la materia. Al destruirse, prosiguió educándose en el siguiente reino Vegetal y por último el Reino Animal antes de abordar el cuerpo del hombre, preparándose para dirigirlo mediante su mente.

Con su conducta milenaria, el hombre aprendió crear 2 fuentes negativa y positiva con su libre albedrío, formando la dualidad de su elección; para determinar su capacidad de trascender otros niveles de conciencia. Podemos ver cómo el hombre construyó sus lugares trabajando en armonía o desarmonía, midiendo su fuerza hasta el final del Ciclo de la Humanidad; naciendo de acuerdo a su pensamiento del 1ero al 4to Mundo. Esto es el efecto que causan las polaridades Positiva-Negativa, Bien y Mal, en todos los lugares donde se desenvuelve con su forma de pensamiento. O sea, cada hombre ha configurado su formación y afluentes creativos con su genética reformada en cada renacimiento, y en la formación que se obstina complacer bien o mal; creando países desde 1ero al 4to Mundo y lugares con hambruna.

Por fortuna, el hombre inconscientemente lo ha inspirado la formación de armonía de la naturaleza, para trabajar en su vida cotidiana. Sabe que sus formas negativas, las atrae su corrupción o drogadicción, transformando su vida miserablemente para definir genéticamente sus guías. Todas las culturas la definen sus respectivos pueblos con su formación arraigada de los primeros pobladores, y paulatinamente es como sobresalen las guías de la mayoría para mostrar su grado de armonía o desarmonía que poseen, dándole la fisonomía a su país. Todo análisis lo producen los aspectos psicológicos de formación histórica, que nos lleva a comprender la importancia de vivir en libertad, como única forma de activar el subconsciente con las ideas ascendentes para tener una mejor vida.

La psiquis del hombre la determina su disciplina social y empírica de su origen de formación; y mientras que la fuerza de su alma no le impida el cuerpo que dirige, hacer su trabajo por su adicción de drogas que padece; tendrá que volver a intentarlo en su renacimiento. Toda alma que permite la adicción de drogas de su cuerpo, nunca tendrá libertad para desenvolverse libremente hasta que erradique su adicción; tirando miserablemente por la borda otra oportunidad de vida. Toda actividad que maneja su mente inconscientemente, la producen los hechos de su vida anterior que no recuerda; sin embargo, lo intuye por el problema que posee, hasta completar su investigación. La neurosis del hombre aparece por los conflictos animados por la atracción de sus vicios, aunado a los malestares represivos de su experiencia negativa, es el peso impulsivo que debe descargar, para obtener buenos resultados. Recalco, la humanidad debe comprender que al ignorar la Ciencia su inmortalidad, ignoró también a la energía almática que proveía la vida al cuerpo y el registro de vidas anteriores.

Hubiese comprobado que la formación mental del hombre, posee su base de comportamiento desde su vida anterior, y por ello la Ciencia desconoce el psicoanálisis de su origen de formación. Está comprobado que toda definición psíquica de un trastornado mental, posee su propia base, en sus acciones mal encausadas desde su vida anterior. El mismo conocimiento que nos ofrece todo cuerpo deformado desde su nacimiento para saber la corrupción que ejercía en el pasado. Muchos hombres poseen hechos corruptos de su vida anterior, y las ejerce en esta vida con problemas añadidos desde su nacimiento, y con el tiempo van trastornando su mente negativamente.

La Ciencia, psicólogos y libre pensadores, han experimentado erróneamente que el hombre vive una vida mortal hasta la fecha; una forma de esconder deliberadamente su responsabilidad en pleno siglo XXI. Es lo que origina al hombre desconocer su ambiente reformador de todo individual, al ignorar su inmortalidad, cual ha experimentado su mismo YO por lo menos 81,000 años que posee nuestro ciclo. Se terminarán los conflictos del por qué nació en determinado lugar, al comprender su propio estado; incluso para nacer deformado o viviendo en la hambruna, confirmando los hechos de sus acciones de su vida anterior. Es importante recalcar, que el alma del hombre vive un mínimo de 81,000 años, dirigiendo al cuerpo del hombre cada 144 años, con el único descanso que posee en su muerte, para configurar su nuevo cuerpo en su renacimiento. Por estos detalles de ignorar su inmortalidad, los inteligentes han promovido una sociedad dinámica viviendo en libertad, con la creación de sus normas sociales para vivir mejor. Podemos ver su trabajo en sus respectivas sociedades con la creación del 1ero, 2do, 3ero y 4to Mundo.

La psiquis original del hombre es interminable, como lo es su genética individual cambiante, cual transforma automáticamente su cara y cuerpo, de acuerdo la armonía o inarmonía que desarrolla su pensamiento. Hemos estudiado que la negatividad ejercida en la mayor parte de su vida, es clave para fraccionar su alma después de su muerte, restándole capacidad de comprensión al delegar esa parte almática negativa, para vivir en las masas ignorantes. El renacimiento humano es un proceso imprescindible, y requiere su experiencia positiva, para cambiar radicalmente cualquier formación negativa que perturbe su metabolismo genético. La conducción humana crea su propia Psicología Dimensional conocida; dejando que la Tridimensional descubierta por el autor, para indagar desde su vida anterior, toda investigación que desea. La conducta del investigado, no solo nos lleva al conocimiento de sus hechos en esta vida para saber cómo se desenvuelve; también nos informa mediante su cuerpo cualquier información deseada.

El Sanctum privado del autor está lleno de bendiciones gracias a sus Maestros que envía la Deidad, para ayudarle a corroborar cómo trabaja el dios pequeño llamado hombre; transformando su vida hasta el día de hoy. El amor que profesa por la humanidad crece diariamente igual que la magia de su percepción; al descubrir cómo trabajan las grabaciones del hombre transformando y deformando su destino. Así comprobó, cómo el hombre ha desarrollado su intelecto en el pasado aprendiendo a destruir y construir la tierra, dando seguimiento a sus genes en esa guía; para guiarse automáticamente en su formación. Reiteramos la excelente idea de los Maestros programar el Anticristo al final de la Biblia; con el fin de revelar los peligros que destruían la humanidad. Aunque fue interpretado de formas negativas para evitar los usurpadores; y hasta la fecha lo siguen cubriendo de maldad.

Con excepción del autor, desde que salvaron su vida los extraterrestres para publicar las revelaciones a la humanidad; nadie ha prestado atención hasta la fecha; la forma que evitó el Anticristo la hecatombe que destruiría al mundo al final del ciclo en el 2012.

Ser mensajero de la Deidad, es un honor que los extraterrestres programaron, para quien fuera elegido con la numerología de su nacimiento del planeta Tierra; emanado de las masas populares para hacer su trabajo revelador. Es obvio que existen en el Universo almas viviendo en planetas habitables, desenvolviéndose igual que nosotros desde su comienzo en los 3 reinos de la naturaleza; capacitándose para conducir al hombre con su razonamiento. Las almas son importantes dando vida al cuerpo del hombre con su mismo Yo individual, cual mantiene por un mínimo de 81,000 años del ciclo de la humanidad, renaciendo cada 144 años. Dije bien, toda Alma nunca pierde su YO individual para identificarse desde el comienzo del Ciclo de la humanidad; con su respectiva Rama de apellido y C.P.V., misma que penetra al cuerpo en su renacimiento con el 1er aliento de vida.

La magia de la vida se provee individualmente, al penetrar su alma Positiva al cuerpo Negativo con su 1er aliento de vida; al unir ambas dualidades, su alma mediante su mente activa su poder de transformación milenaria que posee.

CAPITULO IX

CÍRCULO PERMANENTE DE VIDA

Durante los pasados 35 años de investigación del origen del hombre, el autor se admira la forma que disfrutamos la humanidad; ignorando ser el mismo hombre en todos los tiempos transformado su pensamiento hasta el día de hoy. Gracias a la P. T. descubrió la inmortalidad del hombre, comprobando como la mayoría se auto-destruye con su razonamiento, perdiéndose la oportunidad para trascender otros niveles de comprensión. Por fortuna los Maestros E.T. que cuidan al planeta han estado pendientes que el hombre no la destruya haciendo lo necesario para evitarlo; como fue el caso de encontrar el Anticristo y salvar la humanidad.

Cada hombre posee su propio C.P.V. con 6 descendencias que lo regresan a la vida cada 144 años mediante su mismo padre, con la responsabilidad de dirigir su descendencia en armonía y mejor calidad de vida en su regreso: Bisabuelo, Abuelo, Padre, Hijo, nieto y bisnieto. Este ha sido el descubrimiento más importante del autor, cómo el Bisnieto último del escalafón del Círculo, engendra al Bisabuelo, y este al Abuelo; sucesivamente hasta que usted querido lector, es nuevamente engendrado por su mismo Padre. Así logra tener nuevamente la misma familia, hermanos, tíos, primos, etc., cada 144 años en su Rama de apellido; excepto su madre que su padre debe buscar para engendrar sus mismos hijos. Es importante que el hombre proteja su heterosexualidad, al mismo tiempo que protege su CP-Amujer para engendrar sus hijos sin adicción bisexual -valga la redundancia. Las 6 generaciones del C.P.V., cada una nace con intervalo de 144 años, regresando al mundo a proseguir la vida, desde el bisabuelo hasta bisnieto respectivamente. El Bisabuelo engendra al Abuelo y este al Padre; el Padre al Hijo, y este al Nieto, y por último el nieto engendra al Bisnieto; así comienza el Círculo con el bisnieto engendrando al Bisabuelo hasta regresar usted querido lector engendrado por su mismo Padre.

Es importante recalcar, que todos los hermanos varones poseen su propio C.P.V., con sus respectivas 6 generaciones, trayendo de regreso a la vida a su siguiente linaje de su misma Rama de apellido. Y de la misma forma los hijos de sus hermanos, poseen su propio C.P.V., para reencontrarse nuevamente cada 144 años al engendrarlos como hijos del mismo padre. Aunque debido a los cambios en la genética sexual, no todos los hermanos mujer u hombre nacen de la misma madre; pero no dejan de ser de la misma rama de apellido. Por ejemplo, si una madre de familia engendra solamente hijos varones, requiere que los hermanos de su esposo engendren la otra mitad alma mujer para completar el nacimiento su mitad alma. Incluso puede nacer en la nieta, hija de su hijo por razones de disparidad. O sea, las almas de su mitad alma mujer (CP-AMujer), que no nacieron de su misma madre, nacerán en la misma rama de apellido del esposo. Nacer ambos sexos de su alma, siempre ha ocurrido al azar manejado por las circunstancias para nacer separados de su mitad alma Mujer u Hombre.

Cada C.P.V. alberga toda la formación de su propio linaje; incluyendo las particiones negativas de su alma viviendo en otros lugares del planeta por sus acciones. Por fortuna la fuerza del alma es Positiva por naturaleza; para guiarse bien o mal hasta su muerte; empero si sobrepasa los límites negativos, fraccionaría su alma nuevamente en esa dirección. Regularmente el primogénito es el mejor hijo varón que posee todo hombre que engendra como padre de familia; y así los hijos nacerán en la posición correspondiente que posee su padre. Es importante que el padre se guíe en armonía antes y después de engendrar a su hijo, y evitar recibir malestares en la gestación; incluso privándole su vida con enfermedades graves. En su hijo primogénito recae la dicha de regresarlo al mundo nuevamente por su mismo padre y C.P.V., al cumplir 144 años aproximadamente de su anterior nacimiento.

Todo hombre guiándose en armonía, provee a sus hijos su altura de pensamiento para que estos prosigan su misma guía ascendente con sus propios hijos; y así sucesivamente hasta que regresa él mismo nuevamente engendrados por su mismo padre. Deben recordar los padres que al engendrar su hijo, deben vivir en armonía mientras se forma el feto para evitar daños, incluyendo su muerte después de nacido.

Recordemos que un padre bisexual con adicción regularmente no puede engendrar varones, solo mujeres; salvo que raras veces lo engendra por el fuerte temperamento de su esposa; empero, podría nacer con Síndrome de Hidrocefalia. Este fenómeno se da, por las contracciones a la hora de gestar, al motivarse ambos pensando en Hombre al momento de engendrar; es como atrae un hijo con Síndrome de hidrocefalia u otras distorsiones. La educación de sus hijos es sumamente importante, para reforzar vuestro C.P.V. con la mejor formación y nivel que posea como hombre; cual repite como su mejor enseñanza para mejorarla.

Así es como cada generación progresa hasta que su padre que lo trajo al mundo, regresa con mayor experiencia para engendrarlo nuevamente, con otra perspectiva diferente de continuar su instrucción. Al guiar en armonía a sus hijos, fortalece a la siguiente generación con sus nietos, y así sucesivamente hasta que su mismo padre lo vuelve a traer al mundo a los 144 años de su anterior nacimiento con los mismos hermanos, primos, tíos, etc. Esta es la mejor prueba del hombre viviendo milenariamente en todos los tiempos; experimentando la genética creada con su actitud y pensamiento. Ahora todo hombre podrá ver y sentir los cambios que han hecho sus acciones sobre la tierra; promoviendo su renacimiento en los lugares escogidos por su experiencia y voluntad. Así es como la humanidad ha dirigido sus guías en este Ciclo milenario, siguiendo la experiencia de los más adelantados del Mundo para ejercerlo en sus lugares hasta el día de hoy.

Si antes el hombre no respondía por ignorancia, ahora con la dirección de ambas polaridades descubiertas del Bien y Mal, representados por el Positivo y Negativo; ratificará su formación en toda filosofía y religión creada en su respectiva polaridad. Todos los autores de filosofía y doctrinas religiosas, libros, novelas, etc., deben vivir en estado Negativo o Positivo para saber la formación que introduce su pensamiento en su información literaria. Por ello pudimos reconocer, quienes hicieron las religiones, así como quienes hicieron el Comunismo y Capitalismo en filosofía definiendo dos polaridades. El Cristianismo refleja estar regido por gente Positiva tratando de trascender, y el Islamismo refleja la dirección Negativa con su guía de odiar al pueblo de Israel. El Comunismo, Dictadura y Teocracia, fueron elaboradas por autores Negativos oprimiendo a su pueblo; y el Cristianismo y Capitalismo fue elaborado por personas Positivas otorgando la libertad a su gente para trascender.

No estoy en contra de las religiones de ambas dualidades; toda actividad del hombre esta moldeada con intenciones negativas y positivas; de la misma forma que filosofías, canciones, poesías, etc., van dirigidas a la gente que se adapta su propia formación. La Ciencia también ha pasado desapercibido, que dependiendo de su edad almática y formación del hombre, es como se diferencia su altura mental, como su fuente de energía capaz de atraerla por su experiencia. El Hombre se detecta como un iluminado por las grandes cosas que descubre; ignorando que es un alma vieja, que ha podido mantenerla con menos particiones en su vida milenaria. Su propia energía la promueven las acciones de su vida anterior, sumadas a su formación actual, lo iluminan las mejores ideas en el camino, preparando su alma con la formación del cuerpo que tendrá su próximo renacimiento.

Todo hombre irradia su fuerza mental gracias a su alma que lo dirige, para crear con su relatividad de pensamiento todos los cambios trascendentales que llevan al mundo a la prosperidad, o su destrucción. Tan simple recordar que toda interrogante se aclara, al momento que el hombre decide actuar en armonía; actitud inefable que define su camino lleno de sorpresas y motivaciones buscando trascender. Es el mejor arte de vida que refleja su experiencia positiva, y después heredan sus hijos y su descendencia con la orden de proseguir en ascenso.

Sin embargo, si alguno de los padres padece bisexualidad, ya sea por contagio recibido por alguno de su familia, es importante educar a sus hijos cómo erradicar este flagelo de sus genes. La forma de contagio es, cuando ambos padres poseen genes bisexuales para engendrar a sus hijos; o sea la madre contagia a su hijo, y el padre a su hija es la regla. Si la madre que engendra un hijo varón no posee genes bisexuales, su hijo nacerá sin ellos; empero, si su esposo los posee, engendrará niña con sus genes, es la regla; porque el hombre engendra mujer, y la mujer al hombre.

Sin embargo, arrancar a los hijos este contagio genético bisexual es simple con educación heterosexual, desde pequeños hasta la pubertad como forma de arrancar su flagelo de su mente. Jamás delegue a sus hijos la erradicación de su contagio cuando sean mayores, porque son susceptibles a caer en este flagelo sexual; deben los padres hacerlo con formación clave para niños. O sea mencionándoles su contagio con ejemplos básicos de armonía heterosexual, como forma de erradicar el gene impregnado en su metabolismo del flagelo sexual de alguno de los padres. Deben educarse a partir del 2do ciclo de 7 años, acerca del mal impregnado por la madre del niño o por el padre de su hija; hasta erradicarlo de su mente. Repito, todo hombre debe saber que su mente se guía en positivo o negativo, y al continuarlo es como posee poder para producir adicción en ese estado; creando la genética para motivarlo automáticamente a continuar haciéndolo. Si lo hace positivamente trasciende su formación a otros niveles de conciencia; lo contrario crea adicción que perturba su formación hasta su muerte, transformando su cuerpo para renacerlo en mal estado.

La obra del hombre siempre ha sido perpetua por las funciones de su alma inmortal, grabando toda su experiencia vida tras vida; para que al volver, sientan las guías que dejó pendiente en su vida anterior. Es como sabe si ejerció bisexualismo en su vida anterior y rápidamente erradique su flagelo con heterosexualidad. Empero podría haber adquirido este flagelo de niño por violación, o voluntariamente como adulto; suficiente para contagiar sus hijos al engendrarlos en el matrimonio. Se preguntará, ¿cómo saber si es un hombre infectado?, simplemente al sentir deseos de ver a los hombres con malicia sexual, es como descubre que posee genes de adicción de su flagelo bisexual. Anteriormente los contagiados bisexuales creían, que la atracción de su mismo sexo impregnado en sus genes era normal, por eso proseguían su flagelo por ignorancia activándolo, creyendo ser parte de la naturaleza. Ignoraban que haciéndolo, arrancaban poco a poco la feminidad de su CP-AMujer hasta convertirse en aproximadamente 3 vidas en homosexual M.C.H. y ella en lésbica H.C.M. La bisexualidad llegó a tal grado de pedir ayuda al gobierno para que los dejasen ejercer su podredumbre y exhibirse en público frente a familias. Es como se descubre esta putrefacción, con la creación del más dañino cáncer que ha producido la mente del hombre, con la adicción de su mismo sexo; hasta terminar la humanidad.

Al no detectar la Ciencia esta adicción bisexual, se extendió esta aberración en muchos lugares del Mundo, al grado de exhibirse en público; besándose entre hombres sin importar la presencia de niños y familias. Hasta el final del ciclo educativo en el 2012, se enraizó cada vez más este degenerativo vicio de almas adultas del 1er Mundo; extendiéndose con mayor peligro la contaminación bisexual. Es desagradable ver, cómo la ingenuidad de gran parte de la humanidad defiende este flagelo bisexual. La mayoría ignora que apoya este flagelo porque lo lleva en sus genes para tener simpatía, incluso pasa lo mismo en el Congreso para aprobar relaciones de su mismo sexo. Los ingenuos ignoran, y lo podemos ver en casi todas las fiestas, cómo el bisexual se aprovecha de reuniones para buscar heterosexuales o bisexuales adictos al alcohol para inducirlos a su flagelo. Y es mediante la supuesta amistad a la vista de todos, cómo su adicción crea la conquista de traseros masculinos, a costa de su propio dinero.

81,000 años del ciclo de la humanidad recién terminada, se ha creado un vacío de incomprensión enorme, perturbada por la incompetencia de la Ciencia en descubrir este destructivo cáncer bisexual. Es obvio que ignoran cómo trabaja la genealogía de su rama de apellido, así como su C.P.V. de cada hombre sobre la tierra, donde se guardan las 6 generaciones que hacen posible su regreso a la vida. Por fortuna terminó el tiempo de la comprensión mortal de la humanidad del psicólogo y filósofo ordinario, ya no podrán ignorar los orígenes de inmortalidad del hombre para conocer su experiencia desde su vida anterior. Todo hombre deberá acoplarse a los nuevos descubrimientos a partir de estos libros; donde se informa por vez primera los detalles que destruyen al hombre, abriendo nuevas expectativas para conformar con exactitud, la nueva filosofía del desarrollo humano. Obviamente no existen culpables por ignorar la inmortalidad del hombre, especialmente la Ciencia, todavía sin capacidad de descubrir la energía almática dirigiendo el cuerpo del hombre, con su mismo YO en su ciclo milenario. Su desconocimiento es obvio, por ser el alma una energía indetectable e invisible, con capacidad de grabar en ella experiencias en cada nacimiento manteniendo milenariamente su YO individual.

Por otra parte, la mujer posee el maravilloso don de engendrar la humanidad, con el atractivo esencial de su belleza para atraer a su hombre mediante la feminidad que añora, para engendrar su estirpe. La sexualidad es confusa y básica, para que el hombre atraiga sin adicciones negativas a la mujer de su predilección, que se adapte a su formación, para engendrar sus hijos esperando nacer. Es imposible detectar una mujer con genes bisexuales, que regularmente engendraría su hijo con sus genes impregnados, por ser ella quien ordena su nacimiento con su fuerza sexual. De ser así, el esposo debe tener cuidado de educarlo heterosexualmente desde el 2do ciclo de 7 años para erradicar este gene mental, y no caiga en sus deseos bisexuales en la pubertad o juventud.

La mujer nos muestra la armonía de caracteres de ambos, para crear una altura armoniosa de pensamiento, educando a sus hijos heterosexualmente en su crecimiento. Gestar es un noble trabajo de ambos como pareja detallando su forma y pensamiento del hombre, descubriéndolo sus hijos en su nacimiento, para proseguir el trabajo armonioso de su padre. La mujer hace su mejor trabajo, cuando es atraída por su hombre ideal, atrayendo las almas de su propia generación para darles vida y formación a sus hijos mediante su vientre.

La formación del carácter del niño ya viene configurada por la secuencia positiva de ambos, atrayendo su alma con su formación anterior, y continúe desenvolviéndose con la nueva dirección de su padre. Si el padre abandona a sus hijos donde sea que viva, son repercusiones serias que sufre él mismo por toda la vida; además, podría programar la muerte del hijo abandonado si continúa su mala formación. Todo padre de familia requiere su lealtad a la vida con buenas acciones, para que su hijo viva hasta los 21; después, es responsabilidad del hijo vivir el tiempo que se programe vivir fuera de su familia de acuerdo a sus acciones. Salvo que sea su primogénito, lo requiere para regresar a la vida mediante su descendencia, engendrado por su mismo padre cada 144 años. Es importante que el padre evite propagar su esperma irresponsablemente, su hijo primogénito se encarga de regresarlo al mundo en su renacimiento, especialmente si lo ha dejado olvidado o abandonado. Todos tenemos una vida inmortal, y por lo tanto todo hombre requiere de su primogénito para volver al mundo y continuar su vida; sería catastrófico que ese hijo naciera en la calle, viviendo en mal estado. Todas las almas poseen sus propios números, para renacer en el momento que requiere regresar a la vida, en un lapso aproximado de 144 años, a menos que ocurra una catástrofe; renacerían en su propia rama de apellido rápidamente. Increíble cómo la Creación Humana posee sus propios métodos al violar los derechos de engendrar la especie; especialmente cuando una de las partes vulneran los preceptos heterosexuales. En este periodo de gestación del embrión, a partir de los 3 meses, ya tiene aspecto humano con pros y contras de su formación que causa el esperma del padre, en especial si sufre de adicción negativa.

Los bisexuales con pedofilia ya intuyen las consecuencias por el estilo de conquistar a su esposa para engendrar a su hijo con fines de violarlo. Desgraciadamente hay bisexuales enfermos buscando una mujer joven para engendrar un hijo varón, y si fallan como regularmente sucede, las dejan abandonadas. Es obvio que suceda en la mayoría de los casos; porque un adicto bisexual regularmente no puede engendrar varón solo mujer; por motivarse ambos en hombre en la concepción.

Reitero la actitud de un hombre heterosexual, se percibe naturalmente su formación masculina mediante su visión de mirar con atracción a las mujeres durante su vida. Lo mismo pasa con la actitud de un hombre bisexual al mirar su mismo sexo con mucha atracción, distorsiona su masculinidad con rostro femenino y mirada penetrante al ver con persistencia los hombres. O sea un hombre bisexual mediante su mente, va desfigurando su rostro masculino poco a poco hasta lograr su apariencia femenina bisexual, por su mirada fuerte de ver los hombres. Por todas partes, incluso en tv, se pueden detectar estas caras de bisexuales corruptos por su fuerte adicción de mirar a los hombres. La heterosexualidad es la base más importante y crucial de la vida, para que la humanidad nunca se destruya; es la prueba básica del hombre, en su larga vida milenaria, y no caer en la adicción de su mismo sexo. Ahora que la humanidad sobrevivió el final de ciclo en 2012, fue buena señal de mantener la heterosexualidad del hombre, lo suficiente para pasar la prueba, rodeado de mucha corrupción en su derredor.

La heterosexualidad en el mundo ahora se encuentra en un 40% aproximadamente, y el resto de la población padece en forma descendente este flagelo bisexual a partir de desajustado heterosexual, poniendo en peligro la Creación Humana. Quienes guardamos la formación heterosexual 100% fuimos contundentes, para que hayamos llegado vivos al final del Ciclo de las almas finalizado el 2012 pasado; demostrando no caer en este flagelo. Recalco, los nacidos homosexuales, ésta es su última oportunidad de vivir humanamente sino renuncian a su flagelo antes de su muerte; convertiría su alma en combustible para arder en el centro del planeta. Queridos lectores, nuestra alma representa la fuerza de Dios en principio, entrenándose en el cuerpo del hombre para buscar un lugar tratando de pertenecer al Alma Universal. Con esa fuerza que posee con relatividad de su pensamiento, es como el hombre increíblemente transforma mucho más que agua en vino.

Vivir en Cristo es vivir en armonía para comprender, que nadie tiene otra salida para esconder su corrupción, jamás pasa desapercibida por la formación de cada hombre ofrece a su cuerpo desde su nacimiento.

CAPITULO X

UN GRAN DESCUBRIMIENTO

El autor puede decir con satisfacción que cumplió su tarea que honrosamente programaron los Maestros E.T., para que interpretara al personaje descrito al final de la Biblia. Nunca lo hubiera hecho si ellos no salvan su vida deteniendo su automóvil jugando carreras, momentos antes de involucrarse en un aparatoso choque, muriendo su adversario. Increíble este acontecimiento de cuidarlo para escribir estos libros; comenzando su trabajo descubriendo los males que destruyen al hombre, ignorando todos el más dañino cáncer bisexual de todos los tiempos. El autor comprendió las razones de su trabajo para detener la destrucción del mundo; no era posible continuar sabiendo que los países del Primer Mundo, eran totalmente seducidos por este cáncer bisexual.

Increíblemente se expandía peligrosamente motivando sus adictos toda su vida, haciendo cualquier cosa por interés de introducir su pene y viceversa en los traseros masculinos. Rebasaron los límites de corrupción humana con el único interés de destruirla, con la única forma que podía hacerlo de experimentar el hombre convertirse mujer. No era posible que la motivación humana de los más inteligentes, estuviera enfocada en rellenar de esperma los traseros masculinos de su mismo sexo. Increíble hasta dónde llega la inteligencia de los adictos de su mismo sexo al continuar el más dañino cáncer bisexual que haya tenido el hombre, por su adicción a la penetración masculina. Detalles importantes que el autor descubrió mediante P.T., cómo la adicción enferma se palpaba en lugares que visitaba, descubriendo el más dañino cáncer bisexual del hombre tratando perversamente de convertirse mujer. Tomará tiempo a los nuevos filósofos investigar la mentira que ha vivido la humanidad hasta el momento, para que el hombre empiece una nueva reformación dirigida al bienestar de los pueblos. Afortunadamente los nuevos aparatos electrónicos están saliendo como los maestros le informaron al autor que sucedería, para que todos se informen de los nuevos cambios del mundo y revelaciones del Anticristo.

Toda la inteligencia expandida mediante filosofía y ciencia, estuvo a la altura del pensamiento global hasta ahora comprendido por el hombre. Empieza ahora la responsabilidad de todos, investigar individualmente su origen de vida inmortal y completar el estudio de su formación; así como las funciones importantes de su alma dirigiendo su cuerpo. Y comience nueva vida reprogramando su camino con actitud responsable tratando de cambiar su actual formación.

Con los descubrimientos increíbles que desconoce el hombre, podría pensar el lector que estoy jugando con sus sentimientos, y no es así. El sorprendido es el autor por la forma que los extraterrestres trabajaron con él, para ayudarlo a descubrir el verdadero origen de la humanidad que desconocían todos. El autor escolarmente apenas llegó al 1ero de Secundaria por su sordera parcial, también positivamente programada para alargar su vida por su fuerte carácter. Ahora se explica todo lo ocurrido en su infancia de este fenómeno anormal, incluso con esa falla de oído, algo le motivaba para salirse de su casa a los 16, para conocer el mundo. Los Maestros E.T. posteriormente le informaron desde el principio, que sus investigaciones no estaban en ningún libro escrito; y no era necesario tener estudios superiores, porque todos ignoraban la verdad. Y desde el verano de 1984 que salvaron su vida los Maestros, antes de cumplir sus 40s; ha estado comprometido diariamente a investigar el origen del alma, y el cuerpo que dirige individualmente con experiencia inmortal. El autor no intenta redactar el comienzo del mundo, pero sí la composición del origen del alma del hombre como guía de su cuerpo, dirigiéndolo por todo este Ciclo de experiencias de la humanidad. Ahora se comprende por qué el Anticristo era vital su aparición al final de la Biblia, coincidiendo con el final de Ciclo de la humanidad, para revelar los errores infames que destruían al mundo.

El autor cada día en su estudio y Sanctum privado, ha llenado de conocimientos basados en la experiencia del hombre, rebelando las interrogantes ocultas de su formación en la tierra. Al recibir educación de tener una sola vida, imposibilitaban al hombre enmendar sus errores; pero al mismo tiempo mediante la doctrina cristiana, fue educado para dirigirse positivamente empezando de cero. Sin embargo, ahora que sabe que es inmortal, la iglesia termina sus funciones básicas que requería la humanidad para sobrevivir el siglo XX y final de nuestro Ciclo educativo el pasado 2012.

Ahora la humanidad posee muchas motivaciones de ver su trabajo realizado, con simplemente ver su cuerpo en el espejo, ahí puede comprobar su trabajo realizado hasta ahora. Estos descubrimientos son para que el hombre compruebe que todo se paga en esta vida, y nacer programado conforme la transformación ocasionada por su Relatividad Mental. Si antes pensaba erróneamente que sus logros los obtenía al azar, dejando a la casualidad la formación de sus hijos; ahora comprenderá que no es así, todo es una secuencia mental de relatividad de su pensamiento. Con las investigaciones descubiertas por el autor, exaltarán la intelectualidad del lector, especialmente los nacidos en mal estado, para indagar por qué nació miserablemente para corregir sus fallas. Todos podrán conocer el origen de su nacimiento defectuoso, y dar un giro de 180 grados en su dirección, como forma de comprender la lección, analizando que algo turbio hizo en su vida anterior. Empero, aún si las revelaciones del autor fueran hipótesis; con el simple hecho de actuar positivamente, es como automáticamente el hombre reforma su vida, experimentando para bien su nueva reacción de vivir armoniosamente.

Al aparecer en todo el año de 2017 los libros del autor en esta web: WWW.Relatividadmental.com, nunca recibió críticas desfavorables; por el contrario la definían como la mejor idea descubierta. Sin embargo, cuando escribía en forma personal en los foros públicos, de inmediato surgían sus detractores bisexuales defendiendo su adicción, acusándolo entre otras cosas de ser un frustrado homosexual. Repito, si los Maestros E.T. no salvan la vida del autor de una muerte segura, jamás hubiera escrito sobre este espinoso tema homosexual, y otros males; hubiera formado parte del montón ignorante viendo destruir al mundo ciegamente. Tengo fe que estos conocimientos redactados en estos libros, estén por siempre en todas las bibliotecas del mundo, por ser concluyentes y necesarias para la educación humana en beneficio de todos. No existe ninguna razón que menosprecie la voluntad positiva aquí expuesta, porque no viola ninguna ley de privacidad humana para confirmar cómo ha vivido el hombre.

La opinión de los lectores será muy importante al confrontar estos descubrimientos con su formación actual; como la mágica reproductora de palabras tratando de encontrar su origen y dirección. Los conceptos negativos que han abrumado al hombre por mucho tiempo, han creado una formación decadente, haciéndole pensar que es normal su actitud; al sentir cómo su formación atrae la misma energía de sus lugares viviendo en esa dualidad. Es la Polaridad Negativa que la humanidad denomina "Satánica", alimentando esa dualidad para destruir las funciones del hombre Positivo. Su persistente guía negativa, la promueve su propia genética de habilidades para conducirse automáticamente conforme la formación acostumbrada; es donde mora más de la mitad del mundo en esa guía negativa. Gracias a esa producción negativa, se han creado las guerras para menguar el negativismo que abruma a la humanidad ascendente en su tarea de reformación. De esa forma es como los miles y miles de caídos en una guerra, regresan a la vida para encontrar mejor su camino de reformación.

En este milenio reformador del hombre, ya puede confirmar él mismo las pruebas de su bisexualidad recibida por la atracción que siente, para que en secreto decida ejercer el cambio, arrancando su flagelo en su intimidad. Nunca estuvo indeciso el autor desde el comienzo de sus investigaciones al salvar su vida los E.T. en 1984, de realizar su tarea investigativa, viendo cómo se destruye el hombre al ignorar el peor cáncer de la humanidad.

La heterosexualidad posee muchos afluentes de perversión, sin embargo, por muy negativos que sean no destruyen la humanidad, como lo hace la bisexualidad para terminar con la feminidad y la Creación. Son energías que fluyen secretamente de su mente con transformación, reformando su metabolismo genético en dirección de su mismo sexo hasta terminar con su masculinidad. Por ello el hombre nace homosexual, por su ambición de ser mujer; pero en el trayecto de convertirse cobardemente como tal, también destruye a su mitad alma, al arrancarle su feminidad a cambio de su masculinidad detestada. Así el hombre comienza con moldear sus ojos femeninos después de su 1era y 2da vida con experiencia bisexual, por la constancia de ver persistentemente los hombres, hasta terminar su hombría. La Ciencia siempre ha ignorado, que la heterosexualidad humana sigue cayendo estrepitosamente por varias formas; la 1era por causa de la adicción bisexual del hombre de penetrar los traseros masculinos. La 2da por haber sido violado de niño por pedófilos o por su padre; la 3ra nace bisexual engendrado por su madre contagiada por su padre; y 4ta su padre contagiado infecta a su hija su bisexualidad, de la misma forma como madre, lo hace con su hijo con su flagelo. O sea, que al infectar a los hijos su flagelo bisexual en el tiempo de engendrar; la hija lo recibe de su padre, y el hijo de su madre. De esa forma al recibir su bisexualidad genética de sus padres, es muy fácil su erradicación mental del gene impregnado por ellos, simplemente educando los hijos a ignorar esa abominación recibida, actuando heterosexualmente.

Repito, la mujer podría obtener el flagelo bisexual engendrado por su padre, incluso podría llevarlo en su metabolismo sin ejercerlo nunca físicamente –solo mental, hasta llegar al matrimonio; eso no evita sentir deseos de mujer y engendre su hijo con esa atracción bisexual. Con esta aberración mental en la mente de alguno de los padres, pueden arrancarle a su hijo o hija de su mente, esta infección de su madre o padre, con simples consejos heterosexuales a partir del 2do ciclo de 7 años.

No obstante, el padre que viola a su hijo varón podría tener graves problemas dependiendo de reincidir; no puede darse el lujo de violarlo porque son acciones que podrían privarle la vida en poco tiempo. Es importante que el matrimonio sea sincero para que se den las consecuencias normales del nacimiento de sus hijos. Ahora los matrimonios sabrán de antemano, si poseen o no este flagelo bisexual que llevan en sus genes, para tratar de evitar la contaminación de sus hijos: el padre contamina la niña; y la madre contamina al niño. En otras palabras los hijos varones los infecta la esposa; y las hijas las infecta el esposo, para educarlos heterosexualmente, a partir del 2do ciclo de 7 años del menor. Es importante hacerlo antes que el hijo llegue a la pubertad, por el riesgo de ser atrapado por adictos bisexuales, corrompiendo sus genes, creándole adicción temprana muy difícil de erradicar. Es importante recalcar, que toda madre que posea este gene bisexual impregnado por su padre, aunque no haya ejercido su flagelo, si no lo erradica de su mente puede infectar su hijo al engendrarlo con sus números; lo mismo sucede con su esposo, al engendrar su hija bisexual. Ambos padres deben tomar conciencia de arrancar de la mente de su hijo esta anomalía en su tiempo de crecimiento, para evitar sumarse a la adicción bisexual. En las fiestas y reuniones siempre hay un infectado buscando la forma de corromper a su amigo heterosexual; y para lograrlo requiere de mucha paciencia y dinero para satisfacer los vicios del escogido para penetrarlo o ser penetrado. Si el principiante continúa ejerciéndolo produce adicción; al grado que prosigue hasta su muerte, motivado en la penetración anal con su mismo sexo, programándose para renacer Bisexual en su siguiente nacimiento.

La adicción del hombre de hacer sexo con otro hombre, ambos arrancan cobardemente la feminidad que requieren para sentirse mujer, a su mitad alma CP-AMujer. Indirectamente es como ella, siente perder paulatinamente su feminidad, por la cobardía de su mitad alma-hombre de arrancarle su feminidad, penetrando traseros masculinos. O sea, indirectamente la mujer recibe la masculinidad que detesta su mitad alma-hombre a cambio de su feminidad que arranca al relacionarse con otro hombre; hasta convertirse homosexual y ella en lésbica al mismo tiempo. Así es como el hombre arranca la feminidad de su CP-AMujer, hasta transformarse en M.C.H. homosexual; proceso que dura al menos 3 renacimientos. Su mitad alma mujer automáticamente se convierte en lésbica H.C.M., al mismo tiempo que su CP-AHombre se convierte en M.C.H. homosexual. Es preciso aclarar que la mujer nunca posee la iniciativa de corromperse con su mismo sexo, a menos que sea bisexual de nacimiento, infectada por su CP-AHombre. Sin embargo, hay otros infectados bisexuales que lo llevan en sus genes y nunca lo activan por la religión que profesan sus padres; eso no impide engendrar a sus hijos con ese flagelo, porque lo ejercen y satisfacen con su mente. Es lamentable que por ese sentimiento de atracción que llevan en sus genes, sirvan para apoyar las relaciones de su mismo sexo en el Congreso y votaciones. Los nacidos homosexuales M.C.H., tienen esta vida para renunciar a su flagelo antes de su muerte; no hacerlo su alma se transformará en combustible para arder en el centro del planeta, y nunca regresan a la vida como lo hacemos todos. Esa es la razón de no haber muchos homosexuales en el mundo, nunca regresan a la vida, sus almas arden en el centro del planeta, por destruir la Creación Humana.

A principios de los 60s en la juventud del autor, escuchó un mal dicho bisexual que decía: "Para ser macho el hombre, primero debe cogerse un joto"; mismo que florecía como la espuma en México, para atraer la ingenuidad heterosexual y corromperlos con su mismo sexo. Ahí pude comprobar, que un hombre genéticamente constituido 100% heterosexual como el autor, sin violación infantil; no acepta seducciones de su mismo sexo al llegar adulto. Nunca pasó por su mente las relaciones con su mismo sexo; en cambio fue drásticamente diferente con la atracción femenina, al sentir férrea atracción por su contraparte mujer. Y como prueba de su férrea heterosexualidad; a los 16 el autor cayó enfermo al taparse las vías urinarias con sangre, evitándole orinar, yendo de emergencia al hospital del IMSS de Aguascalientes por semanas sondeado. Debido al exceso de calentamiento que su novia provocó por ignorar la masturbación; fue internado en el hospital a un lado del templo de San Antonio y Normal del Estado. La finalidad de este libro, es reflexionar al lector en las formas que el hombre corrupto bisexual se guía en su diario caminar; y es fácil deducir lo que trato de explicar, porque lo viven todos los hombres. El hombre que posea adicción de su mismo sexo en sus genes, secretamente tiene la opción de aceptar su corrupción para arrancarse el problema que lo aqueja siempre; e igual en secreto podrá tener su alivio. Así como también en secreto cada familia puede arrancar este flagelo, por si acaso lo poseen en sus genes, evitando engendrar sus hijos con ésta adicción.

Las E.R.C.U. son parte del UNO, impregnadas en todo el mundo y Universo, para que el hombre las active con su pensamiento; y así mediante sus ojos y sentimiento, nada queda oculto a la Deidad lo que hace su intimidad. Todo propósito humano posee colaboradores directos e indirectos, tratando de terminar la tarea inconclusa dejada pendiente, y proseguir con mejores bríos a los nuevos nacidos. La educación humana debe tener una guía de libertad, para que todos al unísono, determinen su formación mental con motivación individual para trabajar en lo que deseen. Pronto veremos a la Ciencia comprometida a descubrir desde sus raíces, estos estudios con los resultados esperados; investigando cómo se forma la adicción bisexual que destruye al hombre y la humanidad. Este fenómeno ocurre en estos tiempos del final de ciclo con milenaria experiencia, mostrando cómo se forma el peor cáncer bisexual con la adicción de este flagelo.

Por otra parte cabe recalcar, que las armas no incitan a la violencia, la estimulan los padres con la mala educación de sus hijos, con malos tratos, violaciones y negativismo, año con año guardando resentimientos, esperando la oportunidad de crecer para explotar su descontento. Evitar la venta de armas es hacer más idiota al hombre ocultándole su negativa formación. No obstante, continúan ignorando que nuestra mente es relativa, para que los padres tengan mucho cuidado de violar su origen y evitar la corrupción y negativismo mientras críen a sus hijos, para evitar que reciban daños, enfermedades, accidentes, incluso muerte. En otras palabras, todos los males que padecen los hijos menores de 21 (3 ciclos de 7 años); como enfermedades, accidentes y defectos de nacimiento, es causado por los padres corruptos haciendo toda clase de maldad en silencio. La educación de los hijos es sagrada y en ellos se encuentra reflejada la actitud de sus padres, por ser ellos la rama de apellido que alimenta su producción con buena voluntad reformando su semilla. La humanidad como la naturaleza, son formaciones de armonía que ha producido el Reino material, para que su alma guie al hombre con armonía y relatividad de transformación. Las acciones del hombre marchan de forma consiente y segura como la matemática, sin errores para consolidar su formación actual hasta su muerte; reivindicándose hasta su renacimiento.

La diferencia de hoy es contundente; antes nadie pensaba que la producción mental del hombre fuese relativa, reformando y transformando la vida mediante sus acciones; incluso programando los fenómenos naturales. Este complot de energías mentales positiva-negativa a lo largo de sus vidas, facilita a cada hombre su formación y conducta como inmortal, ratificando cómo trabaja su mente hasta hoy mediante su alma. Guías experimentales del bien y mal, creando reacciones a fines, para abrirse camino en la lógica de la razón, mismas que le revelan los conocimientos que ahora tiene, aportando una fuente de ideas reflejada con sus propios números.

La experiencia humana promueve la revolución del pensamiento por los hechos consumados creados a su conveniencia, promoviendo incluso la idea percibida de otras mentes más capacitadas para realizarla. El hombre por ser inmortal, siempre será un eterno descubridor por su experiencia milenaria, cual define su propia relatividad mental mediante su físico; paulatinamente dándole forma a sus acciones. Gracias a la revolución del pensamiento, se creó la evolución e involución mental, detallando la dualidad en que ahora vive, guiando su alma en su propia dirección. Con la inmortalidad del hombre, nuestra razón humana es más confiable para responder todos los cuestionamientos que la humanidad tuvo en el pasado. La intuición es la antesala del conocimiento que afanosamente tratan de buscar; una forma de introducir el formato anterior con la persistencia de su formación anterior y descubrir lo que llama su atención.

La metafísica del sexo es también relativa, como lo es la mente del hombre que forma y transforma sus deseos mediante su efusividad; para crear el sexo de su predilección en la fecundación. En esta metafísica sexual, finalmente el hombre encuentra la fórmula altruista de formación del género sexual; y ahora sabrán cómo se crea su respectivo género por la fuerza sexual mostrada por una de las partes a la hora de la gestación. La misma rebelada en este libro para ilustrar en este final de ciclo, cómo engendrar el sexo escogido; o sea la fórmula perfecta para programar con anticipación engendrar varón o mujer, simplemente manipulando su fuerza sexual. Con esta forma descubierta se comprueba cómo trabaja la Relatividad Mental con la fuerza sexual de ambos esposos, y reconocer individualmente la fuerza que poseen ambas partes para engendrar sus hijos.

Tener en cuenta que su diaria actividad transforma su entorno, manejando su energía positiva-negativa mediante su voluntad; al mismo tiempo que activa las energías mentales existentes de sus lugares para tener el cambio deseado. O sea el hombre aflora los conocimientos, de acuerdo a la motivación de la dualidad en que radica bien o mal; e instintivamente se obliga enfocarse en esa idea, activando las mismas energías impregnadas del lugar. La curiosidad natural del ser humano es vital, para incursionar en todos los aspectos que le motiven indagar, ya sea obligado por su propia formación genética, o por un deseo sofisticado para despertar las energías de su derredor. Energías que atrae él mismo para hacer su camino, y que su mente establece diariamente con su formato establecido: si buscando altruismo, o buscando eso que pervierte negativamente su pensamiento.

Cuando logra su altura de pensamiento de armonía persistente en su vida diaria; al final tendrá la recompensa para tener un buen renacimiento. Es verdad que nunca nos llevamos nada material en nuestra muerte, sin embargo nuestra alma nos da esa gracia de grabar toda la experiencia; mucho más valiosa que el oro, para reinstalarse en su renacimiento, ahí donde merece vivir su formación intelectual. Entrenarse para una dirección específica con el fin de facilitar su desarrollo, tienen mejores resultados quienes se realizan en la dualidad Positiva, por la presión energética que ejerce su aura atrayendo las energías de lugar. Son importantes ambas dualidades P. y N. que utiliza el hombre en su vida diaria, para confirmar cómo se desenvuelve; así es como transforma su cuerpo y formación intelectual hasta el día de hoy.

El hombre debe mantener su confianza trabajando en libertad, con la guía de armonía para que fluyan las energías creativas, emanadas de su alma para hacerlas realidad. Por fortuna su aura energéticamente la forma su alma, abriendo caminos de prosperidad como una "Antena" receptora de las nuevas ideas, para cambiar su entorno.

Para tener un hijo varón, la esposa debe estar intocable por varios días para subir su temperamento sexual arriba de su esposo al momento de engendrar; o debe extasiarla al máximo con buen trabajo sensual con las características que lo distinguen; lo contrario nacerá niña si el hombre es más ardiente.

CAPITULO XI

DESIGNACION DEL GÉNERO SEXUAL

Todo hombre sabe que la mujer es un encanto, y lo descubre en el amor que siente por ellas, al tener ese "algo" para conquistar su mirada a primera vista. En el momento que ella aparece, despierta su hermosura mágicamente por la atracción de su alma, su cara y su cuerpo; afluentes que envuelven al hombre como su mejor atracción para constatar a primera vista una gran mujer. Así el hombre sabe que tendrá un bello cuerpo como acuarela, para pintar su mejor arte con sus labios, amándola siempre convertida en su esposa.

Comienza la vereda que tendrán sus hijos regresando nuevamente al mundo, a gozar la libertad de su nuevo pensamiento y otra vida con nuevas enseñanzas, así como su nueva madre para engendrarlos. Todo ser humano nace gracias a su alma impregnando la genética de su vida anterior con su 1er aliento; mostrándole la formación de su físico como la mejor prueba de su pasado. Es impresionante el inmenso poder que posee el hombre cuando actúa en armonía; entre más difícil sea su trabajo, posee más ayuda para cambiar su entorno alcanzando lo que busca. La fórmula mediante sus acciones es como el hombre maniobra sus energías para tener lo que desea, incluso atraer a la compañera perfecta de su vida, adaptada a sus necesidades para realizar su trabajo. Nunca termina la labor del hombre mientras tenga existencia; su mente siempre está en movimiento continuo todos los días, en todos los lugares de su hábitat, activando las E.R.C.U. mostrándole su merecimiento. Sus deseos poseen energías que fluyen de su mente seduciendo a las personas con su pensamiento; por ello es importante su estado positivo, para que surta efecto lo que merece, incluso la mujer que busca para matrimoniarse. La vida nos enseña el respeto a nuestro cuerpo, y la misma natura nos muestra sus fenómenos destructivos que requiere su formación, cuando no cumple con su obligación de cuidarlo.

El hombre se corrompe silenciosamente en forma secreta en su intimidad sin que nadie se entere, excepto él mismo por su alma que lo delata en su renacimiento para saber su corrupción. De esa forma secreta, estos libros motivarán a sus enfermos a erradicar su adicción bisexual, al comprobar que posee los genes que lo motivan a ser como es. Sabe que las desgracias que recibe no vienen por casualidad sino causalidad; y reflexione lo que ocasionan sus acciones para que actúe enmendando sus errores.

Es lamentable que la humanidad y la Ciencia hayan ignorado, que la adicción del hombre de penetrar traseros masculinos para rellenarlos de semen; ha resultado ser el cáncer más dañino para destruir la humanidad. Estúpidamente el bisexual secretamente ha modificado su mente deseando transformarse mujer; exterminando con ello la feminidad de su mitad alma-mujer por su adicción. Por fortuna existen estos libros revelando su enfermedad bisexual, poniendo en peligro la humanidad, con detalles para erradicarlo, para evitar destruir su hombría por la feminidad que intercambia.

Con estos descubrimientos del peor cáncer de la humanidad, el autor se complace dar a conocer las formas para erradicarlo, y lo comparte en estos libros para educar al mundo heterosexualmente. El hombre nunca debe pensar que posee acciones secretas, no las tiene y nunca las ha tenido; porque todo lo registra su alma para modificar su cuerpo después de su muerte, y descubrirle todas sus hipocresías cuando vuelve a la vida. El misterio de este cáncer bisexual, finalmente se rebela por la cobardía del hombre para destruir la feminidad de su CP-AMujer tratando de ser mujer. A partir de estos libros ya no existirá tal incógnita; al revelar su podredumbre que ha hecho el hombre desde la destrucción de Sodoma y Gomorra.

La presencia del Creador del Universo siempre ha estado en la vida milenaria del hombre mediante sus Energías impregnadas en nuestro mundo y Universo mediante las E.R.C.U. Es increíble que el hombre mediante su mente genere energías por sus acciones, activando las E.R.C.U. para tener lo que merece. Decir que en manos de Dios dejan su futuro, es exactamente la dirección que forman sus acciones en el problema que enfrentan para tener su merecimiento. Con estos libros, el Creador del Universo recupera toda su grandeza que siempre ha tenido, culpándolo indebidamente de adversidades y nacimientos deformes; al revelar que es el hombre el único causante de todas sus desgracias.

Si nada hace el hombre por remediar lo que hace negativamente, es el caos; es lo mismo si ingenuamente se negara comer porque no desea ocupar sus manos para hacerlo; se moriría de hambre. De esa forma cuando su alma guía su cuerpo con acciones negativas, está produciendo enfermedad, accidente, muerte temprana, incluso renacerlo en lugares difíciles para asimilar la enseñanza que no puede comprender. La humanidad ignoró los simbolismos de la Biblia donde explica; cómo los padres de familia son responsables mediante su conducta, con la salud de sus hijos hasta los 21. Ya después, es compromiso de los hijos mayores con la enseñanza recibida en familia para ejercer libremente su destino. Por ello es importante estar alerta cuando un hijo menor de 21, sufre un accidente o enfermedad; señal que su padre está haciendo algo malo; y debe renunciar a lo que hace para sanarlo. Este fenómeno surge, porque el padre está ligado directamente a la vida de sus hijos como parte de su descendencia y Rama de apellido, para darles mejor vida; y así éstos hacen lo mismo cuando salen al mundo fortificando su respectivo C.P.V. Recalco, el hombre cuando engendra sus hijos es responsable de sus hijos durante 3 ciclos de 7 años, y está obligado a vivir en armonía para asegurar a su prole de enfermedad, accidente, incluso muerte antes de los 21.

DESIGNACION DEL GÉNERO SEXUAL

Este es otro descubrimiento importante del autor, acerca de la creación del género sexual en el matrimonio; lo que antes las circunstancias formaba el sexo de sus hijos, ahora podrán hacerlo con conocimiento de causa. Las almas del hombre poseen su mitad alma mujer; ambos géneros requieren nacer; regularmente crecen como hermanos de la misma madre. Empero, al no engendrar la madre ambos sexos por causas genéticas, su mitad alma debe nacer en la misma rama de apellido con sus hermanos, o incluso en la hija de su hijo, su nieta.

La mitad alma del hombre nace mujer después de nacer, siglas CP-AMujer, es muy importante en la vida del hombre, para evitar que sufra daños durante su vida. En su mitad alma, el hombre descarga los males negativos de su imprudencia, especialmente cuando incursiona en la adicción bisexual deseando ser mujer. Por ello toda mujer que se mantiene integra 100% femenina, es una prueba del buen trabajo que realiza su mitad alma-Hombre conservando su heterosexualidad, evitando caer en su flagelo.

Los matrimonios que poseen solamente varones o mujeres; es por la efusividad de una de las partes al momento de engendrar: una mujer más ardiente que su pareja fecunda varón; y en la misma forma el hombre más ardiente fecunda la niña. Todo es relativo en la mente del hombre, como en la conducción humana en general, así también trabaja la fuerza sexual para crear el género sexual de ambos como pareja.

Si la mujer vence en temperamento sexual es varón; pero si vence el hombre es niña, así de simple. El resultado de un matrimonio con solo niñas, son 3 formas para engendrarlas: A.- por ser el esposo bisexual, por pensar ambos en hombre al momento de engendrar. B.-por ser el esposo muy ardiente y temperamental, no deja a su esposa subir sus deseos sexuales, ya sea por masturbarse, o estar continuamente haciendo sexo con ella. C.- Al poseer una esposa sin deseos sexuales; el hombre siempre estará más ardiente para engendrar niña. Para esta última requiere ayuda para extasiarla, debe dejarla sola por un mes hasta el momento de la fertilidad, sin masturbarse. En cambio el esposo calma sus deseos masturbándose y bajar sus deseos sexuales, hasta que llega el momento de procrear, lista para engendrar varoncito. En el B, el hombre debe manejar con inteligencia a su esposa, dejándola tranquila para que ella suba sus números de efusividad hasta el momento de engendrar, evitando la masturbación, así produce el varoncito.

Para los matrimonios que poseen solo varones: A.-por ser la esposa muy ardiente y temperamental por naturaleza, deja abajo siempre a su hombre por su fuerza sexual. Este tipo de mujeres ardientes son casos raros, hay una mujer ardiente entre cada 20, y deben trabajarse inteligentemente para bajar su temperamento a la hora de engendrar la niña; incluso ellas deben masturbarse antes de la concepción. La fórmula es simple; el género sexual se rige de acuerdo al temperamento sexual de una de las partes al momento de gestar, son estadísticas naturales que se dan por la efusividad mayor de quien desea engendrar su respectivo género al momento de fecundar. Si la mujer se muestra más ardiente que su esposo, posee su recompensa de engendrar varoncito; lo contrario nacerá niña si el hombre es más efusivo. La humanidad siempre ha producido el género sexual al azar por la fuerza sexual de ambas partes al momento de concepción, así de simple.

El matrimonio que engendre un solo sexo, es el 50% del alma hombre o mujer, y debe nacer forzosamente la otra mitad en la misma madre como hermanos, o de la misma rama de apellido. Regularmente ambos sexos hombre-mujer nacen de la misma madre como hermanos para beneficio propio; lo contrario su mitad alma debe nacer en la misma rama de apellido del padre, o incluso la nieta. Estos libros rebelan la fórmula perfecta para engendrar el género sexual de su preferencia, para que ambos sexos nazcan de la misma madre, evitando que nazcan fuera de su entorno. Las almas poseen su propia frecuencia de formación para nacer ambas hombre-mujer, donde su misma rama de apellido se encuentre; aunque exista corrupción bisexual.

Finalmente termina la ignorancia del sexo en la historia de la humanidad, para definir por 1era vez cómo se maneja el género sexual de su hijo a la hora de la concepción. En el pasado, la masturbación se prohibía por razones religiosas; el hombre-mujer que lo hacía, inconscientemente manipulaba el género sexual de su hijo, al bajar temperamentalmente su fuerza sexual en el coito. ¿Por qué hablo de fuerza sexual?, porque es la única fuerza que designa al género sexual de su bebé; o sea cuando predomina la fuerza sexual de la madre sobre su esposo, crea el género masculino; si es el esposo quien predomina gesta su hija. O sea cuando una de las partes se muestra más efusiva al momento de la concepción, nace el género sexual de su contraparte. Estoy muy sorprendido que la Ciencia no haya podido descifrar este simple reflejo sexual para predominar el género sexual el momento del coito. Me parece difícil que hayan ignorado algo tan sencillo de comprobar, cómo se manipula con inteligencia el sexo del hijo, manteniendo una de las partes su temperamento sexual más alto que su pareja en la gestación. En otras palabras un hombre con más temperamento sexual que su mujer, crea mujer; y una mujer con más efusividad que su hombre, crea hombre, así de simple. En mi derredor he ayudado a muchas parejas a tener su hijo o hija, y algunos casos 2 mujeres me confesaron su costumbre masturbarse antes de hacer sexo, por eso no engendraban varón. Las mujeres ardientes que regularmente engendran varones son muy escasas, y ellas solo tienen problemas para engendrar niñas. Por ello el hombre que posee una mujer normal o muy baja en temperamento sexual, debe trabajarla inteligentemente muy bien para extasiarla con fogosidad sexual por encima de él, para engendrar su varón; de otra forma será niña.

Incluso nace mujer si uno o ambos poseen genes bisexuales, y en este caso la niña nacerá con gene bisexual si el esposo es infectado; o el hijo nace en la misma condición si la madre es la infectada. Muy raras veces cuando la mujer heterosexual 100% casada con un adicto bisexual, podría engendrar varón; si lo hace nace con Síndrome del cerebro, por causa el flagelo del esposo. En otras palabras, el hijo varón lo engendra la esposa, cuando su esposo trabaja en ella poniéndola más ardiente que él, antes de la concepción. Sin embargo él siendo adicto bisexual, distorsionó su nacimiento pensando en hombre igual que su esposa en la concepción para engendrarlo con Síndrome del cerebro u otra imperfección. Todos los matrimonios por circunstancias ajenas a la hora de la gestación, siempre han engendrado al azar el género sexual de sus hijos, ignorando que la madre hace al hijo varón por su alto temperamento sexual; y en el mismo orden, el padre ordena el nacimiento de mujer. Y aquí resaltan todos los pormenores del por qué, los matrimonios poseen solo hijos varones, o mujeres; y en estos libros esta la respuesta correcta que satisface sus deseos.

Al mostrar la mujer su temperamento sexual más alto que su hombre es obvio que engendra varón; es el procedimiento natural que ejerce al momento de la gestación; es la típica lucha del óvulo contra el esperma, por el deseo del género sexual. Contrariamente si en ese enfrentamiento, el esperma del hombre resulta ser más efusivo y temperamental que el óvulo de su esposa, entonces engendra hija. La simple determinación de fuerza sexual de una de las partes a la hora de la concepción, es lo que propicia la fecundación del género sexual de su hijo o hija. Lo cual nos indica que la humanidad estará siempre regida por la fuerza sexual de ambos esposos para inseminar el género sexual de sus hijos; creando sus deseos de multiplicar la humanidad. Con este conocimiento, la manipulación podría estar enfocada para controlar los nacimientos hombre mujer nacidos de la misma madre, para evitar que su mitad alma, nazca fuera de su entorno. La mitad alma mujer es necesaria para que absorba los errores de su mitad alma-hombre; por ejemplo el hombre para hacer sexo bisexual requiere arrancar la feminidad a su mitad alma mujer; sino la posee, podría tener consecuencias.

La manipulación en el sexo del bebé es; si la mujer se masturba antes de procrear con su pareja, obviamente baja su temperamento automáticamente para engendrar mujer a la hora de la gestación. Empero, si es el hombre que posee bajo su temperamento sexual antes de hacer coito con su esposa; ella automáticamente toma el control sexual de la situación para engendrar varón. Para las mujeres que no son ardientes por naturaleza, engendrar varón es difícil por su frialdad para el sexo por varios motivos genéticos. Y para trabajar en este punto, la mujer nunca debe masturbarse ni tampoco hacer contacto sexual con su esposo mínimo por un mes; y el esposo debe dormir en otra recamara usando la masturbación para bajar su temperamento. De esa forma cuando se llega el momento de la procreación, la esposa está demasiado ardiente esperando al esposo calmado para fecundar su varón. En cambio para engendrar mujer es más simple, su esposa debe masturbarse antes de tener relaciones con su esposo, manteniendo bajo su temperamento, y él al contrario sube su fuerza sexual mucho más que su esposa para engendrar la niña.

El género sexual se define mediante la fuerza sexual de uno de los esposos para engendrar a su contraparte masculina o femenina; así de simple. Con un esposo desganado, su esposa toma el control para sobrepasar fácilmente su fuerza sexual, y procrear varón. Lo mismo ocurre con una mujer desganada, ya sea por la adicción de masturbarse; o por ser primeriza tiene miedo a la penetración, es como su hombre sobrepasa el temperamento de ella para fecundar la niña. Empero, a veces ocurre que la primeriza tenga varón; porque ella estaba despierta y al mando de lo que hacía, tenía confianza para caer rendida bajo las riendas de la conquista sexual, produciendo toda la fuerza que posee para engendrar varón. <u>Las mujeres que tienen varones en una violación, es difícil valorar su desempeño, porque ellas cayeron rendidas, tomando el mando en la relación, aprovechándose para satisfacerse sexualmente, o sea no tuvieron miedo, solo exaltación.</u>

En condiciones normales, la fuerza sexual de ambos, es lo que define el género sexual de la pareja; o sea, que si la mujer es más ardiente que el hombre al momento de gestar, crea su varón; lo contrario crea la mujer si el esposo logra superarla. Lo podemos ver en los matrimonios que tienen un solo género mujer u hombre, ahí sabemos quién de ambos esposos fue más ardiente en la gestación: una mujer que se muestre "fría" tienen solo mujeres, y una mujer que se muestra "caliente" solo varones. Existen otros factores que evitan al hombre tener a su hijo varón, y es por tener éste genes bisexuales, pensando en hombre igual que su esposa al hacer el amor. Es importante que la pareja se sincere y cada uno aporte su fuerza sexual manejable, y evitar fallar en la gestación del género sexual designado. Si la mujer es ardiente por naturaleza, no tienen problemas para tener su hijo varón; el problema es manejar al esposo inteligentemente para que suba su fuerza sexual con el fin de engendrar la mujer. Para nacer mujer la madre se ayuda con simplemente masturbarse bajando su temperamento sexual antes de la relación. Vale la pena repetir, si una mujer normal o fría, desea tener un hijo varón debe seguir estos simples consejos para subir su temperamento sexual: 1ero debe dejar de masturbarse, 2do dormir sola por un mes hasta el momento de "escribir a parís"; 3ero su esposo debe dormir en otra recamara y bajar su temperamento masturbándose sin tocar a la esposa. Esto incluye a las mujeres con débil deseo sexual, igual deben abstenerse de masturbarse, y evitar tener sexo por unas 6 semanas aproximadas hasta el momento de procrear. Así ella automáticamente sube su temperamento sexual más alto que su esposo para crear varón; y mientras tanto su esposo debe bajar sus deseos mediante la masturbación y dormir en la otra recamara. ¡Ojo con esto!: no aconsejo que los maridos vayan a otro lado hacer sexo porque corren el peligro de engendrar y romper su matrimonio. Así lo hice con mi primera recomendación, y el padre aprovechó negativamente la ocasión para tener dos mujeres por no cuidarse. Sin embargo, las mujeres ardientes que solo engendran varones, para ellas es difícil engendrar mujer, y deben masturbarse, especialmente antes de procrear con su esposo descansado. De esa forma es como bajan sus números temperamentales por debajo del esposo para engendrar mujercita, valga la redundancia.

En cambio, los matrimonios con esposo bisexual es diferente, porque existe la deslealtad de la atracción de su mismo sexo para evitarle a su esposa engendrar varón. La mujer u hombre bisexual en el matrimonio, bajan por naturaleza su fuerza sexual para engendrar solo niñas. Es lógico que la mujer piense en mujer en la fecundación, y no posee opción de engendrar varón; de la misma forma el hombre bisexual piense en hombre, le evita a su mujer engendrar varón, por pensar ambos igual. En otras palabras en un matrimonio con uno o ambos bisexuales, es casi imposible engendrar varones. Excepto si la esposa es heterosexual 100%, muy altísima en temperamento sexual, pueden romper ese maleficio con el esposo bisexual; como dije antes, existe el riesgo latente del Síndrome de Hidrocefalia, porque su esposo fuertemente piensa en hombre, máxime si lo desea con fines de violación.

Cuando el autor trabajó con homosexuales en su juventud en 1969, gracias a Juanito Flores Ruiz Secretario de la STIC; estaba encargado de alimentar a los presos de Tijuana en la calle 8a y Constitución; y el autor era el encargado de sacar a los trabajadores homosexuales de su celda C-14, para que ayudaran hacer la comida de los presos, aunado a la limpieza de cocina, etc. Entre muchas cosas, me contaban historias de sus sueños de tener hijos varones para dedicarse a ellos toda la vida con otros propósitos, contándome cómo por su propia naturaleza nacieron homosexuales. Como encargado de la venta de sodas, cafés y comida, ahí sentado en mi caja registradora, escribí por un año muchas notas para mi 1er libro que escribía en ese tiempo. Y posteriormente me sirvieron para conocer mejor a los Homosexuales auténticos sin pene para introducir; y bisexuales con adicción a la penetración masculina y viceversa. Todos los afeminados pasaban a la comisaria que estaba frente a la cocina de la cárcel municipal donde trabajaba el autor en horas de la madrugada, muchos de ellos exhibiendo pechos de mujer y pene, cuando eran trasladados a su celda C14.

Algunos homosexuales me contaban historias cómo muchos bisexuales pedófilos, buscan mujer primeriza para casarse y engendrar maliciosamente un hijo para violarlo desde pequeño. Los bisexuales ignoran que regularmente no pueden engendrar varón, por lo que luego dejan olvidada a la madre cuando nace niña. Sin embargo, he constatado que el bisexual es listo para buscar mujeres jóvenes entre los 15 y 18, para atraerla con fines de engendrar un hijo varón y hacer matrimonio con ellas; porque sabe que son vírgenes y fáciles de conquistar. Incluso ya como parejas contratan un heterosexual para que haga sexo con su esposa tratando de engendrar varón, y al conseguirlo ese pobre niño sufrirá las consecuencias. Sin embargo, la mujer que se presta para ello, debe violar las normas de familia y actuar negativamente, para ser atraída por un bisexual, y darle un hijo con problemas físicos y deformación. Nadie tiene lo que no merece; ninguna madre tiene a su hijo deformado sin merecerlo; las E.R.C.U. le dan a cada mujer lo que merece por sus acciones.

Repito, este fenómeno se da con la aprobación de la mujer temporalmente en estado negativo; es obvio que ignora que está siendo acosada por un hombre bisexual para engendrarle un hijo con fines perversos. Afortunadamente la humanidad nos ofrece todas las formas negativas, de bisexuales con interés mezquino, buscando mujeres para engendrarlas con esos fines; especialmente si busca engendrar un hijo para violarlo.

La descomposición sexual del matrimonio lo hace el bisexual hombre, deseando su mismo sexo al momento de gestar a su esposa, destruyendo sus deseos de tener un hijo varón. No es normal que un hombre con pasado enfermo, pueda atraer una mujer viviendo en armonía, mucho menos para engendrar sus hijos; ella debe estar en estado negativo para que se den los resultados.

Toda mujer heterosexual sin influencia negativa, normalmente es atraída por su hombre de su misma altura de pensamiento, para engendrar sus hijos sin problemas. Por eso es importante la unión de pareja en armonía, para que la mujer engendre en su vientre a la rama de apellido de su esposo esperando renacer; muy diferente de la rama de apellido de su padre que la trajo al mundo. Esto es importante, porque la mujer debe conocer cómo será su esposo mediante el noviazgo, y se den los resultados esperados; así, sabe las consecuencias y aceptar su merecimiento. En la conquista del hombre, transmite su condición de quien será su esposa, para que ambas energías como contrayentes, determinen las guías con la llegada de sus hijos. Así se define el mejor arte de vida, promovida por el hombre con su pensamiento y el nacimiento de sus hijos, para continuar su trabajo de reformación y transformación con la ayuda de su esposa.

Vemos que existen malévolos bisexuales buscando una mujer heterosexual, con el propósito de engendrar a su hijo con malas intenciones. Ignoran los bisexuales lo difícil que es engendrarlo por las razones expuestas; aunque a veces lo logran por el alto temperamento de su esposa heterosexual, a quien han conquistado para propósitos malévolos. La teoría básica que sustenta la deformación del bebé con este síndrome, es por la intención del padre bisexual de engendrarlo con mente malévola, e impregnarlo en su semen en la concepción pensando en hombre, en vez de mujer –valga la redundancia. O sea es un fenómeno de mente maniática de un padre adicto bisexual, para que su hijo nazca deformado del cerebro con

Síndrome de Hidrocefalia al desear y pensar en hombre al tiempo de engendrar.

En esta investigación de enfermos de Síndrome de Hidrocefalia, el autor lo hizo por mera casualidad, a raíz de dos matrimonios que llegaron a vivir cercas de su casa, ambos hijos con ese Síndrome, de 10 y 1 año; y ambos padres eran bisexuales. El padre del niño de 10 años seguía con él cuidándolo; pero el de 1 año lo había abandonado recientemente, poniendo en peligro su vida por no tener al padre responsable, y podría vivir un ciclo de 7 años. Y en efecto así fue, muriendo ese niño a los seis. Veía algo extraño en estas familias, obligando al autor a buscar en otros matrimonios con este síndrome; deseando saber si estos niños no eran una coincidencia de ser hijos de un bisexual. Fue así que gracias a la esposa del autor, trabajando en un hospital de Los Ángeles CA, así como en otros lugares buscando matrimonios con hijos con el mismo Síndrome; comprobó increíblemente que también su respectivo padre era Bisexual. Ahí comenzó su investigación en la guía que usan los bisexuales para engendrar con intenciones de pedofilia. Fueron años de investigación en varios lugares, comprobando que no había duda que los bisexuales adictos engendran hijos con este Síndrome, hijos de una madre 100% heterosexual. Estudios que pone en estos libros para que la Ciencia tome cartas en el asunto. Estos descubrimientos los hizo el autor estando en este camino de investigación, después del milagro de salvarle su vida los extraterrestres, para investigar el origen del hombre.

Es fácil reconocer un Adicto Bisexual, y supongo que también lo es para otros especializados en psicología y almas adultas; pues lo refleja su cara y sus ojos por la persistencia de ver a los hombres desde su vida anterior. Deseo repetir, que mirar a los hombres continuamente deseándolo tener, es lo que propicia la transformación de ojos femeninos al hombre bisexual. El actuar viendo persistentemente los hombres, transforma su rostro y ojos como una mujer; y son fácilmente reconocidos como bisexuales adictos. Es desagradable ver a muchos Bisexuales buscando mujeres ingenuas para engendrarlas, con la ilusión de tener un hijo para violarlo desde pequeño; aunque todos ignoran que no pueden engendrar varón, solo niñas. Cuando no consiguen engendrarlo, las abandonan buscando otras víctimas; pues al chocar ambos sus deseos de hombre a la hora de engendrar; regularmente solo tienen niñas. Algunos se han dado cuenta de ello, y para colmo, existen bisexuales inhumanos permitiendo a su esposa sea engendrada por otro hombre para engendrar su varón. Regularmente los matrimonios han engendrado al azar; según las condiciones creadas accidentalmente en su momento, y configurar cada pareja su fuerza sexual al momento de fecundar el sexo de su hijo. Por ejemplo, una de mis lectoras que tuvo 4 hijos varones y una hija; me explicó, que estaba de acuerdo con mis teorías, al relatarme que si su esposo no hubiera tenido sexo con ella estando ebria, nunca hubiese engendrado a su única hija por ser muy temperamental. Así es como todos han realizado la gestación de sus hijos conforme las circunstancias, y en forma inconsciente a la hora de gestar, uno es más fuerte sexualmente para engendrar su hijo o hija. Ahora con el descubrimiento de cómo manipular la formación del género sexual de sus hijos; deben saber, que al engendrar varón, es también requerido traer al mundo a su mitad alma mujer. Regularmente deben nacer de la misma madre; sino es así por designios de la mujer ardiente; entonces la niña nacerá en su misma rama de apellido, para que reciba el hombre protección extra en su crecimiento.

Todo hombre vive de acuerdo a su individualidad trazada por él mismo con formación y pensamiento de su vida anterior; y mediante el formato actual de su cuerpo, es como le muestran los males que debe restaurar.

CAPITULO XII

CARACTERISTICAS DEL ADICTO BISEXUAL

Una mujer 100% heterosexual nunca tratará igualarse al hombre por poseer la grandiosidad de ser madre de la humanidad, creada para hacer todo lo que el hombre nunca podrá hacer. Los hombres adictos bisexuales se han encargado de contagiar bisexualmente a su mitad alma mujer CP-AMujer, por más de dos vidas consecutivas, arrebatándole parcialmente su feminidad a cambio de masculinidad que detesta. Es la razón de poseer su fuerza masculina impregnada por su mitad alma hombre, cual intercambia arbitrariamente por su feminidad tratando de ser mujer. Por eso la mujer nacida bisexual adquiere fuerza masculina en esta vida, con deseos de combatir al hombre en todo lo que hace por esa corrupción ajena que hizo su mitad alma CP-AHombre.

La bisexualidad acaba con la heterosexualidad, peor que un criminal para terminar con la Creación humana, al transformar su origen masculino convertido en mujer sin dejar su cuerpo hombre. Al nacer convertido en M.C.H. homosexual, en un mínimo de 3 vidas consecutivas de corrupción bisexual, destruirá su alma en el fuego del centro de la tierra sino renuncia antes de su muerte. Toda alma individual viene con dos géneros masculino y femenino, nacidos regularmente de la misma madre o en su misma rama de apellido, necesarios ambos para que todo hombre configure su heterosexualidad al regresar a la vida. La labor del alma-hombre es cuidar a su mitad alma femenina, con su responsabilidad de guiarse heterosexualmente y proteger la formación de ambos; dejándole intacta su feminidad.

La cobardía del hombre de convertirse mujer, es por arrancar a su mitad alma mujer su feminidad para lograrlo, dejándole a cambio la masculinidad que detesta. O sea convierte en lésbica a su mitad alma mujer con su masculinidad intercambiada; y él se convierte homosexual con la feminidad arrancada al final de corrupción. La bisexualidad del hombre merma su capacidad de engendrar varones, por la errónea guía mental de pensar en hombre igual que su esposa al momento de engendrar su hijo. De esa forma los hombres se van reduciendo en el mundo por la adicción de su mismo sexo, hasta reducir en algunos lugares la humanidad por este flagelo. Afortunadamente las destrucciones se adelantan en su desenlace bisexual, con los terremotos motivados por la secuencia de los destructores de la humanidad. Además de la negatividad que ejerce la humanidad para atraer los meteoritos del espacio que cruzan la tierra desde siempre para estrellarse en ella. La humanidad es la fuerza de Dios mediante sus almas ejerciendo su derecho a existir mediante su experiencia y libre albedrio, aumentando su capacidad almática de poblar los planetas del Universo con seres humanos.

El 30% aproximado de la humanidad masculina es heterosexual 100-00% de hormonas Masculinas-Femeninas respectivamente; el resto comienza su desajuste a partir de 100 hasta 80-20%. Sigue el bisexual hasta 50-50%; después adicto bisexual hasta el 20-80%; y por último homosexual nace 00-100%, es cuando termina de arrancar toda la feminidad a su mitad alma mujer, dejándole su masculinidad a cambio. En esa forma corrupta, el hombre enfermo bisexual termina transformándose homosexual M.C.H., al mismo tiempo convierte a su mitad alma mujer en Lésbica H.C.M.

El hombre que cumple su responsabilidad de mantener intacta su heterosexualidad, automáticamente lo refleja su mitad alma-mujer manteniéndose bella con su feminidad intacta para engendrar sus hijos sin genes bisexuales. La mujer bisexual sufre erradicación de su feminidad, por causa del hombre adicto bisexual intentando ser mujer, haciendo sexo con hombres.

Y de esa forma corrupta, es como el hombre intercambia su masculinidad por la feminidad de su CP-AMujer; convirtiéndola en lésbica H.C.M. y él en homosexual M.C.H. Corrupción que experimenta un mínimo de 3 vidas haciendo sexo con su mismo sexo, contagiando a su mitad CP-AMujer con la masculinidad que intercambia corruptamente por su feminidad.

Los nacidos homosexuales son escasos; destruyen su alma después de su muerte en su última oportunidad de vida al no renunciar a su flagelo; nunca más regresan al mundo como lo hacemos todos. O sea, los nacidos homosexuales sus almas no regresan a la tierra como lo hacemos todos, al arder su alma por siempre en el centro del planeta. Terminan su ciclo de corrupción, después de vivir en adicción bisexual por un mínimo de 3 vidas motivado en la conquista de penes masculinos para sentirse mujer. El hombre bisexual ocupa en cada etapa toda una vida en adicción; y los más adictos apresuran su transformación corrompiendo dos etapas en una sola vida, reflejándolo su cara y sus ojos por ver persistentemente los hombres.

La formación bisexual del hombre cambia su origen heterosexual, a partir de 100-00% de masculinidad y cero feminidad, hasta poner los números a la inversa 00-100%, al terminar con su masculinidad en un mínimo de 3 y más vidas con su mismo sexo, dependiendo de su continuidad. Los bisexuales contagiados continúan hasta la fecha aumentando su volumen de adicción, mediante la conquista de traseros masculinos, perdiendo cada vez más masculinidad hasta su muerte. Poseen una motivación increíble durante toda su vida, intercambiando la masculinidad que detesta, a cambio de la feminidad que arranca miserablemente a su mitad CP-AMujer, para convertirse homosexual M.C.H. Y por este fenómeno bisexual, la producción sexual en general mujer-hombre, cambian negativamente sus formas de conducción en la sociedad, hasta envolver al Congreso de sus países para legislar; permitiendo el matrimonio de su mismo sexo y la adopción de niños y ejercer su pedofilia.

Que se puede esperar de la humanidad, cuando niños inocentes son entregados injustamente a matrimonios bisexuales, la mayoría con pedofilia; viendo cómo las autoridades son culpables de estas violaciones al permitir la entrega de niños huérfanos. Autoridad corrupta o ingenua, ignorando que las parejas pedófilas, esperan que la cavidad del niño crezca para violarlo; y es obvio pensar que el niño duerme con ellos, y poco a poco le van agrandando su ano con otros artefactos pequeños hasta el momento de la violación. Lamentablemente su pedofilia aunada a la drogadicción o alcoholismo, son un cóctel de muerte para olvidarse del dolor y sufrimiento del niño al momento de la penetración. Recalco, La pedofilia la ejercen algunas parejas bisexuales, quienes poseen la oportunidad de adoptar niños, experimentando con ellos toda la podredumbre de sus mentes.

Sexualmente la humanidad define Positivo al Hombre con pene, y Negativo al útero de la Mujer; mágica vagina para recibir el milagroso semen de la Creación en la formación del nuevo ser; dando vida a la Humanidad. Increíble cómo la sociedad en general ha manejado hasta hoy al azar, las circunstancias de procreación del género sexual de sus hijos; aunado al peor cáncer bisexual para terminar con la Creación Humana. Por fortuna los enfermos bisexuales tendrán acceso a la información que este libro revela sobre este cáncer bisexual de los adictos; para que empiece a erradicar su flagelo. La mente dirigida por su alma, fundamental en la vida del hombre, con la fuerza milenaria para cambiarlo todo, por donde fluye la experiencia almática de su mismo Yo, con la experiencia de más de 81,000 años transformando su derredor.

POSITIVO NEGATIVO EN LAS GUIAS DE LA HUMANIDAD

Es triste saber, cómo la mayoría de musulmanes abriéndose paso en los lugares donde deciden inmigrar, son países Cristianos del 1er Mundo, para respetarlos y no traten violentamente de cambiar. Muchos de sus niños ya poseen el F.A impregnado, para generar violencia cuando llegan adultos, por su adoctrinamiento de matar infieles, educados en su religión como la única que debe imperar en todo el mundo. Y por este Fenómeno crean violencia en sus pueblos forzando a su gente inmigrar a Europa y proseguir su doctrina.

Por desgracia muchos dirigentes europeos no lo ven de esa forma, y continúan permitiendo destruir sus propios lugares que hicieron con esfuerzo sus fundadores. Existen los buenos musulmanes que salen huyendo de sus países provocados por las mafias terroristas que desean destruir a Israel y Occidente; y en esa huida se cuelan muchos hombres con el F.A. impregnado, entrenados para la guerrilla. Es notorio y se palpa el trabajo minucioso de la negatividad islámica desatando violencia con su mismo pueblo, para que su gente salga huyendo hacia Europa a proseguir su doctrina; y ahí se aprovechan para llevar guerrilleros entrenados donde son admitidos. Desde luego ignoran que en su huida, alguno de sus hijos aún pequeños, podrían poseer en sus genes el F.A., por vivir más de tres generaciones con Teocracia islámica. Misma que podrían activar en su juventud para inducirlos a matar donde deseen inmigrar.

Todos ignoran que la Vida requiere para salir adelante, los aliados Positivos y Negativos haciendo su trabajo en libertad, y al final del Ciclo, cada dualidad muestra con hechos salir adelante. El Bien ya se ha revelado que proviene del Cristianismo fundado por judíos; y El Mal proviene de los enemigos de Israel que renunciaron a su estirpe para crear el Islam 700 años después del mismo. Por ello ambas fuerzas Bien y Mal, no saben ellas mismas que lo son, porque usan al mismo Dios para destruirse. Sin embargo, sus propias acciones revelan la dualidad que ejercen negativamente sintiendo en sus genes los deseos de destruir. Los países del 1er Mundo que hizo la Cristiandad, deben elaborar una guía de conducta que proteja sus orígenes, y evitar entrada de extremistas islámicos encubiertos, siguiendo su doctrina para asesinar en el momento apropiado. De esa forma se educa a la inmigración para respetar la formación cristiana del país que han elegido para vivir. Especialmente los que han vivido por más de 3 generaciones en la Teocracia, son quienes poseen la descendencia con hijos con F.A. impregnado. El hombre es y siempre será un generador de energías negativas y positivas, para transformar todo lo que desee su voluntad y pensamiento; atrayendo su origen de polaridad de su derredor. La mente, es un órgano poderoso que usa al alma del hombre para dirigir su cuerpo, y transformar los cambios en otra oportunidad de existencia.

Desde la creación Cristiana por los judíos hace más de 2000 años, emergió como una guía educativa para reformar positivamente la humanidad, que venía de vivir en la barbarie de la Edad media. 700 años después, surge la arremetida de la dualidad Negativa de los descendientes exjudíos que renunciaron al judaísmo odiando a Israel; y en vez de proseguir la formación original positiva; formaron otra religión para educar a su pueblo. Con este proceso importante, se consolidan las dos polaridades que debe tener la humanidad positiva-negativa, para atraer la misma dualidad del mundo hasta el final del Ciclo, tanto en filosofía como religión.

Es extraordinario cómo todo se va formando naturalmente, desde que Dios eligió a los Judíos encargados de la Tierra creando el Cristianismo como guía Positiva; y renunciantes judíos enemigos de Israel creando el Islam como guía Negativa. Increíble cómo ambas religiones educativas hechas por los judíos aparecieron en ambas dualidades, para consolidar su formación. Han transcurrido 2,000 años desde la Cristiandad, y vemos que la humanidad no ha percibido que el Bien y Mal, cada grupo hizo sus propia religión y filosofía para atrapar al hombre de su misma dualidad. La base importante en toda formación individual hombre-mujer, se basa en el generador de sus acciones dirigiendo su destino por la fuerza que ejerce mediante su Relatividad Mental. Así, ha moldeado el hombre milenariamente su físico y carácter personalidad, por la actitud de su vida anterior; todos con otra oportunidad de vida y reformarse para continuar ascendiendo.

Repito, nuestro mundo lo impregnan las E.R.C.U., y solamente la mente del hombre puede activar sus energías con su actitud y pensamiento para lograr la formación que merece. Sus acciones están fielmente reguladas por la genética de armonía o desarmonía que codifica su formación previa, y es mediante la experiencia positiva que ejerce, para tener buenos resultados. La humanidad pasa desapercibida que su cuerpo obtenido en su nacimiento, es la única prueba que posee para saber cómo actuaba en su vida anterior, y poder entender la reformación que debe hacer. Se acabó el tiempo de los creyentes ingenuos, que recibían lo malo por mala suerte o por castigo de Dios; ignoran que toda persona es causante directa de sus desgracias. Nadie nace en cuerpo equivocado, su actual físico que dirige su alma-hombre, es la transformación relativa de su mente, para renacer como ordenó su mente en su vida anterior transformando sus guías. Todas las almas encajan perfectamente al penetrar con su 1er aliento de vida; pero antes identifican al feto que merece tener para impregnarle su formación anterior.

Ahora podemos ver dónde y por qué, se formaron los pueblos con prosperidad y modernidad, por la armonía de su gente viviendo sin corrupción; así como los lugares de pobreza y hambruna de este mundo por vivir mal. La base principal de la vida la define la formación mental del hombre, definiendo la conducción de su vida en armonía o desarmonía en cada lugar de su hábitat, cumpliendo su parte para modificar su lugar de nacimiento. Cuando la humanidad lo comprenda, viviremos en una paz envidiable con la unión de todos los países, buscando la superación para pertenecer al Alma Universal y ayudar a emancipar el Universo. El hombre es un dios pequeño produciendo lo que sabe hacer, empeñado en ser mejor para lucrar con sus conocimientos, contagiando a todos su desarrollo en beneficio de su sociedad. Vemos que el progreso de la humanidad lo realiza su ego personal, creando con su pensamiento los cambios mediante la dirección de su alma, transformando nuestro mundo hasta el día de hoy. Todo hombre posee mucha experiencia sin ejercer correctamente; manteniendo inactivas sus posibilidades de crecer, para evitar volver a fraccionar su alma e intelecto. Ahora fácilmente comprende, que sus acciones son la base principal de su formación y destino, para que evite pasarse de listo tratando de hacer el mal a otros, abusando de su comprensión.

En los últimos 2,000 años, la humanidad se benefició mucho con la educación Católica-Cristiana; sus almas adultas formaron el 1er Mundo al apartarse del clero Católico por no estar de acuerdo en la traducción de la Biblia. Desde luego ignoraron, que la iglesia original daba énfasis a la creación de imágenes santas aprobadas por el Concilio Vaticano, necesarias para educar las almas infantiles acostumbradas a los sacrificios humanos. Usaron la astucia apropiadamente con las apariciones, con el fin de educar las almas infantiles viviendo el salvajismo de la Edad Media. Así se educaron todas las almas formando los Mundos 1ero, 2do, 3ero y 4to con su respectiva creencia; incluyendo aulas con hambruna para ricos y políticos robando al pueblo en su vida anterior. Por la negativa experiencia del trueque se creó la moneda, para recompensar el esfuerzo de los trabajadores con mejor incentivo para motivar su crecimiento. Así nació la idea de las fábricas de productos de consumo; cada pueblo aportando la prima y esfuerzo para motivar su comercio, y como atractivo principal la fuerza del trabajo para lograr sus objetivos. Con esta guía de prosperidad, la libertad de los países fue su mayor logro creando la mejor guía hasta hoy con el Capitalismo; rápidamente surgiendo los mejores intelectos del mundo y la mejor tecnología. Viviendo en libertad, sobresalieron las almas adultas para hacer el 1er Mundo, motivando a su pueblo alcanzar sus más caros anhelos, expandiendo la nueva guía del comercio global. Así ha sido el progreso de las naciones escalando su prosperidad, mediante su trabajo y estudio, y por los bienes adquiridos por su poder adquisitivo. La experiencia nos ilustró, cómo los actores de ambas dualidades Bien y Mal, son cruciales en la formación del alma mediante su guía de formación, para motivarlo a continuar creciendo o sumirlo en la desgracia.

La Gran Energía desea que sus almas vivan en libertad, única forma que adquiere poder para dirigir su cuerpo-hombre mediante su libre albedrio; motivado en su mejor guía de formación. Con más de 2000 años de educación Cristiana, fue un excelente tiempo de reformación, tratando de regenerar al hombre venido de la Edad Media, guiándolo por el camino del bien hasta el final del ciclo pasado. Los Maestros sabían que el hombre no entendería su inmortalidad, mucho menos el peor cáncer bisexual destruyendo silenciosamente la humanidad. En otras palabras sin el Anticristo hubiese continuado la homosexualidad intocable, mirándole con mucho respeto crecer el más destructivo cáncer de la humanidad. Al pasar la prueba la humanidad al final del ciclo en Diciembre 22 de 2012; el hombre tuvo su recompensa de vivir 1000 años extra para rectificar sus guías; y recibir una a una en su renacimiento las fracciones de su alma que perdió en el pasado[13]. La simple forma de educar al hombre, por fortuna ha estado centrada en la motivación al trabajo, como medio de sustento para subsistir y mantener a su familia, produciendo con su esfuerzo en faenas de limpieza, como obrero en producción. La importancia de motivarlos al trabajo para sacarlos de la haraganería, y mediante su salario motivarlos en la compra de sus deseos para mantenerlos siempre ocupados. De esa forma el hombre aprovecha su basta fuerza de transformación que posee por naturaleza, y sacar a sus lugares de la pobreza en que viven por falta de motivaciones.

Gracias a la experiencia de su alma milenaria, es como el hombre posee poder de transformación para beneficiarse él mismo, su familia y su país; por la aptitud de copiar la destreza de otros actores con mejores ideas. Esa ha sido su peculiaridad de imitar lo que ve, y agregue los extras de su experiencia para fortalecer su mente; y con este formato de producción, es como llega otro a configurar su idea original con mejores resultados. Y por este fenómeno, nunca me cansaré repetir la grandeza de la cristiandad Católica Romana, lo fundamental que fue para dirigir a sus fieles con armonía y moral, incluyendo el más importante simbolismo de "Cristo Jesús".

Repito, la mayoría ignora que su YO individual lo representa su alma, encargada de dirigir su cuerpo que usa en cada renacimiento por todo su ciclo grabando sus experiencias. Y cada vez renaciendo con mejor experiencia, la continuación de sus logros obtenidos por las grabaciones de su alma, recordándole su aptitud en su crecimiento. Por eso debe evitar fraccionar su alma actuando negativamente más de la mitad de su vida, dividiría su intelecto haciendo su alma más pequeña con menos comprensión. Nunca olvidar que su alma se creó en los 3 reinos Mineral, Vegetal y Animal; esta última con la experiencia de admisión para renacerlo en el hombre, por el intenso trabajo que hizo de cuidar sus retoños buscando comida. Empero ahora habitando en el hombre, aparece la misma motivación de buscar su propia comida, pero ahora mediante su razonamiento, con

---

[13]   .- La partición almática que regresa al alma del hombre, aumenta su energía almática e intelecto, son la prueba de fuego para dirigir ambas en una sola dirección.

cambios individuales mediante su trabajo de miles de años para tener una vida mejor. Después del ciclo de 81,000 años experimentando sus guías; marcó el final de educación almática, y confrontar su experiencia con mil años de prueba concedidos por la Deidad para cambiar su dirección.

La fuerza de Dios impregnada en todos los espacios del planeta, mediante las E.R.C.U., es la energía que el Hombre necesita con su libre albedrio, para transformarlo todo con su pensamiento. De esa forma Dios no mete sus manos directamente en la tierra; le da al hombre todo el poder para transformar su formación mediante su experiencia y obtenga su merecimiento. Así, al responsabilizarse de su cuerpo obtenido en su nacimiento, tiene otra oportunidad de vida, sabiendo que su alma lo dirige con su mejor pensamiento hasta su muerte. Se terminó la ignorancia del hombre creyendo que sus malestares y enfermedades, accidentes, incluso la muerte temprana, provenían de la casualidad. Se acabó el tiempo de la ingenuidad humana viviendo sin responsabilidad; dándole poder a la continuidad ignorante del simbolismo cristiano cometiendo los mismos errores. Claramente la humanidad se refleja en los escenarios de la Vida, como el mejor formato creado por el hombre mismo, para experimentar su alma dirigiendo su cuerpo, con su mejor pensamiento como hijo de Dios.

Sus bendiciones recibidas se palpan por el buen estado físico de su nacimiento, con la familia amorosa que lo engendró gracias al buen trabajo de su vida anterior. El tesoro más apreciado del hombre sin duda es la vida misma, que adquiere para explotarla positivamente usando su libre albedrio y pensamiento para vivir mejor, y continuar el desarrollo de su familia y derredor.

Ahora comprenderán por qué nacen tantos deformados en el mundo, sin extremidades, ciegos, etc.; nadie, ni la Ciencia ha podido comprender su deformación. El autor, al descubrir estos fenómenos, quedó estupefacto y perplejo ver la transformación mediante Psicología Tridimensional, enterándose cómo vivía su en su vida anterior.

Al convivir con las personas, automáticamente la energía de atracción que poseen, atraen a su misma fuerza para para consolidar las ideas que buscan desarrollar.

CAPITULO XIII

ISRAEL Y LOS JUDÍOS

Los Maestros extraterrestres escogieron al pueblo de Israel, cómo guiar al mundo; por ser los grupos que mantenían su alma con menos particiones, los más altos índices de inteligencia del resto del mundo para recibir sus mensajes. Es improbable; pero si desapareciese Israel, sería una señal de fracaso de sus guías y nuestro mundo también desaparecería. Estamos supeditados a ellos por orden de Dios; y su presencia es fundamental para continuar resolviendo los problemas que padece el hombre en esta Tierra. La ausencia de Israel equivale a la destrucción total del planeta; es la guía Positiva que posee la humanidad, para impedir que la negatividad de sus enemigos dirija a su gente para destruirnos. Cabe mencionar, que los renunciantes judíos al apartarse del Judaísmo para crear otra religión, sin pensar crearon la dualidad Negativa que no existía, para recibir integrantes de su misma formación; 700 años después que los judíos fundaron la educación Cristiana.

Fue una perfecta movida de ajedrez para crear el Islam después de formar el cristianismo por los judíos; adoctrinando su pueblo contra Israel para destruirlo. Inconscientemente la descendencia de judíos renunciantes, daban un paso importante para que la humanidad tuviera la dualidad Negativa en religión que no existía y recibir a los destructores de Israel en los próximos 2,000 años que faltaban del Ciclo de la humanidad.

La obra judía siempre ha sido perpetua, porque así ha sido la honra que Dios le dio para educar la humanidad y lograra pasar la prueba, en el final de Ciclo de 2012 recién terminado. El mundo pasa desapercibido por egoísmo, la admiración que sienten muchos con el pueblo de Israel, por tener las almas más adultas del planeta; con las guías de prosperidad que debe tener el mundo ascendente. El mundo ignora la grandeza de los judíos gracias a su alma, por mantenerse con menos particiones durante este ciclo milenario; la comprensión más alta como personas adultas con gran intelecto.

Siempre ha sido el trabajo de los Maestros que cuidan los planetas habitables del Universo, buscar gente con más alto intelecto para trabajar con ellos, como lo hicieron con los judíos en esta Tierra para educar al mundo. O sea, desde la pasada experiencia del éxodo Atlante donde vivía el pueblo de Israel; lugar donde Noé construía su Arca para salvar al mundo de la destrucción que se aproximaba. Israel ha sido el pueblo escogido de Dios para guiar la humanidad; y es obvio que de ellos debía emanar las dos polaridades Negativa-Positiva, para ejercer sus propios usos y costumbres, educando a su gente en su respectiva dualidad. La positiva para emancipar todos los pueblos de la tierra con libre adoctrinamiento cristiano y capitalismo, y la negativa para destruirla mediante el Comunismo, Dictadura y Teocracia islámica por obstruir la mente de su pueblo.

La humanidad después de 81,000 años del presente ciclo, posee 2 opciones: Pertenecer al Creador para expandir el Universo; o convertir su alma en combustible para destruir el mundo. Aunque esto por ahora es imposible que suceda, gracias a la intervención del Anticristo que menciona la Biblia, al obtener con su ayuda 1000 años extras, para cambiar el mundo de mentiras que vivía la humanidad. El alma del hombre es como una computadora, guarda toda la experiencia que ejerce milenariamente en esta vida y las anteriores, para utilizarla positivamente con nuevas ideas en el siguiente nacimiento. La prueba la ofreció el 1er Mundo hasta el final del Ciclo, gracias a sus almas adultas, dando el buen ejemplo al resto de los pueblos para trabajar positivamente en su sociedad.

Con este ciclo obtenido de mil años el pasado 2012 comenzó el cambio; el hombre nunca debe olvidar que Dios Padre, antes que la humanidad existiera capacitó primero sus energías almáticas en los 3 Reinos de la naturaleza. Energéticamente educadas para abordar el cuerpo del hombre, y proseguir su entrenamiento dirigiéndolo vida tras vida, capacitando su alma mediante el proceso mental de su cuerpo con Relatividad. Al abordar su alma Positiva a su cuerpo Negativo en su nacimiento, se juntan ambos polos para transferir su formación genética, fluyendo sus energías mediante relatividad mental. Dios hizo al hombre como su Hijo, para que su alma recibiera entrenamiento, y experimentar la oportunidad de ser dios pequeño en esta tierra para transformar su propio mundo positivamente mediante su mente.

La inmensa mayoría ignora que todos hemos vivido en las tres razas del planeta, Blanca, Negra y Amarilla, como aulas de clase experimentando sus costumbres en todas las etnias para capacitar las almas. Cada grupo posee sus propios números que generan sus acciones, regulados por su formación almática en ejercicio, para dirigir su renacimiento en los lugares de su misma formación.

Sus almas se rigen por su fuerza de atracción, para nacer donde sus acciones fueron capaces de llevarlo a los lugares designados por su voluntad. Es difícil comprender, cómo el Hombre individual con su mismo Yo personal desde hace más de 81,000 años de este ciclo, ha vivido en todas las razas del planeta y sus afluentes, para capacitar su alma. Mediante sus acciones, es como el hombre construye sus aulas de clase necesarias para renacerlo en los lugares designados, conforme sus formas de vida realizadas en su vida. Es obvio comprender, la capacidad de transformación que el hombre posee, simplemente usando su prodigiosa mente.

Los mensajes originales que percibieron los profetas judíos para escribir la Biblia en tiempos de barbarie; los enviaron en alegorías para que el hombre no se destruyera a sí mismo al saber su origen inmortal. La partición del alma fue básica y necesaria en la educación de la humanidad, configurando su respectivo C.P.V. y renacimiento, mediante su descendencia que nunca cambia por su ciclo milenario. La inmensa mayoría ha fraccionado su alma por ignorancia evitando comprender su inmortalidad, dividiendo su comprensión con otra individualidad para vivir en su respectivo C.P.V. Los Maestros sabían que la mayoría fragmentaría su alma en cada tiempo de vida, para olvidarlo todo en 2 formas: utilizando menos del 50% de su capacidad mental de su alma, o negativamente actuando más del 50% de su vida; es como parte su alma con otra individualidad.

Ahora entendemos la razón de los Maestros de crear el bello simbolismo del Cristo-Jesús en alusión al hombre, en la educación cristiana; y pudiera perdurar hasta el final de ciclo en el 2012. Intencionalmente programaron al hombre nacer limpio de pecado mediante simbolismos de inmortalidad, para que paulatinamente pudiese asimilar la experiencia de su pasado para sentirse bien. La educación de la humanidad, fue bien planeada para educar por 1era vez al hombre, con la intención de tener una vida positiva viviendo en armonía; y subsanar poco a poco sus males que recibía de nacimiento, producidos en su vida anterior.

La educación Cristiana fue dictada intencionalmente por los Maestros E.T., y asegurar la estabilidad de los nuevos educados que venían de vivir en la barbarie de la edad media. Tampoco le informaron que el hombre es un dios pequeño, para que no se auto-destruyera y pudiera llegar salvo al final de Ciclo en 2012. Por ello crearon múltiples imágenes para ayudar a las etnias a salir de los sacrificios humanos, y usaran su mente a través de ellas para sanarse ellos mismos y familia. Las imágenes se convirtieron milagrosas por los miles y millones de creyentes que depositaron su energía en determinada figura, y auto sanarse mediante la fe de sus creyentes. Fue una gran labor que hicieron los Maestros mediante sus profetas, para que la Iglesia Católica fuese formada para educar a las almas infantiles que componían la mayoría de la humanidad.

Por ello surgió la separación de los protestantes cristianos, por su intelecto desarrollado al crear su propia guía y dirección como 1er Mundo. En efecto, la verdad fue escrita en simbolismos en la Biblia para que sus adoctrinados pudiesen interpretarla poco a poco conforme obtenían experiencia. La Biblia mencionó al Anticristo, ignorando que entraría en acción para revelar los simbolismos en ella escritos, además del cáncer bisexual y salvar al hombre de su destrucción a finales de 2012.

Ahora se puede apreciar quienes cumplieron con la cristiandad, exhibiéndose como almas adultas para crear el 1er Mundo viviendo en libertad; y así lo hizo el resto menos inteligente con el 2do, 3ero y 4to Mundo. La fachada de sus países, fue la configuración exacta del pensamiento de su pueblo, comprobando que las energías almáticas no se equivocan; guardan fielmente sus hechos vividos en su vida anterior, y ejercerlos en su presente nacimiento.

Actualmente podemos ver los países del Primer Mundo de almas adultas; así como las almas menores viviendo en el 3ero y 4to Mundo, y lugares viviendo la hambruna. Este fenómeno se evaluaría hasta final del ciclo en el 2012 por el mensajero predestinado, y comprender; cómo se formó la humanidad mediante su experiencia como parte de su trabajo. Antes de la educación cristiana, la humanidad aproximadamente tenía 79,000 años de este ciclo viviendo sin guía, cada cual experimentando mediante sus acciones cómo se produce el cambio. Con la programación de la humanidad dictada a los profetas para crear la Cristiandad, fue la mejor estrategia para comprobar; cómo se produce la diferencia de edad en las almas, fraccionándolas por ignorancia. Con este fenómeno de clasificación intelectual, aunada a la programación de sus países, se preparaba el terreno para que apareciera el Anticristo con sus revelaciones antes de finalizar el ciclo en Diciembre de 2012. Y en efecto, fueron varios los nacidos el mismo día en todo el mundo, para que los Maestros eligieran al indicado por su marca en su espalda izquierda, después de cumplir como hombre sus labores de padre de familia. Debían nacer también en la última generación del Ciclo de almas de los 1940s; y con la ayuda de los maestros, el elegido se encargaría de interpretar la Biblia y revelar todo lo que destruía la humanidad.

Los indicados nacerán el mismo día de "San Camilo de Lelis" Encaminador de Almas. Y tendrían en su nacimiento, un lunar en su espalda izquierda que serviría como chip, a fin de detectar al elegido, para cuidarlo y dirigirlo; el mismo identificado por la rotación-traslación del planeta. Por eso los profetas escribieron el hermoso simbolismo de Cristo-Jesús, dejando casi descubierto el origen inmortal del hombre y su don de dios pequeño que posee por naturaleza, incluso tener esposa e hijos antes de sus 33.

Recalco, la Biblia siempre ha tenido toda la información esotérica, mística y científica del origen del hombre escrita en símbolos y alegorías, y por obvias razones la humanidad no pudo interpretar. Pero mucho antes, los extraterrestres se encargarían de buscar la sociedad apropiada para dirigir al mundo; preparando el terreno de los nacidos en la última generación de 1940s.

Los Mensajeros de Dios encontraron al pueblo judío, Israel, mediante Noé hace más de 7000 años; formidable gente para confiar en ellos y darles las guías en la educación de las almas de este planeta. Los judíos se ganaron ese privilegio por respetar la libertad de su gente, y poseían la técnica de meditación que abría los canales para entablar contacto con representantes de la Deidad. Los hechos comenzaron a partir de Noé, a quien los E.T. le ordenaron construir un Arca, con toda clase de animales para que abandonaran el Continente Atlante antes de sumergirse, durante los tiempos de Sodoma y Gomorra. Es obvio que después de destrucción de dichas ciudades del Sur Atlante; y al ver a Noé por varios años construyendo su Arca, es como impactaron al resto del Continente antes del hundimiento para aliarse y construir cientos de barcazas y acompañarlo en su huida. Este ha sido el mayor éxodo masivo no registrado de la humanidad grabada en sus espacios; mismos que poblaron las costas de Europa y Mediterráneo y parte de América. Y por esta osadía, Dios les dio a Israel y los judíos el mando de la tierra, para darles la mejor orientación mediante sus profetas, y continuar poblando el nuevo mundo que poco a poco iban descubriendo al arribar a sus costas. Su constante trabajo en armonía, les daba el privilegio de mantener su alma sin particiones, creando un pueblo ascendente muy inteligente.

La humanidad hasta ahora ha fraccionado por ignorancia su alma, dividiendo también su intelecto, para crear las diferentes edades del hombre en respectivos países del 1ero al 4to Mundo. Por ello los judíos son quienes mantienen su alma con menos particiones del resto del mundo, por conducirse en armonía; logrando los más altos índices de inteligencia y los mejores descubridores de la humanidad. Aunque es improbable; pero si desapareciese Israel, sería una señal de fracaso del mundo y sus guías, y nuestro mundo desaparecería también. Actualmente los judíos se encuentran en lugares estratégicos del mundo vigilando la conducta del hombre sobre la tierra. Estamos supeditados a una gran cúpula judía por orden de Dios por todo el mundo; su presencia es fundamental para resolver los problemas que padece el hombre. Israel es la guía Positiva que posee la humanidad, para impedir mediante sus afluentes en todo el mundo, que la dualidad negativa creada por los ex judíos con el Islam, dirijan a su gente para destruirnos.

La obra judía siempre ha sido perpetua, porque así ha sido la honra que Dios les dio para educar la humanidad; y su gran ayuda fue crucial para que el mundo aprobara este Ciclo de Almas recién terminado en 2012, evitando destruirlo. El resto del mundo pasa desapercibido por egoísmo, la admiración que debieran sentir por Israel; por poseer las mentes más inteligentes del planeta con capacidad para guiar al mundo por el camino de prosperidad.

Es bochornoso, cómo la mayoría de gobernantes del mundo desde siempre; continúan mancillando a los judíos, asesinándolos y expulsándolos de sus países, sin importarles que Dios le diera el mando de la tierra. Ahora entendemos por qué los extraterrestres nunca convivieron con el hombre; porque hacerlo, eclipsaría el poder mental que posee, evitando educar a sus almas con libertad de enseñanza. Sabían que trabajando con la humanidad, serían rápidamente destruidos por los egos enfermos del hombre. La prueba la ofrece el pueblo judío, siempre amenazados por sus eternos enemigos deseando desaparecerlos del mapa, por tener este privilegio de la Deidad para cuidar el planeta. El trabajo especial que han hecho los Maestros ascendidos, es buscar grupos con más alto intelecto para trabajar con ellos, enviándoles mensajes a sus profetas para educar al planeta; así fue como encontraron al pueblo de Israel, el más idóneo para la tarea educativa de este planeta Tierra. Posteriormente muchos judíos al enterarse que Dios les dio el mando para dirigir la Tierra, se revelaron apartándose del judaísmo, creando después del cristianismo el islam para educar a sus adoctrinados negativos cómo destruirlos. Fue un paso crucial, transformándose desde entonces en la polaridad Negativa, para atraer a los negativos de todo el mundo, y de paso alimentar a sus eternos enemigos del pueblo de Israel con el deseo de desaparecerlos del mapaEl trabajo especial que han hecho los Maestros ascendidos, es buscar grupos con más alto intelecto para trabajar con ellos, enviándoles mensajes a sus profetas para educar al planeta; así fue como encontraron al pueblo de Israel, el más idóneo para la tarea educativa de este planeta Tierra. Posteriormente muchos judíos al enterarse que Dios les dio el mando para dirigir la Tierra, se revelaron apartándose del judaísmo, creando después del cristianismo el islam para educar a sus adoctrinados negativos cómo destruirlos. Fue un paso crucial, transformándose desde entonces en la polaridad Negativa, para atraer a los negativos de todo el mundo, y de paso alimentar a sus eternos enemigos del pueblo de Israel con el deseo de desaparecerlos del mapa Por ello Dios eligió al pueblo de Israel y los judíos, como el más idóneo para la tarea educativa, exactamente en el último tramo de 7000 años que aún le faltaba a la humanidad para terminar el ciclo educativo del planeta Tierra.

Lamentablemente en este suceso, parte de sus ex-hermanos judíos no estuvieron de acuerdo que Dios les dio el mando de la tierra; convirtiéndose en sus eternos enemigos apartándose del judaísmo. Y en vez de ayudar en la cristiandad, 700 años después que los judíos crearon el Cristianismo, ellos como renunciantes crearon su doctrina islámica para adoctrinar su gente de su polaridad; y unir a los suyos para desaparecer del mapa a Israel. Repito, con la renuncia de los ex hermanos judíos a su estirpe hebrea para crear el Islam, fue un paso crucial de la humanidad para crear la Dualidad Negativa que no existía, para alojar al negativo de todo el mundo. Este fenómeno de formación de ambas dualidades negativa-positiva, fue posible porque sus actores emanaron del mismo pueblo escogido de Dios, para dar fuerza y educación al resto de los pueblos en su respectiva polaridad.

Los musulmanes ignoran que pertenecen a la fuerza dual Negativa que debe existir en toda humanidad, creada por los renunciantes ex judíos mediante su doctrina; la misma energía que les impulsa por naturaleza orar y venerar hacia el suelo, donde se mantiene la negatividad del centro del planeta.

Es obvio que los judíos jamás podrían desaparecer, porque trabaja directamente con las Energías de la Deidad. Es y será eterno por gracia y deseos del Omnipotente, y esto es muy serio; el hombre que odie un judío, lo ha de saber actualmente por su condición deplorable que vive; sus propias energías lo maldicen por siempre viviendo desdichado toda su vida.

Gracias a Israel, la humanidad pudo confrontar su conducta positivamente al final del ciclo de las almas en 2012; su contribución ha sido palpable en las Artes, Ciencia, Música, Medicina, Literatura, etc. Nos prueba con hechos, que existe algo poderoso que posee su pueblo; y nadie ha podido comprobar por qué, es el pueblo más bendecido de la Tierra. Con esta prueba, ya habrían reconocido y respetado la enorme contribución que han hecho los judíos a nuestra humanidad; simplemente haciendo a un lado los egos enfermos que destruyen al hombre todo lo bueno que han hecho en sus vidas anteriores. Los mismos que van a llorar sangre cuando se enteren de esta gran verdad, y recapaciten sus barbaridades cometidas en contra de Israel.

Lo increíble, es la actitud mostrada de parlamentarios de varios países del mundo incluyendo USA, mostrándose cómplices haciendo leyes apoyando la adicción bisexual de sus adictos; el más dañino cáncer para destruir la feminidad de la Mujer.

CAPITULO XIV

EL ORIGEN Y DESARROLLO DEL ALMA

El trabajo especial que han hecho los Maestros ascendidos, es buscar grupos con más alto intelecto para trabajar con ellos, enviándoles mensajes a sus profetas para educar al planeta; así fue como encontraron al pueblo de Israel, el más idóneo para la tarea educativa de este planeta Tierra. Posteriormente muchos judíos al enterarse que Dios les dio el mando para dirigir la Tierra, se revelaron apartándose del judaísmo, creando después del cristianismo el islam para educar a sus adoctrinados negativos cómo destruirlos. Fue un paso crucial, transformándose desde entonces en la polaridad Negativa, para atraer a los negativos de todo el mundo, y de paso alimentar a sus eternos enemigos del pueblo de Israel con el deseo de desaparecerlos del mapa

Llegó el momento del cambio, la humanidad necesita saber que Dios Padre creó las almas, para entrenarlas dirigiendo el cuerpo del hombre por todos los caminos para calificar su desempeño. La formación del alma se creó individualmente dando vida al cuerpo del hombre por lo menos 81,000 años; experimentando vivir cada 144 años su inmortalidad. La Ciencia ha ignorado que la humanidad viene saltando de planeta en planeta; esta vez poniendo al hombre en forma triangular en la Tierra por problemas en Marte: La raza blanca en Atlántida;

la Amarilla en Lemuria; y Negra en África; prosiguiendo la educación almática.

Los Maestros E.T. que cuidan el planeta, son extraídos de la educación humana anterior a la nuestra; pertenecientes al Alma Universal del Creador dedicados a cuidar la humanidad en los planetas habitables del Universo. De igual forma ilustraron a los profetas cómo sería el comienzo de la Cristiandad, ocultando las funciones inmortales del hombre usando simbolismos, para evitar trastornos por venir de la barbarie. La Cristiandad fue la primera educación que recibía el hombre después de vivir 79,000 años en la deriva de la Edad Media; educándola en los próximos 2,000 años que faltaban para completar el Ciclo de almas en 2012. Educación centrada en la conducción heterosexual, por los desagradables hechos que destruyeron Sodoma y Gomorra por la adicción al peor cáncer homosexual, destruyendo la Humanidad. Se agrega en este final del ciclo en 2012, la existencia de padres de familia activando el F.A. con genes asesinos en hijos varones, después de la 3era generación educados negativamente. Lo ejerce el 1er Mundo asesinando en multitudes aglomeradas; incluso sin armas lo vive el 3er Mundo en las pandillas, por los hijos educados negativamente en la 3era generación continuada. Sin embargo, este fenómeno se activa con mayor peligro en países viviendo con Teocracia y Dictadura, manteniendo su gente y mente atadas en una dirección; recordándonos que llegó el momento del cambio.

La experiencia nos muestra, que el alma posee un límite de conducción hasta el final del Ciclo: La P.N. para asesinar por cualquier motivo con terrorismo hasta destruir el mundo; y P.P. instruyendo al negativo o destruirlo para continuar ascendiendo. O sea al poseer las almas transformación limitada, para continuar adelante, poseen la opción de educar al contrario negativo, o destruirlo, evitando su continuación. Estamos al final mencionado en la Biblia, confirmando que vivimos el final de los tiempos en conducción y educación humana; mostrándonos que pasamos la prueba difícil el pasado 2012 gracias al Anticristo. Justo en el momento que ambas polaridades deben definir su formación en su propio estado, para configurar la nueva realidad de existencia que nos espera al pasar la prueba de 1,000 años.

Las pruebas que mostró el mundo por más de 5,000 mil años de experiencia indirectamente conducido por Israel; les hará ver de otra forma sus funciones antagónicas, y aliarse todos en una sola guía de formación del Nuevo Mundo. Debemos aprovechar que desde el 2012 las fracciones de almas perdidas del pasado, han empezado unirse a su alma original en este periodo de prueba, reforzando su intelecto y formación. No se trata de convencer al lector con falsas teorías; todos ahora comprenden mediante su experiencia milenaria por la fuerza mental que han desarrollado, después de vivir más de 562 renacimientos con su misma individualidad.

Las grabaciones de su alma son auténticas, gracias a ellas es como han transformado su cuerpo-hombre en cada renacimiento, mostrando cómo vivió su vida anterior, y verificando su trabajo en esta vida. En estos tiempos finales, vemos las almas en estado negativo requieren fluir a su manera su energía desarrollada, dirigida por su genética destructiva para sentirse bien. Por ello hay tanta violencia en todos los países, en especial los nacidos con F.A., con su genética dirigiendo su cuerpo a destruir lo que sea, por cualquier motivo.

Las almas son la base de la humanidad, quienes llevan el más sofisticado trabajo de mantener la individualidad heterosexual en el hombre, por un mínimo de su ciclo de 81,000 años. Recordemos que su alma fue formada por miles de años en los 3 reinos de la Naturaleza, preparándose como energía individual para dirigir el cuerpo del hombre en cada renacimiento. Mantiene las grabaciones de sus acciones en cada periodo de vida, transformando su cuerpo mediante las energías que genera su pensamiento, modificándolo constantemente vida tras vida hasta su muerte. Desafortunadamente la Ciencia no ha podido investigar el alma hasta la fecha, es lo que falta para proseguir ascendiendo en sus investigaciones. Ahora viene más fuerte el recomienzo en este periodo de 1000 años, al recobrar el hombre en su renacimiento, cada fracción que perdió de su alma en el pasado por ignorancia. Será la gran prueba del hombre si es capaz de hacer el cambio requerido en este periodo de 1000 años o 7 renacimientos; lo contrario se destruye las almas para el año 3012.

El tiempo de Dios es perfecto; lo que no es perfecto es la conducción del hombre negativo genéticamente programado para proseguir destruyendo por su incomprensión y corta edad almática. Misma que continúa fraccionado en su renacimiento, expandiendo aún más su ignorancia, mermando su edad almática y que oscila tener entre los 3,000 y 30,000 años de experiencia de los 81,000 viviendo multiplicadamente en la tierra. Todas las almas debieran tener una experiencia mínima de 81,000 años, pero debido a las fracciones que ha hecho por su formación negativa, acorta su edad, aumentando los habitantes del planeta con el mismo número de almas.

Es importante que el hombre compruebe diariamente, cómo guía sus acciones en ambas dualidades en su vida cotidiana, y compare por sí mismo cómo trabajan sus acciones negativa y positiva hasta el día de hoy, en su formación. Por ejemplo, si ha vivido robando lo ajeno, en la mitad de su vida en algo que hace sin ser detectado, es un candidato firme para fraccionar su alma, y vivir en lugares con hambruna. Todo se paga en esta vida, gracias a que su alma no permite la desarmonía que su cuerpo realiza, motivado por la genética para guiarlo automáticamente en esa dirección. Así se crea la vulgaridad acostumbrada a ejercer una acción buena y otra mala en toda su existencia sin decisión de progresar y sobresalir.

Todo hombre debiera saber, porqué vive en las condiciones que lo tienen desesperado, y evitar culpar a otros por su destino, incluso renegando de su cuerpo y lugar que él mismo eligió nacer. Ahora sabrán muchos, porqué los blancos renacen en la raza negra por discriminadores; y aprendan que todos somos iguales; un aula importante para resolver la discriminación racial de las almas. Por ejemplo, en Haití vive la mayoría de su gente que vivía en Alemania en la raza blanca en tiempos de Hitler; y ahora renacieron como negros para entender que somos iguales. La ignorancia no entiende que las razas humanas son aulas de clase para que el hombre experimente su formación, y si no lo comprende discriminando la raza negra, los tontos renacerán negros para su mejor comprensión.

Por otra parte, la vida en todos los tiempos nos ha mostrado el fenómeno de los mártires involuntarios, que se apuntan para sufrir la muerte de varias formas para beneficio de la humanidad, mediante la guerra o desastres naturales. Son requeridos para cambiar el mundo para bien, auto-programados para regresar a la vida en poco tiempo a disfrutar el cambio; sus propias energías hacen el trabajo regulador de sufrir su muerte en diferentes formas de destrucción generalizada.

Para comprender la opulencia del hombre rico, es un trabajo duro ejercido como almas adultas, mediante la armonía constante que realizan desde su vida anterior; poseen la pericia de crear trabajos para motivarlo a producir. Estos empresarios con sus buenas ideas hacen labor de convencimiento a los haraganes en muchos lugares del mundo para trabajar con libre Capitalismo y motivación para obtener capital. Es importante recordar, que la prosperidad de países del Primer Mundo se pudo realizar viviendo el hombre en libertad, desarrollando ambas guías positiva y negativa a su conveniencia para descubrir el camino.

Los descubrimientos del autor del Fenómeno Apocalíptico F.A., nos ilustra que debemos combatir este maleficio que desarrollan los padres educando a sus hijos negativamente por 3 generaciones desde el abuelo. Su nacimiento en la 3era generación, ya viene configurado con genes asesinos por la formación anterior, misma que despiertan en su juventud, al no encontrar alicientes que le calmen esos instintos de matar. Fenómeno que se activa en todos los lugares del Mundo para hacer terrorismo, incluyendo los que viven con Dictadura y Teocracia. Afortunadamente en todos los lugares existe una fuerza energética incrustada del Bien y Mal, por las acciones de gente que vivió en el pasado; es la misma que activan los presentes en su dualidad respectiva. Son energías duales impregnadas en todos los lugares, dando fuerza al impulso de los presentes, atrayendo su misma formación, ayudándoles a conformar el trabajo que realizan.

Los países originalmente se poblaron por las catástrofes de los continentes; obligándolos a vivir en sus lugares por necesidad. Por ejemplo, lo más relevante ocurrió en la Atlántida hace más de 7000 años por el gran éxodo masivo siguiendo al Arca de Noé antes del hundimiento del Continente; fue determinante para poblar las costas de Europa y Mediterráneo.

Estos detalles los reflejan las grabaciones que dejaron sus actores en ese tiempo, y que el autor pudo constatar las imágenes mediante P.T.

Los profetas escribieron la Biblia, ocultando su origen para que el hombre se pudiese adaptar a su nuevo mundo, y pudieran identificar poco a poco sus simbolismos de información, mística, científica y esotérica. La aparición del personaje Anticristo al final del ciclo; pone punto final a la insolencia del hombre viviendo corruptamente para destruir la humanidad. El mundo debe dirigirse en ascenso, así tenga que imponer la fuerza a los egos enfermos del hombre corrupto que evita trascender; especialmente a quienes amarran la mente del pueblo con Teocracia y Dictadura. Las acciones negativas que producen los países mentalmente amarrados con Teocracia, son quienes crean las peores condiciones para incitar una confrontación mundial necesaria para todos. Al crear Teocracia o Dictadura, es una forma de declarar la guerra a los que aman la Libertad; para que estén listos para el conflicto que se dará por naturaleza, evitándoles trascender a todos.

Por esta ignorancia de los egos enfermos, es como se configura el <u>fenómeno de los millones de voluntarios mártires que se deben apuntar, para que nuestro mundo logre el cambio ansiado mediante la guerra</u>. En el pasado ocurrió de la misma forma la destrucción de los pueblos, y tanto víctimas como victimarios regresaron a la vida con el mundo reformado. El ejemplo lo dio Japón, regresando su gente a mostrar su intelecto haciendo uno de los países más prósperos. Ahora con la experiencia acumulada, aunada los egos enfermos de la dualidad negativa con conocimiento y causa, sabrán cómo dirigirse los líderes mundiales para reformar la humanidad.

La libertad del hombre es transformadora y mágica, gracias que genera la función de pensar, abriendo los causes de percepción por su condición de intuir que es reformador por excelencia para beneficiar su entorno. Beneficio que obtiene el hombre mediante su trabajo para obtener capital, es básica en una sociedad para transformarse positivamente. La fuerza del trabajo motiva los egos del hombre, para crear sus respectivos mundos Bien y Mal, como forma de canalizar sus mejores guías que definan su destino. Es natural que después de obtener muchos beneficios, comience a desarrollar su deber humanitario por todo lo logrado, con la formación de filántropos para ayudar a los necesitados haciendo camino.

Actualmente nuestros hijos son responsables de continuar alimentando su futuro armonioso, mediante la gracia del ascenso humano, causada por sus padres con esfuerzo y trabajo individual. Nadie puede darse el lujo de quejarse que la vida fue injusta con ellos cuando son los únicos actores responsables de sus acciones y formas de pensamiento. Sin embargo, gran parte lo hace sumido en los vicios, dificultándole comprender, que viene arrastrando una formación negativa para recibir destrucción, al mismo tiempo configurando su corrupción y continuarla en su renacimiento.

Las cosas buenas aparecen con actitud mental positiva, fluyendo su energía electromagnética con felicidad y armonía, incluso para atraer las personas con positivismo. Energías que empiezan por un simple abrazo, o decir "te amo", o cuánto ama a su familia; la gran lucha que muchos no se atreven a intentar, no solo sentirse bien, también para consolidar la buena vibra en su ascenso. Vivir en armonía cada día, es tomar control de ella y tomar decisiones firmes para transformar su destino positivamente; comprobando que su alma graba su formación diaria, configurando su nuevo cuerpo hasta su muerte. La vida se disfruta sin alterar negativamente su metabolismo con adicción a los vicios, evitando activar las energías a fines impregnadas en su espacio.

Todo hombre posee la opción de cambiar su pensamiento negativo restaurando lo dañado, y salir del fango con arrepentimiento para continuar adelante. Debe comprender que cualquier malestar o accidente que sufre en alguna etapa de su vida, viene seguido de su errónea conducción; nada viene por circunstancia o casualidad. Es necesario repetir estas leyes descubiertas, para recalcar dónde y cómo se educan las almas de los infames seres humanos destruyendo al mundo. Todos han aprendido que nuestro mundo se rige de acuerdo a las acciones del hombre, aunque hayan ignorado su inmortalidad para crear las bases y mejorar su renacimiento. Ahora sabemos que no existe la injusticia en toda formación del hombre como antes suponían; y cada uno compruebe qué hacía en su vida anterior para nacer de esa manera. Comprobará cómo el mismo hombre, increíblemente transforma sus energías que emanan de su mente de acuerdo a su genética de formación, para que realice sus sueños, vitalizando su cuerpo y derredor.

Por muy desalmado que haya sido en la vida; las E.R.C.U. mediante su alma, configura su nacimiento después de su muerte la deformación del cuerpo que merece tener, y lugar de renacimiento. Los países pobres se han poblado con almas fragmentadas por la errónea conducción del hombre en su vida anterior; fraccionando también su intelecto para dar vida en ese nivel a sus lugares de nacimiento. Después del 2012, hay un plazo de mil años para que nuestro mundo continúe conducido por Israel, USA y el 1er Mundo, en una sola dirección capitalista. En este final de ciclo, se dará un cambio trascendental cuando todos se enteren entre muchas cosas, las estupendas aulas de clase para reformar al hombre en la humanidad, incluyendo los inhumanos en el Reino Animal. Así como los lugares con hambruna, para renacer los que fueron ricos y gobernantes corruptos de su vida anterior robando al pueblo, para que sientan que todo se paga en esta vida.

Ahora sabrán la importancia del Anticristo, para que la humanidad descubra cómo se destruye y se enteren las revelaciones que nunca se imaginó tener, por su irresponsabilidad. Ahora podemos ver el contraste radical de las almas adultas viviendo en lugares privilegiados, prosiguiendo su armonía hasta su muerte; gran diferencia de la otra dualidad haciendo su papel de ladrones, preparándose para renacer en la hambruna. Las almas negativas por necesidad renacen genéticamente con intención de robar y destruir al Bien. Y de la misma forma nacen las almas Positivas, con la intención de proseguir el Bien ayudando a los necesitados. El renacimiento es la base de vida del hombre, acumulando experiencias con energías que lo fortifican, como debieran ser todos, trabajando como un hombre de verdad.

Nuestro YO personal la revela nuestro cuerpo hombre, sintiendo como la vida se manifiesta mediante nuestra alma para generar los sentimientos, que hacen posible desplegar miles de energías mediante su mente, encargada de la transformación genética de su organismo.

CAPITULO XV

LA GENETICA DE CORRUPCIÓN

La Cristiandad educó a la humanidad en armonía por 2000 años, después que la humanidad vivió sin dirección y salvajismo hasta la Edad Media; preparando al hombre sin sus acciones del pasado para que viviera el presente positivamente. Los lugares con almas infantiles donde ejercían sacrificios humanos, fue necesario crear las imágenes santas para detener sus crímenes; así como canalizar su fuerza mental con pedimentos de ayuda. Quienes tuvieron éxito lo hicieron con fe, para recibir sanación y milagros con su propia energía encausada para los actores, la mejor terapia creada para aliviar sus preocupaciones mediante la imagen. Así se crearon las imágenes santas, para ayudar a sus fieles a canalizar su fuerza mental a través de ellas, con la energía que él mismo ignora tener. Y unida a los millones de creyentes que lo hacen; es como acumulan la fuerza que necesitan para realizar los milagros que reciben. De esa forma sutil y bien encausada, el Concilio Vaticano ideó las imágenes santas como la mejor ayuda para educar a tanto bárbaro ignorante que nunca había tenido moral; arrancándoles su corrupción y sacrificios humanos.

Así es como las almas infantiles aprendieron a guiar sus propias energías mentales, motivando su pedido de ayuda mediante la imagen creada positivamente, hasta el final del Ciclo de Almas en 2012. Aunque con el tiempo la misma ignorancia requiera sus propias historias mirando la imagen, donde la casualidad es capaz de copiar para sentirse que ella se aparece, y que ha sido testigo de sus milagros.

La humanidad ignora que su alma es una energía que requiere estar activa mientras su cuerpo experimenta la vida que posee; empero si permanece inactiva más del 50% de su vida, fracciona su energía y su intelecto por vivir en ese estado hasta su muerte. Así es como el hombre vuelve a la vida en cada renacimiento siguiendo su formación anterior, encontrando nuevas experiencias gracias a la modernidad de sus predecesores. Todo hombre es él mismo siempre desde hace 81,000 años, renaciendo mejor cada 144 años en su respectivo C.P.V., con seis generaciones que lo regresan a la vida nuevamente en la misma secuencia: Bisabuelo, Abuelo, Padre, Hijo, Nieto y Bisnieto.

Si el hombre hizo una excelente vida de armonía en su vida anterior, posee mucha energía positiva, incluso hacer sanación a los enfermos con su presencia; o recibir algún hecho milagroso en accidente. Esto es por su energía positiva que posee en demasía, le sirve para irradiar positivamente la gente que convive con él beneficiándose con su presencia. Un ser que vive en armonía, es un súper dotado de energía, gracias a que Dios Padre posee sus E.R.C.U. impregnadas en todos los espacios, para que el hombre active sus energías positivamente dándole poder con sus acciones.

Repito, la explicación del F.A., producido por tener un hijo con genes asesinos, suele nacer después de la 3era generación continuada en estado negativo, promovida desde pequeño con malos tratos y violación sexual. Lo empezó su abuelo, lo siguió su padre y ahora él como hijo, es como engendra la 3era generación a su respectivo hijo con genes asesinos para activarlos en su juventud. O sea todo niño nacido en la 3era generación consecutiva en estado negativo, con el mismo mal trato familiar recibido de pequeños, sus hijos varones nacen con genes asesinos conocido como F.A., y activan en su juventud. Por ello el mundo peligra convivir en barrios olvidados por todos; o países programados negativamente mediante Dictadura o Teocracia, porque después de la 3era generación en el mismo estado negativo de su gente; sus hijos nacen con deseos de destruir. Hay pruebas esporádicas en el Primer Mundo de este fenómeno, nacen con genes asesinos buscando dónde calmar sus deseos criminales; como asesinar en lugares públicos, o en algún grupo terrorista o pandillas para sentirse bien. Si llegan a viejos con ese síndrome, es porque en su juventud lograron mantenerse ocupados en otras peculiaridades para mitigar sus deseos de matar. Por ello vemos en los países islámicos, hombres que se autocastigan sangrando su cuerpo, porque inconscientemente no desean asesinar; y con ver su propia sangre les calma sus deseos de hacerlo con terapia. El Fenómeno Apocalíptico ya se ha activado en todos los países islámicos por la falta de libertades y ataduras mentales que sufren el pueblo por la infame Teocracia.

Por otro lado, es una tontería prohibir las armas en un país de Primer Mundo; estas no poseen voluntad para disparar y matar a gente inocente, quien lo hace, le quedó grande la sociedad donde vive, y para ellos es mejor renacer en la pobreza. De la misma forma violenta que los criminales cometen sus crímenes, en esa misma forma las autoridades deben responder la violencia, para que se den buenos resultados, de lo contrario la negatividad sigue triunfando. La violencia ocurre en todos lugares, en especial el 1er Mundo viviendo en libertad; vemos cómo se forma este fenómeno destructivo de asesinar multitudes, para que estudien los casos archivados de los presuntos candidatos. Es importante comprender, que la educación del hombre no es en base de prohibir la "Mesa Opulenta" que requiere el mundo civilizado; es ahí donde el hombre obtiene su fuerza de razonamiento y altura de pensamiento, aunque con ella se destruya, como lo observamos.

El mundo entero vive la ignorancia negativa promovida por más del 60% de la humanidad, buscando su propia terapia de maldad para sentirse mejor. Por una parte emerge el F.A. con terrorismo islámico de matar para sentirse bien; y por el otro en el 1er Mundo, los padres negativos en la 3era generación producen los hijos con genes asesinos. Si la humanidad no despierta, su mundo de mentiras que vive actualmente, seguirá floreciendo negativamente en la ignorancia, por no enterarse de estos libros para reformarse. La humanidad podría acumular peligrosamente fuerza negativa para atraer los grandes meteoritos del espacio para estrellarse en la tierra y destruir el mundo.

Recalco, las personas que mueren por enfermedad o accidente, incluso asesinadas; ellas mismas se auto-programan con sus malas acciones, activando las energías de sus verdugos en el momento de morir. Son las acciones fluyendo sus energías y canalizar la fuerza de reacción que merece tener, atrayendo los actores ya configurados para realizar cualquier escena de accidente o incluso muerte. La humanidad es una cadena de energías mentales que trabajan mancomunadamente con las E.R.C.U.; como forma de activar los hechos Negativos y Positivos que merecen sus lugares y personas. O sea cualquier desenlace surge por merecimiento en sus respectivos lugares con fenómenos destructivos como los huracanes, remolinos, terremotos, desastres naturales, etc.

Recordar que la muerte de los hijos menores de 21, ya sea por enfermedad o accidente; es responsabilidad del padre que los trajo al mundo por algo turbio que hace. Es necesario que durante el crecimiento de sus hijos, los padres necesiten actuar en armonía para salvarlos de cualquier desgracia; poseen un hilo de oro con las E.R.C.U. para mantenerlos en buen estado hasta su crecimiento. Las energías que desprenden las acciones del padre son justas, en toda acción negativa o positiva que configura con sus hijos y familia; o en cualquier lugar, automáticamente activa su fuerza mental mediante sus acciones. El hombre simplemente posee dos caminos a seguir, Bien y Mal, para configurar sus guías y formas de transformación mediante su pensamiento. Sus formas de actuar hacen la diferencia para crear las desigualdades e incluso las aulas de clase que requiere su vandalismo, corrupción y criminalidad. Repito, Dios Padre no mete sus manos en la tierra, deja que su Hijo el Hombre tome su destino; es la única forma de saber si cumple con su responsabilidad de cuidar su descendencia. La única forma de trascender al final de educación de las almas; es mantener la correcta formación de sus hijos viviendo en armonía.

El hombre ignora que posee como base su físico, para poder identificar sus conocimientos milenarios; así percibimos cómo transforma su vida en cada renacimiento en beneficio de todos y su familia. En los últimos 2000 años la humanidad ha vivido una hermosa lección de vida, desde que apareció la Cristiandad; enseñándolo a tener una sola vida con el fin de limpiar sus vidas anteriores con armonía de sus acciones. Fue fundamental su educación cristiana, para que sin complicaciones, el hombre trabajara en armonía empezando desde cero, después de vivir sin dirección hasta la barbarie de la Edad Media. Afortunadamente nuestras acciones positivas producen energías mentales que cubren nuestra aura, para repeler todo mal y atraer otras energías iguales, incluso las personas a nuestro derredor.

FENÓMENO APOCALÍPTICO Y TRAGEDIAS HUMANAS

Al decir "Dios sabe por qué hace las cosas" cuando el hombre sufre algo negativo; lo hace para ocultar la corrupción de sus desmanes que no desea cambiar, recurriendo al simbolismo de Jesús Cristo para ser perdonado y sentirse bien. Otro dato fundamental, los niños que mueren en un accidente de tráfico, tragedias de transporte, terrorismo, desastres naturales etc., regresan a la vida en su misma rama de apellido en la primera oportunidad, sin esperar los 144 años de rigor. Toda destrucción humana se programa por los actores involucrados del lugar, cuando son incapaces de hacer cambios que merece su gente; inconscientemente forman parte de los mártires requeridos para limpiar la negatividad. De esa forma regresan a la vida, las decenas, cientos, o miles de fallecidos en cualquier tragedia; encontrando su mundo totalmente cambiado.

La experiencia reciente de su muerte anterior que lleva su alma grabada, contribuye para que recuerde su vida, con el deber de mejorar su formación; así como lo hizo Japón, después que sufrió dos bombas atómicas. La gente fallecida volvió a renacer inmediatamente, para hacer de su país uno de los más importantes del Primer Mundo. Esta hermosa Ley del renacimiento, fue impresa en hermosos simbolismos en la Biblia Cristiana; pero lamentablemente la humanidad y la misma iglesia por obvias razones no pudieron interpretar correctamente. En todos los tiempos la transformación del mundo lo ha dirigido el hombre mediante su pensamiento y actitud para tener lo que merece, gracias a las E.R.C.U. Nos ha dado hasta ahora, el mundo que realmente merecemos; mostrándonos que amar y perdonar, sentir y abrazar a nuestros seres queridos, es la mayor gloria para vivir intensamente con vida saludable.

Todos los hombres somos el Cristo que menciona la Biblia, al abrir nuestros brazos en forma de cruz mirando al horizonte, ahí nace la verdadera interpretación del Hombre como Hijo de Dios, para transformar mediante sus acciones lo que merece tener. Es lamentable que por ignorancia de traducir correctamente la Biblia, se haya relegado el hombre a la perdición; cuando él mismo es su propio salvador de su persona y su núcleo familiar. Hemos olvidado que la naturaleza ha sido la cuna del alma, por ello inconscientemente el hombre siente ese amor infinito hacia ella por agradecimiento.

El alma como energía del YO personal, empezó en la materia como su conciencia; y continuó en el Reino Vegetal para embellecer la tierra; y por último ejerció en el Reino Animal, preparando su alma para vivir en el hombre. Así es como la humanidad ama los animales y la natura, por recibir en ella sus emociones y experiencias en sus tiempos milenarios de enseñanza, preparando su alma para dirigir al hombre. Al experimentar 81,000 años de vida viviendo con el mismo YO del hombre, lo hizo un dios pequeño en la tierra, haciendo en pequeño lo que hace en grande Dios Padre, para transformar su derredor. Esa es la verdadera grandeza del hombre que todos ignoran poseer por la inmortalidad que le ha dado su grata formación hasta el día de hoy.

Sin embargo, la ignorancia de algunos científicos dicen cada disparate porque ignoran su inmortalidad, optando por la errónea opinión de reducir químicamente el número de habitantes en el mundo. La labor del hombre es la vida continua del mismo ser, gracias a su inmortalidad, manejando su propia transformación en el tiempo de su vida hasta su muerte y los cambios que necesita. Ese es el arte de la vida, mostrar mediante su cuerpo, las formas de su vida que hizo para merecerlo en este momento.

Es obvio que el hombre en alguna vida anterior, o en esta; ha formado parte de los mártires involuntarios para morir en una catástrofe, o una guerra promovida por la negatividad existente, como forma de arrancar el mal y regresar al mundo reformado. Efectivamente ahora somos muchos, por la fracción que hacen las almas después de su muerte por ignorancia; sumándose al negativismo de muchos lugares ensenándola a vivir humanamente. Al final de este Ciclo, vemos cómo las acciones negativas del hombre resaltan con el sufrimiento y destrucción de los lugares de pobreza, ampliando su mal en la hambruna por vivir corruptamente su presente vida. Mientras tanto, nuestro planeta satisface todas las necesidades del hombre; comprobando cómo la avaricia destruye y reconstruye la formación humana, para renacerlo en lugares deprimentes.

Los malos momentos del hombre, solo ratifican su deficiencia mental de cómo vive negativamente sus días, para que entienda cuán importante es mantenerse en armonía. Y repito, cuando la desgracia ataca a su hijo con grave enfermedad o cualquier hecho desagradable; de inmediato se prende una alarma, anunciando que su propio padre ha violado las reglas. Los padres deben recordar, que toda desgracia de su hijo es provocado por sus acciones negativas, para que inmediatamente remedie su conducta para salvar su vida. Es una ley inmutable por el hijo que engendra, supeditada a sus propias energías como parte de su alma; a quien debe cuidar por 3 ciclos de 7 años, por ser parte de su propia Rama de apellido. Esta es una alarma para las madres que se han separado de su esposo, comprendan este fenómeno de muerte de su hijo, se hace realidad por la negatividad del padre del niño.

La Cristiandad programó al hombre ignorando su inmortalidad; con la intención de no perjudicar su nula educación que tuvo durante la Edad Media, y se reeducara paulatinamente hasta el final de ciclo en 2012. Razón que muchos hayan mantenido una guerra psicológica de sus acciones negativas de su vida anterior, dificultando recobrar su dirección anterior positiva. Ahí entraba la alegoría Cristo Jesús de perdonarle sus pecados ocultando su inmortalidad; dejando que su fe hiciera el trabajo mediante las imágenes creadas hasta hoy. La creencia de tener una sola vida, les obligó continuar sus deseos genéticos de corrupción, creyendo que nacían con defectos de naturaleza para continuar haciéndolo. Así muchos continuaron degradándose, dándose el lujo de asesinar y destruir sin remordimientos; inconscientemente creando sus aulas de castigo en el Reino Animal para educarlo como criminal.

Todo dinero y tiempo que destine cada hombre en la educación y diversión sana, obviamente es bien invertido, sin embargo; también lo es el dinero que invierten negativamente los viciosos en su adicción a los vicios, para crear aulas de castigo en su renacimiento. Obstáculos y aulas de clase necesarias, que hacen al hombre recibir su castigo de acuerdo a sus males para seguir adelante y dirigirse naturalmente.

El mal estado del hombre lo crea su pensamiento, hasta imponer su deformación mediante sus genes para dirigirlo automáticamente; así es como se crean los lugares con actitud y pensamiento. Cuerpos y lugares que sirven como reformación; y aunque no lo entienda de esa forma, su mal estado físico, le obliga a pensar que tuvo que hacer algo corrupto para merecerlo, y debe actuar positivamente aceptando su responsabilidad.

Ya estamos en la prueba final del Ciclo de las almas, y comenzar otro ciclo con almas reformadas; especialmente para la ingenuidad adoctrinada por predicadores cristianos corruptos. Nadie que esté en paz consigo mismo requiere de terapias para sanar sus pecados mediante doctrinas, absolutamente nadie. Cada hombre posee su formación respectiva en esta vida, la misma que experimentó su vida anterior, pero ahora con el conocimiento rebelado en estos libros, es su deber cambiar su formación negativa.

La evolución e involución humana la ejecutan las E.R.C.U., activadas por la mente del hombre para proyectar su altura de formación; es como transforma sus deseos de vivir en sus propios lugares por su voluntad. Debe observar, cómo se destruyeron los pueblos por ignorancia mediante la transformación positiva, ocasionada por las guerras del pasado para cambiar el mundo. Ejemplo, las bombas atómicas detonadas en Hiroshima y Nagasaki aportaron la mejor prueba con más de 200,000 mártires fallecidos. Ilustrándonos cómo regresaron inmediatamente a la vida, viviendo en la libertad añorada, para transformar su país económicamente como uno de los más ricos del 1er Mundo.

Al desconocer los hechos de su vida anterior, adquirió una guerra psicológica con depresión mental en cada nacimiento, que desde luego algunos combatieron con acciones positivas, y otros aguantaron sumidos en su desgracia. Es obvio que al ignorar sus hechos de su vida anterior, la única forma de calmar su conciencia, debía actuar en armonía enfocándose en la cristiandad con la sagrada imagen del "Cristo-Jesús" para sentirse mejor. Empero, cuando las terapias cristianas no lo calmaban, buscaban grupos más negativos para sentirse bien; incluso creando doctrinas que apoyasen los asesinatos, con otros males como el terrorismo.

Increíble, cómo las aulas de clase que ocupan los criminales; se han mantenido ocupadas renaciendo como cerdos en el Reino animal y que explico en este libro detalladamente. La Biblia menciona el fenómeno apocalíptico al final del libro; haciendo referencia al F.A. que increíblemente identifica a los negativos nacidos después de la 3era generación, de la última generación de los 1940s, del Ciclo de Almas.

Con la antigua programación, casi nadie reconoció los errores que recibía en esta vida por desconocer su vida anterior, mucho menos con nacimiento defectuoso; por ello sobresalía la aparición del Anticristo al final del ciclo.

Ahora sabrán que toda alma individual pertenece a cada hombre sobre la tierra; no es, ni nunca ha sido prestada como antes creía la ignorancia, desde la primera vez que penetró al cuerpo del hombre para dirigirlo con su mismo YO que nunca cambia.

CAPITULO XVI

EL REGRESO DE LAS ALMAS FRACCIONADAS

Afortunadamente la ingenuidad finalmente terminará de culpar a Dios por la deformación humana y hambruna, al enterarse que es inmortal y responsable de su formación desde su vida anterior. Reconocerá su grandeza como hombre aceptando los errores del pasado, reformando sus genes que lo inducen automáticamente a corromperse en lo que hace negativamente para erradicarlos. Los nacidos deformes que antes culpaban a Dios por ignorancia; ahora reconocerán su autoría de nacer en esas condiciones para hacer lo necesario y enmendar sus hechos.

Ahora entendemos, por qué se crearon los países del 1ero al 4to Mundo, al fraccionar su alma por ignorancia, viviendo mal y negativamente en cada renacimiento. Incluso descubrimos, cómo muchos ricos y políticos por su corrupción, crearon sus propias aulas de castigo por actuar miserablemente robando los dineros del pueblo para renacer en la hambruna. Es increíble, cómo la Cristiandad por más de 2000 años nos dio la mejor enseñanza para la humanidad de la Edad Media, y debería de agradecer al Vaticano por su gran trabajo realizado. El 2012 y final del Ciclo de la humanidad, marca el final de la programación del hombre de vivir una sola vida; y comienza otra etapa del conocimiento verdadero.

Por otra parte, los antiguos maestros de la India en Asia Oriental y otras organizaciones antiguas, también descubrieron que el hombre era inmortal y su renacimiento cada 144 años; para que el estudiante continuara investigando. Lamentablemente sus estudiantes cayeron en el mismo molde de sus maestros, ejerciendo una sola guía de polaridad a la altura del 3er mundo. Si por el contrario hubiesen ejercido ambas guías Negativa y Positiva, habrían descubierto la Relatividad Mental que reveló el autor.

La energía Negativa la ejercen aproximadamente más de la mitad del mundo en todos los países; y es esencial e importante para que la formación Positiva determine su labor de erradicarla. La India y otros países antiguos, no aprovecharon a sus maestros místicos y esotéricos, cayendo en el obscurantismo del 3er Mundo por ignorar los opuestos, obsesionados en la guía positiva. Vivir una sola polaridad es inapropiado; el alma-hombre requiere la Mesa Opulenta del mundo civilizado que construyen ambas guías negativa y positiva, para enseñarse libremente a guiar su cuerpo en sus gustos. Ambas dualidades bien y mal, deben existir, para que las almas tengan mejor percepción de dirigir su cuerpo en toda sociedad. Así como escoger los alimentos y todo lo que posea "La Mesa Opulenta" del mundo civilizado para constar su formación. Excelente prueba de conocimientos aportados por los maestros antiguos, nos dieron la pauta para investigar, porqué, a pesar de sus conocimientos, no pudieron salir del 3er Mundo.

Todo hombre en su nacimiento, tiene la oportunidad de reformar cualquier malestar que posea, incluso si posee el gene bisexual del mayor cáncer destructivo que padece el mundo, debe empezar a erradicarlo. En el pasado la mayoría vivió continuando sus genes de adicción bisexual recibidos en su nacimiento, sin tratar de erradicarlos, por creer erróneamente que formaban parte de su cuerpo. Ignoraban que en su muerte, su alma registra todas sus grabaciones que hace en vida, y renacerlo en la misma formación bisexual en su camino de convertirse Homosexual M.C.H. En este ciclo recién terminado, la humanidad comprenderá otra lección desconocida con los fenómenos naturales que se forman en el océano y en la Tierra; como una fuerza natural destructiva, para ser atraída mediante las energías negativas del hombre. Al ejercer su maldad, fortifica su aura negativa de lugar, y atraer los fenómenos naturales con la lección que merecen; como los huracanes. Siempre buscan un lugar negativo de atracción para arremeter su fuerza destructora en las costas; o regresan al mar a deshacer su furia, o guiándose a lugares inhabitados.

LAS FUNCIONES DEL ALMA

El alma es imprescindible para guiar y dar vida al cuerpo del hombre; solamente con ella mediante su mente transforma todo lo que quiera para mejorar su vida para reforzarla. El alma adquiere poder, inmediatamente después de penetrar al cuerpo del hombre con el primer aliento de vida; sin él, su energía no se puede manifestar, requiere penetrar el cuerpo para transformar su derredor mediante su mente. Conocer su trabajo del alma, es comprender al hombre desde sus raíces, para encontrar el origen de sus males en su respectiva guía de polaridad. Y es ahí donde radica el comienzo de investigación del autor para comprender la verdadera formación de la humanidad.

Afortunadamente la apariencia física del hombre y cómo se desenvuelve, es la mejor prueba personal de reconocer el trabajo que realiza desde su vida anterior. Su propia formación le muestra, cómo trabajan sus emociones para experimentar, que toda actitud persistente le transforma su ser; y que nada llega por casualidad solo causalidad. Su alma mantiene su propia Cronología por la experiencia recibida, atrayendo a su cuerpo las mismas energías por sus hechos de armonía o desarmonía que hizo en esta vida y la anterior. O sea para atraer la misma energía que lo envuelve positivamente, y repeler lo negativo, o viceversa.

Toda alma-hombre al llegar su cuerpo a la pubertad, empieza a evaluar el cuerpo recibido al nacer, comprobando los defectos genéticos de su vida anterior para enmendarlos; incluso, ver el contraste del porqué, ahora vive positivamente una vida de lujos. Cuando adquiere en su organismo genes corruptos, es una clara señal que debe extirparlos; incluso si nace bisexual u homosexual M.C.H., o cualquier otra sensación corrupta contra la armonía de la vida. Debe saber, al sentir que padece contagio bisexual, su deber es detenerlo y erradicar sus genes corruptos, que su alma le impregnó en su nacimiento por los hechos de su vida anterior. Nada está oculto bajo el sol; su forma de actitud y apariencia física siempre lo delatarán, cómo ha sido su formación de su vida anterior para tener lo que merece.

Gracias a su alma, todos poseen la grabadora inmortal, para registrar lo hecho por el hombre por 81,000 años de su ciclo; más que suficiente para recordarle lo que hace en esta y su vida anterior. Todos pagan en esta vida sus fechorías, salvo que los criminales y otros males contra la Creación, por carecer de aulas de castigo en la humanidad; deben renacer en el Reino Animal renaciendo como cerdos y otras especies, sintiendo el mismo castigo. Pregunta que viene por añadidura ¿por qué regresa el alma del hombre al Reino Animal si ésta no retrocede? La respuesta es simple de responder; porque Dios Padre le dio la potestad a su Hijo como dios hombre, para que mediante su mente active a las E.R.C.U., para realizar legítimamente sus deseos. Las almas del hombre criminal y otros destructores de la Humanidad, por el simple hecho de ser un dios pequeño; poseen el derecho de retroceder su alma al Reino Animal, por los miles de años de experiencia formándose para dirigir al hombre. Si el Hombre posee poder para pertenecer al Alma Universal del Creador; es obvio que también lo posee para retroceder su alma al Reino Animal para que sufra las consecuencias de sus actos y enseñarle a respetar la vida humana. Esa carne de puerco y otras, la necesita el hombre para sobrevivir; empero debe darle vida el mismo hombre criminal, renaciendo en esas aulas de castigo para experimentar su muerte tantas veces hasta pagar sus crímenes. Finalmente se comprende el sufrimiento y chillido de los puercos cuando son matados en el rastro, o en sus casas o ranchos, para alimentar con su deliciosa carne a la humanidad.

La Creación es Perfección Universal, y nada se mueve si no hay un dios-hombre que lo dirija para bien o mal; y mediante su alma después de su muerte, **él mismo** transforme el lugar dónde debe renacer conforme sus deseos. El poder mental del hombre es contundente, y llevar la humanidad hacia alturas insospechadas; así como también para destruirla. La pregunta surge, ¿dónde podría pagar un criminal sus asesinatos y otros males cometidos en el mundo contra la Creación? Es obvio que no existen aulas de clase en la humanidad, para que un asesino pague sus crímenes, porque son actos inhumanos pertenecientes al Reino Animal.

Fue impresionante comprobar por muchos años mediante psicología tridimensional, cómo se fragua el castigo de los asesinos transformando su alma negativamente para renacer como cerdo en el Reino animal. El autor psicoanalizó directamente a los puercos, la transformación del asesino después de su muerte, para constatar cómo su energía almática transforma su energía para renacerlo en cerdo.[14]Este comercio lo promueve la degradación del asesino, con excelentes aulas para regenerarlo viviendo en cerdo, al multiplicar su energía sus camadas de un solo asesino, y tener multiplicado su castigo para reformarse. Recibe la angustia y dolor por el carnicero, atravesando su corazón con una daga para comerciar su deliciosa carne; así regresa el ex asesino a la humanidad convencido de respetar la vida humana.

Es increíble, que un alma con miles de experiencias negativas y positivas desde su formación en los 3 Reinos de la Natura, incluso los 81,000 años de este ciclo viviendo como hombre; **¿todavía piensen que el alma vive una sola vida? Sin su inmortalidad, no habría justificación a la inmensa inteligencia que posee. Todas las almas poseen la reformación requerida en los cuerpos apropiados que merece su educación en la humanidad, y aún fuera de ella para entender sus males que él mismo crea para su reformación. Sería inaceptable a la Conciencia Universal, perder un alma con millones de años de formación, sin antes recibir una lección severa que necesitan como castigo, para que aprendan a conducirse en armonía. La Conciencia Universal es justa con sus almas y todo lo creado. Si el hombre por sus acciones criminales ha configurado su alma**

---

14   .- Los soldados que prestan servicio militar defendiendo su país, no posee este calificativo de asesino.

para renacer en el reino animal como cerdo, es para que sufra su muerte animal tantas veces como haya privado la vida miserablemente. Es increíble, cómo su carne se vuelve apetitosa para dar alojamiento a su alma por la ignorancia de asesinar personas; incluso facilita su comercio para alimentar la hambruna del mundo.

Por otra parte reitero, después de finalizar favorablemente el ciclo de las almas en 2012; los nuevos nacidos vienen con fuerza extra para atraer paulatinamente a sus almas fraccionadas del pasado. La reposición es un complemento por completar el ciclo pasado felizmente de 81,000 años; parte que va adhiriendo para darle a su alma más inteligencia y poder, para usarla en su beneficio en esta vida. Una valiosa oportunidad de los nuevos nacidos de obtener más intelecto, con la unión automática de la fracción adherida a su alma; con oportunidad para probar si es capaz de dirigirla en armonía. O sea, que al adherir su fracción almática, une su respectivo intelecto a su alma principal, para tener más fuerza intelectual con otra oportunidad de vida y continuar ascendiendo.

Todas las almas, infantiles, medianas y adultas, se reconocen fácilmente por su físico e intelecto, por su armonía y desarmonía ejercida en ésta y en su vida anterior. La experiencia milenaria del hombre en el ciclo pasado, le dio opciones de fraccionar su alma en cada renacimiento por no usar todo su poder intelectual, o dirigirse negativamente. Al ejercer la mitad o más de su vida sin producir nada, o actuar negativamente, automáticamente ordena a su alma fraccionarla en su siguiente vida con la formación usada por su intelecto. Es obvio que si el hombre usa su intelecto de 100 puntos en la vida anterior, debe usar en la siguiente esa misma cantidad o más de esa puntuación para continuar ascendiendo, de lo contrario fracciona su alma con otra individualidad. Ahora nos explicamos el por qué la humanidad ha excedido su población por las almas fraccionadas; el poder del hombre es único para transformar su entorno y para dividir su intelecto fraccionando su alma por ignorancia.

Los egos incontrolados del hombre son cruciales para deteriorar su formación de vida, incluso para morir tempranamente por ignorancia. Este nuevo ciclo de reformación es determinante, casi imposible que fracasen las almas por los descubrimientos escritos en estos libros; mucho menos para fraccionar su alma como lo hicieron en el pasado por ignorancia. En estos mil años de prueba, toda fracción almática desprendida de su alma principal en el pasado ciclo, regresarán una a una a su alma principal por el conocimiento recibido; ellas permanecen en su respectivo C.P.V. Ahora sabrán que toda alma individual pertenece a cada hombre sobre la tierra; no es, ni nunca ha sido su alma prestada como antes creía la ignorancia, desde la primera vez que penetró al cuerpo del hombre para dirigirlo con su mismo YO. Se acabó el viejo señuelo ignorante de las masas diciendo que la vida era prestada para continuar destruyendo; realmente la vida nos pertenece desde hace más de 81,000 años, formando parte de la Creación Humana.

Repito, todo hombre posee un C.P.V., comprende 6 descendencias de su Rama de apellido, regresando a la vida cada 144 años: Bisabuelo, Abuelo, Padre, Hijo, nieto y bisnieto; así el último trae sucesivamente a la 1era generación. Nunca olvidar que toda mujer es la mitad alma del hombre, supeditada y dirigida por este; regularmente ambos nacidos de la misma madre como hermanos, o en su respectiva Rama de apellido.

Es una obligación recordar al lector, que la creación de la Energía Almática requirió millones de años desarrollarse en la materia como su conciencia después de engendrarla el sonido. Como inteligencia pudo liberarse con el estallido de la misma; y después experimentar su entrenamiento en los siguientes 2 Reinos, Vegetal y Animal, antes de dirigir al hombre. Es importante comprender que el Alma no se hizo al azar; y la Creación Humana posee su base fundamental en sus Reinos Mineral, Vegetal y Animal, para entrenar las almas preparándolas para dirigir al hombre.

El mundo se salvó de destruirse gracias a los extraterrestres que entrenaron al Anticristo programado en la Biblia para venir al mundo en la última generación del Ciclo de la humanidad. Gracias a la proeza mostrada por la humanidad de sobrevivir el Ciclo terminado en 2012, con 562 nacimientos cada 144 años con su misma personalidad; y con el privilegio de su alma de poseer más poder en este nuevo ciclo que comienza. En esta reformación de 1000 años, cada hombre podrá atraer en su renacimiento las almas fraccionadas que perdió en el pasado y adherirlas a su seno; con la oportunidad de crecer su intelecto para ascender la humanidad. Al fin el hombre podrá saber, cómo formó al azar el bien y el mal por miles de años en el pasado, para evitar que la humanidad continúe insolentemente el mismo rumbo destructivo. No podríamos sobrevivir el plazo concedido de 1000 años por la Deidad; máxime que después de 12/22/2012, los nuevos nacidos paulatinamente adhieren una a una, la porción de su alma perdida en el pasado. Los nuevos nacidos vienen ahora con más fuerza intelectual por esa unión importante. Con el tiempo notarán, cómo paulatinamente se reducirán las masas ignorantes al ser atrapadas por su alma matriz.

En el pasado las almas partidas llenaron las masas con poco intelecto, cumpliendo su rol de actores para transformar positiva y negativamente la humanidad. Dichas fracciones-alma empezarán adherirse a su Alma matriz, para recibir educación de su guía principal. Y en su nacimiento se reorganice su alma, aprovechando estos libros con las nuevas particiones que recibe; y expanda su fuerza para bien en este milenio de prueba.

Todas las fracciones de almas del pasado, han renacido individualmente en su respectivo C.P.V. esparcidos por el mundo; empero ahora, se adherirán a su alma matriz para dar inteligencia extra, y ejercer unidas su vida ascendente. Esa era la razón de comprender la inmortalidad del hombre, cómo su experiencia queda grabada en su alma después de su muerte y después impregnarla con el 1er aliento de vida en su nacimiento. Nada cambia, para que ejerza la genética mental con sus prioridades de formación que dejó en el pasado. El 1er Mundo ha mostrado su grandeza en lo que pudo hacer para producir todo tipo de tecnología, listo para conquistar otros mundos en este comienzo educativo de almas sobresalientes de la humanidad.

Es normal que la Ciencia haya ignorado, cómo trabajan las energías almáticas guiando al cuerpo del hombre mediante su Mente, la base más importante para comprender su relatividad de pensamiento. Ahora mediante la prueba de los nacidos deformados, parapléjicos, enfermos del cerebro etc., incluso los bendecidos viviendo en la opulencia; sabremos cómo trabaja su evolución-involución hombre. Hecha por tierra la comprensión humana que todo nacimiento viene por designios de Dios; cuando es el hombre el único, causante individual de transformar su cuerpo mediante sus acciones.

Todo estuvo programado para que los vigilantes extraterrestres hicieran lo necesario, para evitar que el hombre destruyera la tierra antes del final del Ciclo educativo finalizado el pasado 2012. Se comprueba lo que dice acertadamente la Biblia; si el mundo estuviera a punto de destruirse; un solo justo sobre la tierra sería capaz de evitarlo al detectar sus males para evitar su destrucción. Ahora entendemos porqué el mensajero llamado Anticristo debía ser escogido viviendo en las masas populares de nuestra humanidad, con su numerología de nacimiento para cumplir su trabajo y evitar la hecatombe.

La función del alma es fundamental, su nacimiento ocurre en ambos géneros mujer-hombre, para medir la corrupción del hombre, cuando cae en adicción bisexual tratando de convertirse mujer. Le arranca paulatinamente la feminidad a su mitad alma viviendo como su hermana, al corromperse con hombres dejándole a cambio la masculinidad que detesta.

CAPITULO XVII

EL PROCESO DEL ALMA

Estos libros por primera vez hablan de la investigación y formación del alma, misma que requiere forzadamente el cuerpo del hombre dirigiendo ambos géneros Masc-femenino para experimentar su formación en su respectiva sociedad. Su alma requiere dirigir su cuerpo hombre-mujer, viviendo un mínimo de 81,000 años mejorando su vida en cada periodo de existencia. Al final del ciclo el pasado 2012, es cuando la humanidad descubre mediante el Anticristo su inmortalidad y comenzar su nueva vida con el poder de transformación que posee.

El alma es increíblemente fabulosa, requiere un mínimo de 81,000 años de experiencia energética dirigiendo el cuerpo del hombre cada 144 años, y consolidar la individualidad que dirige al regresar a la vida con su altura de pensamiento. Es obvio que la Ciencia al desconocer su existencia, se perdió la oportunidad de conocer la cronología de energías del Universo conectadas al alma del hombre, dando vida a su cuerpo y dirigirlo con su mente para transformarlo todo. Su cuerpo como vehículo del alma, ha servido para multiplicar y proyectar su energía positiva-negativa mediante su mente, transformando periódicamente su sociedad al volver a la vida.

Todo hombre esta fielmente medido por las grabaciones que hace su alma en cada existencia; y después de su muerte se encarga de transformar el cuerpo que requiere en su regreso a la vida con su genética de formación. Las almas poseen dos géneros hombre-mujer al nacer; cuerpos separados regularmente viviendo como hermanos, hijos de la misma madre o la misma rama de apellido. Ambos géneros deben nacer para certificar la conducta heterosexual del hombre, vigilando la feminidad de su mitad alma mujer encargada de engendrar la Creación, sin adicción para evitar destruirse. Todo hombre es responsable de su CP-AMujer, normalmente vive como su hermana para comprobar su guía heterosexual que debe ejercer, evitando arrancar su propia feminidad. El hombre no puede cometer el error de corromperse con su mismo sexo, porque automáticamente arranca a su mitad alma CP-AMujer, la feminidad que necesita para sentirse mujer.

El alma individual nace con ambos géneros hombre y mujer, como hombre se encarga de cuidar la feminidad de su mitad alma mujer, manteniendo integra su heterosexualidad durante 81,000 años de su ciclo; evitando corromperse homosexualmente. Todos ignoran que su heterosexualidad es la base fundamental de su inmortalidad; no hacerlo destruye su alma intercambiando la feminidad de su CP-AMujer para sentirse mujer, por la masculinidad que detesta, al menos 3 vidas para convertirse Homosexual y ella lésbica.

Por otra parte, no es normal que el organismo del hombre, posea ambas fuentes femenina y masculina; empero si acaso la Ciencia lo comprobó, es por examinar un cuerpo infectado con adicción bisexual. Un hombre 100% heterosexual no posee ni un ápice de feminidad, porque sus funciones se enfocan en la atracción femenina para procrear su misma condición heterosexual.

El hombre posee el poder de dios pequeño, por ello es capaz de arrancar cobardemente la feminidad de su mitad alma mujer al corromperse con su mismo sexo; haciendo funciones de mujer que no corresponden. La Humanidad debe regirse sexualmente heterosexual, única guía incondicional para inmortalizarla y ratificar la guía a su descendencia, expandiendo su armonía. Ahora nos explicamos qué era necesario que la humanidad experimentara el 1er Ciclo de 81,000 años viviendo en ignorancia inmortal, para comprender las estupideces del adicto bisexual destruyendo la Creación. Era necesario poner el Anticristo al final de la Biblia, indicando el final del ciclo de la humanidad, para poner orden los desquicios del hombre destruyendo la Creación con el peor cáncer homosexual.

Los Maestros lo sabían por su trabajo de vigilar nuestro planeta, viendo cómo estúpidamente el hombre se emboba haciendo cualquier cosa por la penetración anal de su mismo sexo, creando el más mortífero cáncer, para destruir la humanidad. Recalco, no es coincidencia la programación del Anticristo al final de la Biblia, rebelando su inmortalidad al final del Ciclo de las almas en el 2012; increíblemente todo estaba medido para educar la humanidad y evitar destruirse.

Sabían que hacer sexo con su mismo sexo destruye a su alma en un mínimo de 3 vidas corrompiéndose; al extraerle cobardemente a su CP-AMujer toda su feminidad a cambio de la masculinidad que detesta. Por eso es necesario que todo hombre al llegar a la pubertad, confirme que no posea genes bisexuales impregnados, que incitan a tener relaciones homosexuales y trabaje su mente en erradicarlos. Podría poseer otra deformación de conducción negativa, obviamente son menos peligrosas que la adicción de su mismo sexo; ya que posee aulas especiales para regenerar su alma haciendo corrupción. Hacer sexo con su mismo sexo es la peor infamia de un hombre destruyendo la Creación Humana.

El autor comprobó la adicción enferma bisexual, es más fuerte que las drogas; manejando su voluntad como un pelele para auto destruirlo, haciendo cualquier cosa por la penetración de culos masculinos. La Ciencia ignora esta infamia mental, cómo el contagiado guía impunemente su adicción por más de 3 vidas seguidas hasta convertirse homosexual; al nacer así posee hasta su muerte para renunciar o destruye su alma para siempre. Es increíble lo que hace el hombre con su poder de transformación mediante su alma, grabando su flagelo toda su vida, programándolo nacer bisexual en su siguiente nacimiento. La educación humana es armonía heterosexual, se vuelve compleja por el desorden creado con los vicios, incitándole los bajos instintos con la corrupción sexual de su mismo sexo.

Recalco, eruditos en el pasado descubrieron la inmortalidad en escuelas antiguas de misticismo; pero nunca fueron más lejos con detalles del renacimiento, por vivir una sola dualidad positiva. Fue su error en sus lugares mantenerse en 3er Mundo bajo una sola guía positiva del pensamiento; cuando es requerido que el hombre viva en ambas dualidades y comprobar si es apto para sobrevivir.

El simbolismo de los clavos del cristo crucificado, siempre nos ha revelado una importante alegoría del sufrimiento del hombre en cada renacimiento. Nos ilustra que en su muerte, es el comienzo de una nueva vida para regenerar lo que hizo mal en su vida anterior con la llamada resurrección que ocurre cada 144 años. Fue básica la hermosa alegoría de Jesús-Cristo, para remediar el barbarismo de la Edad Media, después de vivir miles de años a la deriva e incomprensión.

Existe un detalle importante en iglesia Católica, revelándonos que el Papa actual será el último, por el fenómeno que explica el autor en sus libros. Recientemente se pudo palpar en El Vaticano el pasado Abril de 2017, una importante reunión del Papa con los líderes de Europa, presuntamente para tratar entre otras cosas; el final del Papado y el comienzo de una nueva Era para la iglesia. Es obvio que la iglesia está enterada, que el llamado "Jesús", nace todos los días en cada niño del mundo representando al Hijo de Dios; haciendo en pequeño en la tierra lo que hace Dios Padre en grande en el Universo. La humanidad sabrá su formación inmortal ahora que obtuvimos mil años extra al aparecer el Anticristo, con la información esperada de fin de ciclo. Revelándonos los simbolismos de la Biblia, la inmortalidad del hombre y el más dañino cáncer homosexual. Pero antes, el mundo debe saber lo imprescindible que fue la Iglesia Católica para la humanidad cumpliendo fielmente su trabajo de educación cristiana; sin ella no habríamos podido llegar al siglo XX.

Quedarnos callados, es florecer la ignorancia de vivir erradamente la gran mentira que vivimos una vez; sobre todo, para revelar cómo ha vivido el Hombre desde su origen, construyendo el más dañino cáncer de la humanidad. Nuestra democracia erigida por el capitalismo, nos ha dado los frutos esperados para reconocer su gran trabajo, dejando en libertad a la negatividad de imponer su voluntad bisexual, para descubrir el más dañino cáncer. Esta es la clave en la dirección positiva del hombre, no permitir que continúe la bisexualidad que destruye la heterosexualidad del hombre-mujer en su vida cotidiana. Se Se deben prohibir los grupos Gays que fomentan el más dañino cáncer de la humanidad para destruir la Creación Humana.

Pasarán a la historia los miles de miserables ocultos creando el peor cáncer bisexual que ha padecido la humanidad sin saberlo, y reconocer el tiempo perdido para sanar a tanto enfermo bisexual en el mundo. La historia de la humanidad nos muestra el peor cáncer que ha formado la adicción de su mismo sexo; por fortuna a muchos les sirvió que la Biblia prohibiera este flagelo que destruye la Creación. Lo desastroso fue la actitud Parlamentaria de varios países del mundo, incluyendo USA; mostrándose cómplices del más dañino cáncer que ha producido la humanidad aprobando leyes homosexuales al respecto. Y para colmo de su infamia, apoya los casamientos entre hombres y la adopción de niños a su harem de pedofilia, al proseguir su adicción a la penetración con su mismo sexo. La ciencia mientras continúe desconociendo este infame flagelo bisexual de los adictos con su mismo sexo, intercambiando su masculinidad por la feminidad de su CP-AMujer, el mundo seguirá de picada destruyéndose. Afortunadamente estos descubrimientos ofrecen la evidencia de los adictos bisexuales desde su vida anterior, los mismos identificados por su inclinación a la penetración anal masculina. Los bisexuales están descubiertos, afortunadamente ya pronto veremos los primeros regenerados ahora que existe la tecnología para adquirir la información, para que en silencio renuncie a su flagelo. Este descubrimiento de celulares, los Maestros E.T. le advirtieron al autor en Enero de 1985, que aparecerían junto a las nuevas computadoras para escribir mejor, y distribuir a todos la información de este cáncer bisexual.

El hombre mediante la dirección de su alma posee el privilegio de transformar su metabolismo para bien; mediante nuevas acciones de armonía para reformarse en su renacimiento. Debe saber, que hacer sexo con su mismo sexo, crea la adicción más enferma que todas las drogas juntas, no solo destruir su hombría, también la feminidad de su mitad alma CP-AMujer. Es como crea los extras con nuevas guías de corrupción sexual, creando genéticamente la atracción de su mismo sexo, y que lamentablemente usa para contagiar sus hijos en el matrimonio.

Afortunadamente los adictos enfermos muestran su debilidad que todos percibimos; para ver cómo su adicción los vuelve ingenuos toda su vida motivándolos hacer cualquier cosa por la penetración masculina. Cabe mencionar que las E.R.C.U. realiza su trabajo por los errores bisexuales de sus adictos enfermos, al desajustar su cuerpo cuando regresa a la vida, hasta convertirse en M.C.H. homosexual. Dos adictos bisexuales en acción, no se escapan de los cambios genéticos que produce su mente para modificar su metabolismo, por el acto cobarde de arrancar ambos la feminidad a su CP-AMujer. Y en ese trayecto de ejercer como bisexuales en el matrimonio de hombre-mujer, el hombre se encarga de contagiar a su hija, y la mujer se encarga de contagiar a su hijo el gene bisexual. Y como hija contagiada, sin necesidad de caer en este flagelo, hace lo mismo en su respectivo matrimonio infectando a su hijo con el gene bisexual de su padre, con otro afluente de este flagelo bisexual. Por ello es importante erradicar de su mente toda adicción bisexual que haya sido heredada de sus padres, limpiando su metabolismo de este flagelo para llegar limpios al matrimonio.

Por su consentimiento de usar ambos hombres su ano como vagina y rellenarla de esperma, se crea al final de su transformación, el peor cáncer homosexual para destruir su alma y la Creación Humana. Recalco, al nacer en su última fase homosexual M.C.H., las E.R.C.U. le ofrece al enfermo su última oportunidad de renunciar a su flagelo antes de su muerte; para evitar convertir su alma en combustible y destruirla en el centro del planeta.

La Creación Humana nos revela, que por este flagelo sexual con su mismo sexo; posee su propio código de conducta para acabar con el alma del hombre que desee destruirla. La homosexualidad es la única aberración que impide al hombre continuar como un ser inmortal, renaciendo cada 144 años, por un mínimo de 81,000 años. Las almas de los homosexuales que nacen en esta vida, se van eliminando ardiendo su alma en el centro del planeta sino renuncia a su flagelo antes de su muerte. Repito, todo adicto de su mismo sexo que renuncie en cualquier etapa de su adicción, evitará destruir su alma regresando paulatinamente a su heterosexualidad y continuar su inmortalidad. Por esa destrucción de su alma, es la razón que escasean los homosexuales M.C.H. viviendo entre nosotros; sus almas continúan ardiendo en el centro del planeta.

El flagelo bisexual nos prueba, ser la adicción más dañina que el alcoholismo y todas las drogas juntas. Así como un borracho sufre su adicción por el alcohol al día siguiente; lo mismo pasa con un adicto bisexual en su renacimiento. El borrachito bebe en público y en cualquier lugar, e incluso hasta pide limosna para comprar un trago para saciar su ansias. El bisexual hace lo mismo, aprovechando el público y los grupos de reunión, buscando cómo saciar sus bajos instintos gratuitamente, al conquistar traseros masculinos para penetrar la cavidad anal y viceversa. Su acecho continuado de mirar a los hombres, es suficiente para transformar su cara con una mirada penetrante para detectar su adicción; y los podemos ver en los lugares de reunión, donde se involucre la presencia masculina.

Esta percepción que posee el autor para detectar la adicción bisexual, nunca la rebelará en público o privado; aún incluso si le dieran permiso para revelarlo; es un don que usa solamente para investigación. Los enfermos requieren mucha ayuda, pues viven una vida motivados haciendo cualquier cosa, por la conquista de traseros masculinos; injusta adicción que vive hasta su muerte soñando penetrar traseros masculinos. Renacen enfermos con adicción bisexual, y si no renuncian arrancando esa atracción de su mente, continuarán arrancando la feminidad de su CP-AMujer, hasta convertirse homosexual M.C.H. y ella en lésbica.

Sin embargo con el fenómeno transgénero, cometen aberración por la ignorancia de la Ciencia en la comprensión Alma mujer-hombre, especialmente si el niño ha nacido con deseos de ser mujer. Los padres deben saber que si su hijo nació homosexual, es porque en la descendencia del padre hay podredumbre bisexual, y es obvio que desea ser mujer por su adicción de su vida anterior. La regla es simple, deben dejar que el niño sea adulto para que él mismo elija qué hacer con su condición bisexual u homosexual de su vida anterior. Involucrarse los padres para vestir a un niño como niña, a un contagiado homosexual M.C.H., es una violación complacerle su corrupción de nacimiento, haciéndolos cómplices de su depravación sexual. Un heterosexual 100% no posee un ápice de bisexualidad para negarse a cumplir este enfermo procedimiento de vestir su hijo como mujer. Es obvio que si la madre engendró un homosexual, es porque su esposo educó en su vida anterior a ese hijo que hoy nace con ese contagio.

La regla aes simple, la madre engendra al varón homosexual M.C.H., y el padre engendra la mujer lésbica H.C.M.; ambos son los mismos hijos del esposo que educó en su vida anterior. Hay casos que podría nacer su hijo bisexual y no homosexual; y de todas formas es necesario educarles sobre este flagelo homosexual para que lo arranquen de su mente y continúe su inmortalidad. Sería catastrófico que su hijo(a) continuara su flagelo en vez de arrancárselo mediante educación heterosexual antes que llegue a la pubertad. Los nacidos homosexuales no poseen pene para penetrar, solamente los bisexuales adictos en su 2da y 3era formación, el pene se les termina al exterminar toda la feminidad de su mitad CP-AMujer, convirtiéndola en lésbica y él homosexual.

Cuando la mujer es infectada de bisexualismo por su señor padre; al casarse con esposo heterosexual; engendra su hijo varón con genes de su flagelo; excepto si es mujer nacerá heterosexual por el esposo en esa condición, aunque la esposa esté infectada. De esta forma es simple erradicar a su hijo la bisexualidad que su esposa le engendró, con educación heterosexual; porque no es adicción de su hijo, es contagio de su madre. Salvo que ambos esposos sean 100% heterosexuales, jamás podrán engendrar un hijo o hija con flagelo bisexual, absolutamente. Empero, si la esposa no posee genes bisexuales, y de todas formas engendra su varón o mujer infectada bisexual, es por tener un esposo bisexual.

Absolutamente nunca, un hombre o mujer heterosexual 100%, engendra a su contraparte con adicción bisexual; solamente en su estado natural heterosexual. Por ello, los padres deben tener cuidado en la dirección que desea el niño-niña, para hacer ese cambio radical transgénero; no deben mostrarse cómplices de la inclinación de su mismo sexo que los mismos hijos hicieron en su vida anterior.

Las investigaciones del autor ratifican, que si el padre es bisexual de nacimiento, podría tener descendencia contagiada de su mismo sexo, y podría engendrar homosexual M.C.H. o Lésbica H.C.M.; incluso tener bisexual aunque su esposa sea heterosexual. Nadie tiene lo que no merece; se acabaron las historias ingenuas que la ignorancia aprovechaba, ocultando el nacimiento de sus hijos nacidos con esa adicción. Es obvio que nunca un niño heterosexual 100% desearía ser niña, porque los padres no poseen corrupción bisexual, así de simple. Recordar que el padre engendra la niña, y la madre al niño, y ambos deben mostrar estar limpios de este flagelo al engendrar su contraparte sin adicción. Al nacer su hijo homosexual M.C.H., nos prueba que ese hijo en su vida anterior terminó con la feminidad de su CP-AMujer[15]. Sin embargo, ningún padre debe apoyar el transgénero cuando son menores, por las reacciones negativas de las E.R.C.U. contra los padres que violan su nacimiento.

Para nacer M.C.H. homosexual, debe tener una transformación de más de 3 vidas en adicción con su mismo sexo, para que el hombre renazca como tal en esta vida; al mismo tiempo que su CP-AMujer, renace como lésbica. Recalco, esta etapa homosexual, es la última oportunidad del adicto homosexual para renunciar a su flagelo; sino lo hace convierte su alma en combustible para arder en el centro del Planeta, y nunca regresa al mundo como todos. La motivación de los adictos bisexuales para desenvolverse, es corrupta y desleal, viven toda su vida guiados por esa adicción genética; motivados con el aliciente de rellenar de semen los conductos masculinos y viceversa. Afortunadamente los adictos ya reflejan en su cara su atracción masculina con una mirada penetrante, por ver persistentemente los hombres. Es necesario repetir que la transformación homosexual se realiza, por tener el hombre el

---

[15] .- Su mitad alma mujer se conoce como CP-AMujer: Contra Parte Alma Mujer, y vive como su hermana; o incluso podría nacer de otra madre de su misma Rama de apellido, cuando la misma madre no engendra mujer.

don de ser un dios pequeño, usando su poder negativamente para convertirse mujer. Su adicción produce el cambio directo hacia su mitad alma mujer bajo su mando; intercambiándole corruptamente sus hormonas masculinas, a cambio de sus femeninas deseando ser mujer. Cuando termina de extraerle su feminidad a su CP-AMujer, la convierte también en lésbica siglas H.C.M.; al mismo tiempo que él se convierte homosexual siglas M.C.H. Todo adicto bisexual requiere al menos 2 y 3 vidas en adicción con su mismo sexo para terminar con su hombría, y así convertirse en M.C.H. homosexual en su siguiente nacimiento.

La excepción es, cuando hay padres adictos masculinos bisexuales violando a sus hijos menores varones; y por ese mal contra un menor activan drásticamente las E.R.C.U. con desgracias y muerte temprana del padre, por corromperlo criminalmente, dependiendo de las energías emanadas del hijo.

Recalco, este proceso de transformación hombre-mujer que el hombre corrupto hace dentro del closet; dura individualmente un mínimo de 3 vidas en adicción. La iglesia mucho ayudó por siglos evitando que sus feligreses, continuaran su flagelo del peor cáncer homosexual que ha producido la humanidad sin saberlo. Los contagiados por ignorancia, igualmente contagiaban a sus hijos con su flagelo bisexual a su respectivo género impregnado en sus genes; ilusamente creyendo que formaba parte de su naturaleza humana.

Siempre ha existido en algunas familias el flagelo encubierto bisexual, que ocasiona el esperma del padre, o el ovulo de la madre; guardando el secreto de su mala experiencia del pasado, o incluso impregnado por alguno de sus padres. De esa forma infectaban a sus hijos a la hora de engendrar su respectivo género: la madre a su hijo, y el padre a su hija es la regla. Este es el detalle que la Ciencia pasó desapercibido su flagelo, la forma que infectaban sus hijos al momento de engendrar; y así se guiaban siguiendo sus deseos buscando bisexuales cruzando su camino. Sus deseos de respetar la vida privada, dio alicientes a los adictos de su mismo sexo, a destruir la Creación Humana haciendo sexo con su mismo sexo; la acción más denigrante que ha hecho el hombre contra la Creación Humana.

La mujer es reconocida por ser la madre de la humanidad, un trato muy especial que un hombre jamás podría tener.

La mujer cambia drásticamente su propio estado, por la feminidad que su mitad alma hombre le arrebata a cambio de su masculinidad, hasta convertirla lésbica y él en Homosexual en 3 vidas como mínimo. Por ello una mujer heterosexual 100%, piensa muy diferente de otras desajustadas por su mitad alma, haciendo sexo con hombres. La naturaleza humana hizo a la mujer tan bella como ella es, para ser observadas por su hombre masculino; deseando y soñando cómo llegar a ella para engendrar sus hijos. Él sabe que debe primero conquistar el corazón de una mujer, para mostrar la fuerza que posee su masculinidad, consolidando el matrimonio con una mujer única, como la madre de la Humanidad. Loor a ella que bendice todos los caminos por dónde sea que camine.

Es importante mencionar, que toda mujer es responsable de sus actos, al heredar los errores del padre en su nacimiento; los recibe porque sabe que por naturaleza no puede ejercerlos, o peligra su vida. La mujer solamente es engendrada por su padre, con todos los atributos que posee, incluso para recibir su experiencia negativa; y que a ella le sirve para defenderse de la vida, nunca para ejercerla. Al recibir la parte Negativa de su padre, ella es sabia por naturaleza, para nunca realizarlos, solo para su conocimiento; por eso ella es mucho más cognitiva que el hombre. Empero, si acaso ejerciera lo negativo heredado de su padre, siendo ella la parte negativa, automáticamente recibe desgracias y muchos males, para que entienda su responsabilidad de no ejercer la negatividad que hereda de su padre. Ello causa que su conducta negativa atraiga al hombre con su mismo mal, para engendrar hijos deformes, cáncer, dos hermanos pegados etc. por violar esa norma de ejercer lo negativo de su padre siendo mujer.

El alma debe nacer completa: 2 entidades, el hombre 50% y la mujer 50%, ambos hermanos de la misma madre es la regla; salvo casos especiales de la madre que engendra un solo sexo, su mitad alma debe renacer en la misma rama de apellido del esposo. Todo hombre al llegar adulto, es responsable de su CP-AMujer mediante actitud heterosexual. Toda mujer depende de su mitad alma-hombre para recibir ese privilegio de mantener su heterosexualidad intacta. La mujer está expuesta a perder poco a poco su feminidad indirectamente, por la cobardía de su mitad alma hombre de hacer sexo homosexual, intercambiando su hombría que detesta.

Hoy es más fácil comprender, que toda proyección de su mente crea Relatividad por la transformación que ejerce su voluntad mediante la energía de su alma; única forma de activar las E.R.C.U., para tener lo que merece.

CAPITULO XVIII

LA FRACCIÓN DEL ALMA

Al finalizar el ciclo de las almas en 2012; actualmente el hombre posee 81,000 años de experiencia, y aún la inmensa mayoría continúa mostrando su ingenuidad con este flagelo bisexual de su mismo sexo. Este atraso nos estaba llevando al fracaso como humanidad por la falta de información; por fortuna en este libro descubre su inmortalidad y el cáncer homosexual que destruía la Creación Humana. Es penoso ver los adictos bisexuales visitar los lugares concurridos para buscar los penes masculinos de ingenuos heterosexuales mediante el alcohol. Se llegó el tiempo para que toda la humanidad se entere, cómo silenciosamente esta aberrante adicción cancerosa destruye la Creación Humana que menciona la Biblia, con la destrucción de Sodoma y Gomorra.

Ya se encuentran estos libros desde Diciembre de 2012 en librerías de internet, con la información del más destructivo cáncer que ha producido el enfermo adicto bisexual. Sin embargo, el autor por orden de sus Maestros E.T. decide escribir este libro las Revelaciones del Anticristo, anunciando el final de su trabajo realizado gracias a ellos, dirigiéndolo hasta terminar sus libros.

Recordar que antes que ocurra una muerte temprana del hombre, así como accidentes graves que sufre; todos poseen indicadores previniéndoles con anticipación mediante enfermedades, sueños, su fatal desenlace. La mayoría presentía acertadamente, que si actuaba mal, recibía sus males rápidamente; estadística que nunca pudo comprobar la ciencia, cómo las energías mentales del hombre, hacen funciones básicas para prevenirlo de sus males. El autor ha ratificado los hechos consumados como accidentes y desgracias que padecen los humanos, todos siguen una acción negativa previa al resultado. Todos tenemos lo que merecemos sin distinción; las E.R.C.U. no se equivocan cuando el hombre mediante sus acciones activa sus energías para tener lo que merece.

Es muy simple reconocer por sus hechos consumados y Relatividad de pensamiento, como el hombre continúa haciendo su trabajo de transformación mental sobre la tierra. Mostrándonos, que tanto víctimas como victimarios, son movidos por las energías de sus acciones para tener lo que merecen. Esto nos prueba, que los infortunios y cuerpos deformados que ha tenido la humanidad en todos los tiempos, lo provee su formación negativa de su vida anterior. Así como la buena salud, fortuna y estado físico, ha sido gracias a su formación anterior positiva.

Recalco, el hombre ha pasado desapercibido que antes de sufrir una muerte repentina, recibe advertencias mediante enfermedades o accidentes menores, por algo turbio que realiza para detener lo que hace negativamente. Avisos que recibe de varias formas para que no siga violando la armonía de familia y derredor; y aprenda a vivir armoniosamente.

Se preguntará el lector, porqué, los extraterrestres no hicieron el trabajo directamente con nosotros para rebelar al mundo las nuevas que el hombre no pudo interpretar, y evitar la responsabilidad de cuidarnos. Respuesta simple: Las E.R.C.U. impregnadas en todos los espacios del mundo y el Universo, no permiten que los extraterrestres, mediante sus energías avanzadas que poseen, se inmiscuyan con la mente del hombre para evitar un colapso. El hombre se vuelve estúpido cuando es educado con pruebas de sus fechorías, especialmente si alguien le dice cómo debe actuar. Lo más que pueden hacer, es influir el subconsciente del hombre que cuidan, para que vire rápidamente en su camino para evitar algún percance imprevisto que no merece en ese momento. Incluso evitar un terremoto o detener su auto para evitar un accidente y muerte entre otras cosas milagrosas, como ocurrió con el autor.

Estamos viviendo el siglo XXI y el hombre todavía no reconoce, la capacidad de su alma dirigiendo su cuerpo y la formación de su destino. La mayoría no toman conciencia actuar en armonía todos los días para vivir bien; la mediocridad se dirige haciendo un bien y otro mal, sin avanzar para sumirse en la pobreza. El sentido común nos ofrece visualizar perfectamente cómo, con su actitud positiva durante el día, hace la diferencia poniendo en orden sus acciones, y definir en esa guía el día siguiente su futuro.

Las estadísticas demuestran, que después que aparece un bien, debe surgir su contraparte, en cualquier formación humana por la guía clasificada en su dualidad. El Islam se formó 700 años después de la Cristiandad, imponiendo por naturaleza su dualidad negativa, por la enemistad creada de ex-judíos renunciantes para crear su religión; después de formar la primera.

Toda filosofía y religión se han adaptado al sentimiento de sus afiliados, genéticamente formados en su respectiva dualidad, cada cual trazando su ideal en religión o filosofía buscando el cambio positivo en sus vidas. Fenómeno dual que confirma el tiempo, imponiendo su respectiva guía con sus propios elementos que satisfacen la dualidad del adoctrinado. El catolicismo Positivo cristiano ofreció libertad para crecer, incluso para formar otras doctrinas de acuerdo a su altura mental; y el Islam Negativo fue más radical, para atraer todo lo negativo del mundo, persistiendo en destruir a Israel como primer paso.

Capitalismo, Dictadura o Teocracia, son dos guías antagónicas del bien y el mal; el Capitalismo se basa en despertar su propio intelecto para llegar a grandes alturas viviendo en libertad. Y Dictadura y Teocracia coartan los derechos del libre pensamiento al prohibir la libertad, manteniendo a su gente en la opresión bajo los designios de su Dictadura o Teocracia en el poder. El Islam nació 700 años después del Catolicismo, para continuar combatiendo sus eternos enemigos judíos creando la Cristiandad, formando la dualidad Negativa que no existía. Por eso es importante ambas guías que produce la libertad, y fue gracias al capitalismo, mostrando la mejor opción para dirigirnos por el camino de prosperidad hasta el día de hoy. Se ha probado, que solamente el hombre viviendo en Libertad, posee la opción de modificar su conducta negativa o positiva, abriendo caminos y reforzando sus lugares mediante la fuerza del trabajo para reformar su derredor. Ha sido parte de la evolución humana, copiar la mejor forma de vida de los más sobresalientes, con el cambio en sus respectivos lugares.

Repito, todo hombre haragán con más de la mitad de su vida viviendo de los demás, crea en su metabolismo su gene de holgazán que ejerce toda la vida para renacerlo en el reino animal, en el ganado o el burro. Aulas de clase especiales para que masque yerba todo el día y sirva como animal de carga; y al terminar su reeducación regrese su alma al hombre con deseos de trabajar. La Gran Energía no permite al hombre pensante, utilizar la mayor parte de su tiempo de vida viviendo sin producir nada; y mucho menos usando sus bajos instintos tratando de ser mujer.

La guía Capitalista nos ha dado buenos resultados para motivar al hombre al trabajo, con la mejor opción para crecer el ego del hombre en la adquisición de las mejores cosas. Otro incentivo para validar al hombre su formación sin afectarlo la avaricia, descuidando lo más elemental de vivir en armonía. Debe vivir en libertad para medir su poder de compra mediante su trabajo y estudio; aunque para ello tenga que delinquir o hacer otras cosas ilegales para obtenerlo. Acciones individuales importantes que sirven al hombre para medir su conducta en su respectiva formación al final de su vida, y que su alma configura mediante sus acciones, el cuerpo que tendrá su renacimiento. Nunca hemos vivido a la deriva como se creía antes, gracias a las E.R.C.U. encargada de dar al hombre su merecimiento, siguiendo su formación día con día formando su destino. Los miles de objetos que la producción elabora para satisfacer los egos del hombre, incluyendo compra de propiedades y todo lo que individualmente necesita; son motivaciones para ascenderlo mediante su trabajo.

La pobreza que muestra el mundo, está relacionada con los vicios adquiridos en su vida anterior, manteniendo sus lugares por merecimiento. Lo podemos ver en las grandes ciudades, cómo el hombre bien dotado de fortuna, termina su vida por la corrupción de sus vicios viviendo en las calles, buscando comida y dónde dormir. Para evitar que su alma continúe ese colapso desolador, lo reprograma renacer en otros lugares de miseria que no posean la Mesa Opulenta, y evite caer en los vicios, para adquirir responsabilidad de vivir como ser humano.

Vicios, sexo, alimentos, etc., deben estar en la llamada "Mesa Opulenta" del mundo civilizado, un fenómeno que debe tener toda sociedad libre para probar al hombre su poder mental; y evitar caer en la desgracia. Cuando el hombre cae en los vicios por éste fenómeno, sino logra recuperarse en su siguiente nacimiento, su alma se reprograma renacer en otros países con pobreza extrema, para que sin la atracción de dicha Mesa, pueda sobrevivir. Esta Mesa sirve para calificar al hombre, le evita crecer y prosperar, incluso algunos empresarios corruptos caen en esta desgracia para renacerlo en la hambruna, al violar los preceptos de vivir honradamente. Los vicios aportan muchas funciones positivas para regenerar al hombre en desgracia, empeñados en vivir miserables al morir tempranamente para renacerlo en la miseria. El poder económico que el hombre posee, lo adquirió en su vida anterior mediante sus acciones; y tiene la obligación de mostrar en esta vida, si aprendió la lección de continuar en armonía; o necesita continuar en sus aulas de aprendizaje donde vive aprendiendo su lección.

Las filosofías de izquierda y derecha, están hechas para satisfacer al hombre en su respectiva dualidad, formado desde su vida anterior. Nadie que sea negativo soporta vivir en el Capitalismo porque no puede sobresalir por su conducta pasada que le evita trascender; siempre busca cómo quitar injustamente al que tiene para satisfacer su corrupción. El hombre Positivo, no podría sobresalir viviendo en la Dictadura o Teocracia, sus propias energías activarían el F.A. después de la 3era generación viviendo mentalmente amarrado. Este Fenómeno se crea también en el mundo libre de todo el Mundo, después que los padres educan a sus hijos mal y negativamente por 3 generaciones.

La Ciencia se ha mantenido al margen de este conocimiento del alma, por ser una energía invisible, imposible detectarla por cualquier aparato. No se percató de esta energía imprescindible que requiere el hombre para tener vida; sin ella jamás tendría su yo personalizado por todo su ciclo milenario, y penetrar con su primer aliento de vida en su renacimiento. Mucho menos entendió, que para perfeccionar su personalidad, requirió regresar a la vida con su mismo YO, miles de años para reformarse con cada experiencia obtenida. Ha sido vital que su fuerza almática se refuerce en cada renacimiento mediante su experiencia de vida dirigiendo su cuerpo; siempre con la perspectiva de mejorar su estado, cada vez mejor en su regreso.

La educación almática es sumamente importante, y requiere la experiencia de su mismo YO dirigiendo su cuerpo; sintiendo el poder de transformación que su mente realiza para vivir mejor. La base para dirigir su mismo YO en cada renacimiento, es usando sus funciones físicas y mentales, aprendiendo a dominar sus bajos instintos para guiar mejor su destino. Nunca olvidar que el alma del hombre es la misma dirigiendo su cuerpo por 81,000 años, para comprender hasta donde llega su inmenso poder energético mediante su experiencia, haciéndolo un dios pequeño en la tierra con gran poder de transformación.

Cualquier acción en armonía en forma constante, se construye la genética de sus hechos, para guiarlo automáticamente en esa guía para fortalecer su alma y derredor. Así se han formado las personas con mayor capacidad mental de almas adultas del planeta, haciendo mejor sus lugares donde regresa a la vida. Todas las almas poseen la misma edad de 81,000 años en este ciclo, lo que cambia, son las fracciones hechas en el pasado por negativismo e incomprensión, restándoles edad a cada una por ignorancia. Con la partición se crearon los países bajos del 3ero y 4to Mundo, para reeducarse en armonía en la formación de sus lugares. Así se descubren las almas pequeñas de su descendencia mediante su partición almática, quienes conforman sus respectivos países; incluso para renacer en países pobres y hambruna para quienes lo merecen. Esta transformación de su alma para renacer en esos lugares negativos, la causan las almas adultas violando su formación especial de empresarios y ricos políticos corruptos, viviendo en todos los países robando al pueblo para su ilícito enriquecimiento.

Su alma es única, graba y dirige individualmente todo lo que su relatividad de pensamiento fue capaz de transformar mediante su milenaria experiencia. Aún con este proceso de partición de las almas, sigue ligado a su propia Rama de apellido y respectivo C.P.V., trayéndolo a la vida cada 144 años, por todo el ciclo de 81,000 años. Recordar las almas que se desarrollan negativamente en esta vida, llevan la transformación de su vida anterior, para que enfrente las consecuencias que debe cambiar; y si prosigue en esa formación negativa, fraccionará nuevamente su alma.

Es obvio por qué la ciencia no pudo investigar el alma, mucho menos el cáncer más destructivo que ha padecido la humanidad en todos los tiempos con la homosexualidad; por ser un trabajo mental con el poder de sus bajos instintos. También no hubo nunca un filósofo que estudiara esta formación enferma desde sus raíces, que abriera los canales de investigación. Sin embargo, ha sido palpable la deformación que hace el hombre con su rostro, por mirar tanto a los hombres, es obvio que nadie se atrevía a investigar esta madeja de corrupción de su mismo sexo.

Así fue como el autor investigó los hombres que tenían esa mirada penetrante por ver a los hombres continuamente, lo demás fue simple reconocer su bisexualidad, al investigarlos con P.T.[16], para llegar al origen del problema. Así fue como indagando desde su vida anterior al enfermo bisexual, comprobó el autor cómo los hombres bisexuales indirectamente reciben la adicción de su flagelo de 2 formas. La primera más simple por conducto de su madre, infectada por su propio padre o ella misma; la segunda por la adicción creada en su vida anterior. Debo aclarar que la madre con su fuerza sexual, solamente engendra al varón, y el padre en la misma forma engendra mujer. Ambos podrían impregnarles a sus respectivos hijos sus genes de adicción de su flagelo si los poseen. Y en todos los casos es posible arrancar la adicción de su mismo sexo

---

[16]   . P.T.: El Psicoanálisis Dimensional actualmente lo realizan los psicólogos mediante estudio de su derredor; y el P. Tridimensional es una investigación más profunda que abarca el estudio del alma desde su vida anterior.

de sus genes, simplemente ignorando la atracción recibida de su flagelo, y desecharla como una aberración mental antes de engendrar; para evitar infectar a sus hijos.

La adicción de su flagelo bisexual que adquiere el hombre o mujer al nacer, lo ha llevado en secreto para ejercerlo en el closet, por el miedo de mostrarlo a su familia. Siempre ha sido el pretexto de la ignorancia para proseguirlo, creyendo que forma parte de su organismo, para continuarlo en su closet dando rienda suelta a su adicción. Hoy es más peligroso continuar su flagelo, por la libertad sexual que se ha apoderado del mundo con la aprobación del matrimonio homosexual en varios países. Increíble, como el mundo tiende a destruirse con el peor cáncer, por la enferma adicción del hombre acabando con la heterosexualidad humana; pensando erróneamente que la homosexualidad es normal.

Debo aclarar nuevamente que la mujer bisexual no es culpable de su flagelo impregnado en sus genes en su nacimiento, es su CP-AHombre quien le arrebató su feminidad tratando de ser mujer por corrupción. Pero al nacer ella bisexual, es otra historia en cada mujer para iniciar su flagelo; siendo ella heterosexual, es incapaz de relacionarse con su mismo sexo.

Si mundialmente permitieran el matrimonio de su mismo sexo en este tiempo; la humanidad se destruiría en menos de 100 años por este cáncer bisexual que nubla la mente de los desquiciados. Por eso era muy importante que los extraterrestres encontraran al Anticristo nacido en la última generación de los 1940s, del ciclo recién culminado el 2012, para que trabajara este desquiciamiento que destruía al mundo. Con estos libros, finalmente todos tendrán la etimología y pormenores de cómo comienza este cáncer humano para terminar con la humanidad. Todos tendrán ayuda terapéutica para quienes no puedan dominar su adicción enferma, de arrancar su flagelo de penetrar traseros masculinos.

Todos fuimos testigos, cómo la Biblia nos informó del peligro de la homosexualidad, al ilustrarnos la destrucción de Sodoma y Gomorra; pero la inmensa mayoría ignoró el mensaje. Repito, el autor gracias a sus maestros descubrió que dicho libro sagrado, siempre ha tenido toda la verdad científica, esotérica y mística del origen del hombre; incluyendo la prueba del peor cáncer homosexual para destruir la humanidad.

En el libro "La Relatividad Mental #2" del mismo autor, ilustro perfectamente los primeros pasos para llegar a ser un auténtico homosexual M.C.H.; primero el hombre comienza a corromper su heterosexualidad 100-00%, hasta desajustado heterosexual 80-20% hasta su muerte. Luego renace en ese estado para continuar su flagelo hasta llegar a 50-50% como bisexual también hasta su muerte. Ahora nace como bisexual pasivo o adicto de acuerdo a su corrupción; y como he dicho, su cara podría reflejar la adicción de su mismo sexo, por la mirada penetrante de ver continuamente a los hombres. Y así prosigue corrompiéndose otra vida, hasta terminar de arrancar toda la feminidad de su mitad alma-Mujer, convirtiéndola en lésbica con la masculinidad intercambiada que detesta; y él se convierte en M.C.H. auténtico homosexual.

Al renacer el hombre homosexual M.C.H., culmina su trabajo de corrupción con su mismo sexo, un mínimo de 3 vidas arrancando cobardemente la feminidad de su mitad alma-mujer. Así ella adquiere la masculinidad de su CP-AHombre en su cuerpo de mujer, para vivir como lésbica, y él homosexual. Una vez nacido M.C.H. homosexual no posee pene para penetrar, solo para sus necesidades fisiológicas, y nunca podrá penetrar al "tú me das y yo te doy" como lo hacía en vidas anteriores como bisexual introduciéndose ambos. Por ello la mayoría de homosexuales M.C.H ahora solicita comprar sexo al mejor postor bisexual o heterosexual; usando sus conductos de defecar como vagina, para que depositen su esperma en la penetración anal. Los homosexuales vivirán toda esta vida ejerciendo su estado, pero será su último renacimiento, si no renuncia antes de su muerte a su flagelo, destruyendo su alma.

Y hablando de ellos, la humanidad no había percibido la falta de homosexuales en el mundo; porque han dejado de regresar a la vida como lo hacemos todos al continuar con su flagelo. El llamado infierno que interpreta la cristiandad por este flagelo sexual y que los homosexuales M.C.H. por ignorancia, estaban marcados para destruir sus almas en esa forma, al no renunciar a su flagelo. Hemos visto cómo con el silencio de la mayoría, solapan y dejan expandir este flagelo sexual para degradar a la humanidad en contra de nuestros hijos; sin pensar que ignorándolo, son igualmente destructores como los adictos de su mismo sexo. Afortunadamente la Biblia denunció este flagelo sexual muy acertadamente con el desastre de Sodoma y Gomorra, previniéndonos de otra destrucción mayor que se cernía sobre la humanidad, a final del Ciclo de las almas en 2012, ignorando la advertencia.

Nadie hubiera imaginado que la Homosexualidad estuvo escondida siempre en su closet después de la destrucción de Sodoma y Gomorra, y expandida con el gran éxodo Atlante siguiendo a Noé. Pareciera que todo estuvo programado, para que entrara en acción el Anticristo el final del Ciclo de las almas, y complementar la educación de la humanidad. Así fue como gracias a la libertad sexual de los 1960s, con la juventud de la última generación del Ciclo de almas de los 1940s, se descubría el peor cáncer que ha producido la humanidad en todos los tiempos. La increíble fuerza de la Relatividad Mental, mostrando su transformación.

El alma del hombre, lo dirige en cada renacimiento con su mismo YO ejerciendo la vida mediante su dirección, para comprender, hasta donde llega su inmenso poder energético, mostrando ser un dios pequeño en la tierra, con gran poder de transformación.

CAPITULO XIX

UN GOBIERNO MUNDIAL

Cuando nuestra alma penetra al cuerpo con su 1er aliento de vida, activan su organismo impregnando el Yo personal con la misma individualidad que posee todo hombre sobre la tierra. O sea impregna las grabaciones con fisonomía de su cuerpo y formación genética de su vida anterior, con otra oportunidad de vida con nuevas experiencias. Su mismo YO individual del hombre lo provee su alma por todo su ciclo de 81,000 años dando vida su cuerpo cada 144 años, con su nuevo formato creado cuando penetra con su 1er aliento. Al llegar adulto, es su deber evitar los vicios, especialmente si posee adicción bisexual que destruye la Creación Humana, evitando que su genética negativa continúe guiándolo automáticamente para destruirlo.

Después que la humanidad terminó su ciclo en 2012 pasado, el hombre se encuentra apto para dirigir su alma responsablemente con estas revelaciones, en la prueba de 1000 años para cambiar su rumbo. Ya no hay excusas del cambio que deben hacer todos viviendo en armonía, exaltando su alma a otro nivel de conciencia eliminando toda corrupción, y adicciones que destruían su cuerpo. El tiempo se acaba en este planeta para que el hombre empiece a buscar otro lugar habitable, y continuar entrenando las almas con otra oportunidad de existencia como lo hicieron los Maestros E.T. en la Tierra. La energía que produce la mente del hombre a través de su alma, es indetectable por cualquier aparato; mucho menos para identificar la genética bisexual en su cuerpo, guiándolo como un tonto buscando cómo saciar su adicción de penetrar los traseros de hombres y viceversa. Por ello la ciencia siempre ha estado al margen de este flagelo, viendo cómo se desarrolla esta adicción cancerosa indetectable, y que destruye al hombre su masculinidad, al mismo tiempo que acaba con la feminidad de la mujer.

La conducción sexual humana, excluyó la definición Negativa-Positiva en sus guías por la ignorancia de la Ciencia, con el peor cáncer homosexual desarrollado con ignorancia por el hombre. De la misma forma esta función básica fue ignorada en Filosofía y Religión; como guías creadas sin la clasificación respectiva Negativa-Positiva; poniendo en peligro al hombre de mezclar ambas creyendo ser la correcta. Cada dualidad Negativa-Positiva, impone su deformación y formación en la conducción humana, identificando exactamente su formación a toda filosofía y religión.

Por ejemplo hacer sexo homosexual es negativo porque acaba con la Creación Humana, y la actitud heterosexual es positivo porque la conserva y la expande. En la Política, la filosofía Comunista, Dictadura y Teocracia es Negativa por atar la mente del pueblo en una sola dirección. Y el Capitalismo es Positivo porque lo deja vivir libre, ejerciendo su libre albedrío para guiarse en libertad haciendo su agrado para prosperar; aunque haciéndolo se destruya. Lo mismo pasa en religión: Catolicismo o Cristianismo es filosofía Positiva por no presionar a sus adoctrinados para hacer su vida como deseen. Contrariamente el Islam es filosofía Negativa, amarra a su gente en una sola dirección, incluso asesina si violan sus decretos, induciéndoles al terrorismo imponiendo su extremismo debido al F.A. activado para destruirse.

Al crearse la Cristiandad como la primera educación de la humanidad, obviamente se imponía la dualidad Positiva, por ser la primera guía de moralidad, atrayendo ambas dualidades positiva-negativa para conducirse en esa dirección. A pocos siglos de la educación Cristiana, fue obvio resaltar la contraparte negativa de los renunciantes exjudíos odiando a Israel; al ver el éxito de su doctrina Cristiana para adoctrinar el mundo. Así fue como 700 años después, crearon la religión islámica, dando cabida a la dualidad negativa que no existía. No estoy en contra de la religión Islámica y Católica, solo remarco la formación causada de ambas doctrinas, con procedimientos para identificar cómo se condujeron después de emerger la religión Católica.

Posteriormente se crearon los afluentes Cristianos con los llamados Protestantes, para crear su propia interpretación como almas adultas para formar el 1er Mundo; y así sucesivamente el resto del 2do al 4to Mundo con las almas con menos comprensión. El catolicismo sirvió para todos, educándolos libremente en el bien; cada uno formando su propio mundo mediante sus acciones, así como sus aulas de clase, incluso la creación de lugares de hambruna para su restauración.

Reitero, la religión Católica-Cristiana fue creada por profetas judíos, basado en principios de educación de moralidad que requería el mundo, como su 1era doctrina para extirpar a tanto bárbaro practicante de sacrificios humanos por el mundo. Sin embargo 700 años después, los renunciantes judíos por convenir a sus intereses y odiando a sus ex hermanos, en vez de expandir la doctrina cristiana, introdujeron el Islam, para adoctrinar a su gente en su respectiva dualidad. Ahí comenzó el negativismo expandiendo su odio contra Israel, incluso creando la pena de muerte a sus violadores; adoctrinando con muerte a todo infiel, creando el terrorismo. Gracias a la conducción del pensamiento negativo, es como se han creado los lugares y aulas de clase para dar cabida a la formación genética del hombre proveniente de su vida anterior. Recalco, el Islam fue fundada por ex judíos odiando a Israel, 700 años después de fundada la Cristiandad; dando comienzo la dualidad negativa para atraer el negativismo de todo el mundo. Su origen negativo le proveyó de terapias fuertes para hacer toda clase de daño en nombre de su dios; como amarrar dinamita a su cuerpo para asesinar niños, con adoctrinamiento malévolo que ganarán el cielo por sus asesinatos.

La Dualidad Positiva trabaja buscando estabilidad mundial en contra de la Negatividad que perturba el mundo, haciendo la guerra donde se requiere el cambio, para bien de la humanidad. La cristiandad originalmente se hizo para sentar las bases de moralidad para educar positivamente a las familias, como la 1era religión para educar la humanidad que venía de la barbarie. Afortunadamente el alma guarda la buena experiencia del hombre en su vida anterior, programándole en su nuevo nacimiento la misma genética en su cuerpo, y continuarlo automáticamente hasta el día de hoy.

La inmortalidad, inconscientemente le da al hombre esa gracia de ser diferente en su renacimiento, con la experiencia obtenida en su vida anterior. Sus miles de años experimentando sus formas cambiantes de renacimiento y pensamiento, es gracias a su propia individualidad que nunca cambia, lo hacen único en el mundo. A veces posee la opción de fragmentar su alma al guiarse en los vicios, viviendo en dirección negativa; es ahí donde demuestra hasta su muerte su capacidad de continuar en esa formación. Sus 81,000 años de experiencia obtenida en el pasado ciclo, el hombre posee en esta prueba obtenida de reformación de mil años, las opciones para transformar positivamente su voluntad. Su inmortalidad ha sido fundamental para reforzar su alma con cada experiencia vivida, con miles de oportunidades beneficiando a su familia y derredor. <u>Hoy con estas revelaciones, es más fácil comprender, cómo con la proyección de su mente, basada en su Relatividad de pensamiento, puede transformar todo lo que su voluntad promueva mediante su alma.</u>

Sus funciones han sido siempre activar las E.R.C.U. para tener lo que merece; impresionante fenómeno que desconocen todos, de estas Energías del Universo impregnadas en todos los espacios del mundo. Somos una capsula de energía que nuestra mente activa, moviendo sus partículas para ejecutar el cambio visualizado por sus acciones, creando las aulas de clase y condiciones especiales que su cuerpo merece. Cuando el hombre comienza a corromperse con su mismo sexo, crea un sentimiento nocivo de adicción, al cambiar negativamente sus genes para conducirlo automáticamente en esa guía.

El hombre ignoró que para sentirse mujer haciendo sexo con hombres, necesita arrancar la feminidad de su mitad alma o CP-AMujer para lograrlo. Al persistir su continuación, lo graba su energía almática hasta su muerte; y en esa altura de su adicción que motivo su existencia, lo prosigue en su nuevo renacimiento al nacer bisexual en diferentes etapas de adicción. Con su formación creada renace sintiendo la atracción de su mismo sexo desde pequeño, con otra oportunidad para erradicarlo. Empero, debido a la falta de información de este cáncer bisexual, sus deseos los prosigue creyendo que son normales. Lamentablemente casi todos los bisexuales que nacen con su flagelo, vuelven a caer en la adicción de su pasado creyendo que es normal, o culpan a Dios o la naturaleza por su adicción. Y así prosigue hasta terminar extrayendo cobardemente toda la feminidad de su CP-AMujer; hasta convertirse en homosexual M.C.H.

Por otra parte, **místicamente nadie había tocado este punto, de cómo la humanidad se guía en su inmortalidad, fraccionando su alma en ese derrotero. Por ejemplo, percibimos el regreso de los muchos miles de mártires regresando a la vida después de la Primera Guerra mundial, resurgiendo su odio incrustado como resentimiento, y que posteriormente los llevó a la II Guerra Mundial. Después de esa guerra, renacieron los líderes para** ejercer el comunismo, resaltando sus genes destructivos para crear una base negativa que no existía en filosofía; para que la negatividad pudiera expresarse. Así pudimos comprender, **cómo trabaja el Mal** mediante la negatividad, por los líderes educados en esa formación de polaridad Negativa: Marx, Lenin, Castro Ruz, Hitler y Nietzsche entre otros. Cada cual aprovechando su fama personal para proveer al pueblo de sus ideas, creadas bajo su estado negativo sin libertad de expresión.

Estados Unidos ahora nos confirmará con su Presidente número 45 cabalístico, los cambios que debe tener el mundo en este periodo de prueba de la humanidad. Este Presidente marcará el final del experimento inconsciente de medir el comportamiento de un líder nefasto en el poder como Fidel Castro; mostrando a todos, cómo sin vigilancia mundial aparecen estos detractores de su pueblo. En resumen, la conducción humana nos pide, que nuestro mundo requiere de un gobierno mundial al mando de Israel, USA y 1er Mundo, para vigilar la libertad de los pueblos. De lo contrario los líderes populares seguirán haciendo de las suyas explotando su ego, no solo en contra de su pueblo, también en contra de nuestra seguridad y paz mundial.

Comprobamos, que la libertad es importante para encontrar la respuesta que guíe al hombre con las motivaciones impregnadas de su vida anterior; y resalten las nuevas guías que reformen su camino. Repito, el mundo entero puso equivocadamente en una sola dualidad a ambas guías Positiva y Negativa; causando desconcierto mundial. Por ello mucha gente ignorante, hace elogios a un líder nefasto y criminal, sin importarle que con ello, amarre la mente de su pueblo en su dirección corrupta, como lo hizo Castro con el pueblo Cubano. Todo hombre posee el derecho de conducirse libremente en la formación de filosofías que coincidan con su respectiva dualidad; que encajen con sus formas de pensamiento, y escoger el Comunismo o Capitalismo por su elección de polaridad. Así es como la dualidad Negativa posee el derecho de crear sus propios líderes que coordinen con la corrupción de sus acciones; para atraer a la negatividad del mundo y dirigirlo mediante dictadura o teocracia. De la misma forma la dualidad Positiva posee también sus derechos para dirigirse viviendo en democracia y libertad. Sin embargo, en este periodo de prueba, la humanidad ya conoce que el Comunismo, Teocracia y Dictadura, son filosofías negativas que evitan ascender al hombre, para que los dirigentes mundiales eviten que surjan estos dirigentes. El negativismo se crea mediante las acciones del hombre individual viviendo en libertad, ejerciendo su libre albedrío para autodestruirse; nunca bajo dictadura o teocracia porque se crea el F. A.

En el ciclo de la humanidad finalizado en 2012, se ignoró que toda filosofía posee su respectiva dualidad Positiva-Negativa. Nadie puso en claro, cómo y por qué, cada cual es capaz de producir la diferencia de ideas para crear una filosofía en acorde a su pensamiento y formación. La Dualidad Negativa posee un lineamiento exclusivo de mentes fuertes y retrogradas, para atraer con sus ideas al ingenuo neutral que desean conquistar. Por ello la conducción humana de los países debe ser libre, cada uno mostrando su potencial para ejercer su derecho de prosperar eligiendo lo que despierte su interés.

Vivir en armonía causa sobrevivencia saludable a quienes logran llegar a la ancianidad en buen estado físico; incluso pocos logran mantenerse activos con su formación mental. Especialmente quienes llegan a la edad de 94 fácilmente, son súper bendecidos por naturaleza, preparados para renacer en las mejores familias y lugares. Las E.R.C.U. nunca se equivocan para darle a cada ser su merecimiento; y cualquiera lo puede probar mediante sus acciones, para definir su estado actual de cómo vive ahora su vida.

LA TRANSFORMACIÓN DEL ALMA

Ahora vemos la importancia de la muerte; es el valioso tiempo para descansar su alma de dirigir al hombre, cuidándolo las 24 horas del día hasta su muerte. Al desprenderse su alma con la muerte del cuerpo, es el tiempo que utiliza para configurar la formación que tendrá su nuevo vehículo en su renacimiento, y continuar sus obras pendientes. En otras palabras, milenariamente prosigue su vida en la misma individualidad creando experiencias negativas y positivas; y que graba su alma para guiarlo en esa formación en su renacimiento. Al desprenderse su alma con la muerte del cuerpo, lleva grabados toda la experiencia obtenida hasta el final; para impregnárselos nuevamente a su regreso a la vida con su 1er aliento, al engendrarlo su mismo padre.

La experiencia de la ignorancia nos prueba y comprueba, cómo la filosofía comunista pudo negativamente influenciar la educación de las almas positivas viviendo en libertad. Ello nos confirma que la guía Capitalista, es formación Positiva por excelencia de sus creadores. La única que confirma armoniosamente la voluntad férrea de su gente trabajadora, mostrando hasta dónde puede llegar su capacidad creadora, para salir adelante.

Vemos, cómo cualquier personaje de alta envergadura social, política, incluso altos clérigos cristianos, poseen igual que todos; la misma fuerza interna de sus bajos instintos e interés sexual. Todos ignoran que sus acciones escondidas lo registra su alma, incluso su adicción para modificar sus genes, y de esa forma automática reinstala sus errores en su renacimiento. Obviamente un adicto bisexual no es capaz de mencionar su flagelo, nadie lo dice ni menciona la atracción que ejerce en secreto; pero si posee el derecho de votar a favor para que ejerza libremente su adicción bisexual. Es una cobardía actuar calladamente, transformando su metabolismo negativamente con su adicción anal, infectando sus hijos en el matrimonio.

Los sentimientos del hombre se configuran desde su vida anterior y empiezan a manifestarse en su presente nacimiento con la personalidad del niño; y aunque sean bebés, piensan y sienten igual que un hombre mayor. La diferencia que su cuerpo por ser pequeño, no les permite la expresión adecuada, y con gritos y lloriqueos muestran su conducta mientras crece su cuerpo.

Hay bebés que perdieron la vida trágicamente en su vida anterior, y les viene en su mente ese recuerdo después de nacer rápidamente, llorando muchas veces sin cesar. Por ello al niño pequeño se le debe hablar con amor, igual como se habla a un adulto, para que ellos entiendan perfectamente lo que pasa en su familia; creándoles un ambiente de confianza en su derredor.

Volviendo al tema de los millonarios, estos personajes que han tenido éxito volviéndose millonarios en esta vida, no ha sido la casualidad su formación, porque son almas adultas, que vienen tejiendo desde su vida anterior, cómo motivar al hombre al trabajo. Su valorada actitud, activó las E.R.C.U., para programar su alma después de su muerte, y renacer en el lugar adecuado para hacer lo que merece tener por su actitud de su vida anterior. El Hombre es, ni más ni menos, el milagro de la Vida y que todos vemos a diario, cual conforma gracias a su pensamiento este paraíso que disfrutamos.

Repito, Dios no mete sus manos en esta tierra; deja que su hijo el hombre haga sus funciones de dios pequeño que ha sido siempre, y active las E.R.C.U., impregnadas en nuestro espacio. Dios Padre respeta nuestras acciones para tener lo que merecemos; ya sean tuertos, cojos, ciegos, sin brazos o sin piernas, bisexuales, homosexuales, dos hombres pegados, etc. Es el hombre en su tiempo de vida, encargado de configurar su metabolismo y la transformación de su cuerpo; para renacer bendecido o maldecido, deformado o reformado.

Por otra parte la labor más sagrada que hace toda mujer fértil es tener hijos; de lo contrario peligra su vida por violar este precepto, programando su muerte de muchas formas antes de los 33; a menos que no pueda engendrar. La Creación Humana posee sus parámetros para quitar la vida, de quien sea que no cumpla con su deber de engendrar; máxime si es una mujer 100% heterosexual que evita tener hijos. Ignoran las mujeres que haciendo el aborto, además de matar a su hijo, le impiden la reformación que deseaban sus acciones al llamar su alma para nacer nuevamente. Pobres mujeres, ignoran que todo se paga en esta vida viviendo con desgracias hasta su muerte.

Actualmente el peor vicio bisexual de la humanidad es gratuito por ignorancia de la ciencia; y para colmo, los gobiernos hacen leyes para aprobar el matrimonio entre hombres libremente para destruir la tierra.

CAPITULO XX

LA HOMOSEXUALIDAD Y SUS VARIANTES DE CORRUPCIÓN

Con las pruebas aportadas en estos libros, comprenderá la razón del porqué, el hombre fracciona su alma por irresponsabilidad de vivir la mayor parte de su vida negativamente. Ahora podrá saber todas las interrogantes de su vida anterior mirando simplemente su cuerpo físico, como la mejor prueba que ha desarrollado su propia Relatividad Mental.

La producción genética mental es interminable como inevitable, persistiendo cualquier artimaña mediante su diaria experiencia, corrompiendo sus bajos instintos para satisfacer su adicción. Con el hábito bisexual se crean genes para guiarlo automáticamente en esa dirección, y muchos adquieren en su nacimiento; deteriorando su apariencia con la atracción de su mismo sexo. Siempre ha sido difícil aceptar sus males de nacimiento, por su creencia errónea que Dios ordenó nacer con determinada adicción; mucho menos reconocer los errores de su vida anterior por nacer defectuoso.

Ahora con la perversión del hombre tratando de convertirse mujer, ha creado muchas facetas para promover su adicción, y dirigirse a los niños criminalmente para satisfacer su flagelo. Los nacidos M.C.H. homosexual, es una configuración mental, con más de 3 vidas consecutivas en adicción bisexual, dependiendo de la continuidad que realiza hasta su muerte. Los adictos ignoran, que al prostituirse ambos hombres con su mismo sexo, intercambian su hombría que detestan con su CP-AMujer, arrancando su feminidad hasta convertirla lésbica y ellos en M.C.H. homosexual. Mantener su heterosexualidad es básico para proteger la feminidad a su mitad alma mujer, para engendrar sus hijos en esa dirección.

El Ciclo terminado en 2012 pasado, fue necesario para que las almas tuvieran la oportunidad de experimentar vivir 81,000 años para demostrar su continuidad heterosexual. La Cristiandad fue determinante por los últimos 2000 años, para llegar salvos al siglo XX; caminando juntos con el peor cáncer homosexual de sus adictos tratando de destruir la humanidad.

La cronología de un nacido enfermo homosexual M.C.H.-valga la redundancia-, comienza su secuencia corrupta con su mismo sexo, a partir de heterosexual 100%; al menos 3 renacimientos continuos hasta convertirse M.C.H. Este principio destructivo lo comienza un adicto bisexual, de varias formas para corromper a todo tipo de principiantes heterosexuales, incluso menores, dejando una secuela de adicción hasta su muerte. Su primera fase corrupta empieza desajustando su heterosexualidad 100%, gradualmente hasta llegar adicto bisexual introduciendo traseros masculinos y viceversa. Lo más negativo de su perversión es, que no solo el hombre destruye su masculinidad, también destruye a su CP-AMujer, arrancándole su feminidad para sentirse mujer haciendo sexo con hombres. Con su adicción de penetrar traseros de hombre, en forma automática se convierte en un mínimo de 3 vidas consecutivas en M.C.H. homosexual; y su mitad alma-mujer en lésbica H.C.M. Es increíble la cobardía de enfermos bisexuales, cómo arrancan la feminidad de su mitad alma mujer por sus deseos de convertirse mujer, buscando traseros y penes masculinos para introducirlos y viceversa.

La importancia de toda alma debe nacer con ambos géneros mujer-hombre, para que el hombre defina cómo comportarse durante su vida cuidando la heterosexualidad de su mitad alma mujer; al tiempo que cuidaba la suya propia. Ahora sabe que al nacer M.C.H. posee un plazo hasta su muerte, de renunciar a su homosexualidad para evitar destruir su alma como combustible en el centro del planeta; y nunca más regresa a la vida como lo hacemos todos. El hombre corrupto todavía bisexual, ha tenido en el pasado largas vidas para arrancar su adicción que ha impregnado su alma en su renacimiento; y no lo ha hecho por adicción.

La bisexualidad ha producido en nuestra sociedad cambios estratégicos de formación; viendo cómo sus adictos se motivan unos a otros buscando formas de diversión, educación y trabajo para saciar su flagelo. Todo hombre que se mantenga callado ante esta flagrante violación humana bisexual, viendo cómo arrancan la feminidad de sus respectivas mujeres; es cómplice de sus actos impúdicos rellenar de esperma sus conductos anales. Y no se trata de proteger la privacidad de los violadores, se trata de proteger la seguridad de nuestra humanidad, y evitar que la adicción bisexual destruya la mujer. Anteriormente cuando no aparecían los anticonceptivos, las familias eran numerosas; ahora se ha reducido drásticamente la producción de hombres por su adicción bisexual. La mujer 100% heterosexual se conserva así gracias a su mitad alma Hombre que no ha caído en las garras de la homosexualidad.

La maternidad es obligatoria para toda mujer heterosexual y bisexual excepto la lesbiana, H.C.M, que carece de reproducción por falta de la feminidad que arrebató su CP-AHombre. Sin duda la corrupción bisexual del hombre es la más cobarde e inhumana, al producir cambios genéticos a su mitad alma-mujer a su cargo, arrancándole su feminidad por hacer sexo con hombres. Es la razón que algunas mujeres bisexuales se guían en el terreno varonil, por el peso de su masculinidad impregnada por su CP-AHombre para realizar tareas; que nunca haría siendo ella 100% heterosexual.

Por otra parte en el terreno científico e investigativo, toda tarea de reproducción asistida, nunca cambia la formación genética original del contrayente al impregnar cualquier adicción en su esperma, incluyendo el flagelo bisexual. Un hombre que done su esperma debe estar libre de poseer adicción bisexual, para no dañar a la hija que engendra como donante, independientemente si la madre está contagiada para engendrar su varón. Todo hombre bisexual que desea regresar a su heterosexualidad, debe renunciar totalmente a su flagelo de su mismo sexo, y suplirlos con atracción femenina, al menos por 7 años de actividad heterosexual hasta erradicarlo de su mente.

Debería prohibirse en el Congreso de los gobiernos, a personas infectadas bisexuales, llenando una hoja al respecto para ser admitido en el congreso; porque es una felonía involucrarse en la creación de leyes para favorecer la homosexualidad. Es obvio que los congresistas que apoyan la homosexualidad gran parte lo hacen por su contagio; por eso se debe concientizar en las elecciones de sus representados, no tengan esta adicción impregnada del peor cáncer para destruir la humanidad.

La adicción bisexual es el más destructivo cáncer que se haya descubierto hasta hoy, mucho más peligroso que todas las drogas juntas. Si comparásemos el flagelo bisexual con la adicción a las drogas, comprobaríamos que estas serían una bendición comparada con los enfermos bisexuales destructores de la Creación humana. Aunque ambos son destructores; es más sana la entrega de droga gratuita para calmar la adicción de los drogadictos, que la adicción bisexual que destruye la humanidad. Lo peor de todo es que la sociedad se la ofrece gratis por ignorancia; y para colmo, los gobiernos hacen leyes aprobando el matrimonio entre 2 hombres para destruir la tierra. ¡Por favor!

Es ilógico obsequiar botellas de licor a los alcohólicos; así como los drogadictos darles droga. ¡Es la misma obra estúpida! que reciben gratuitamente los adictos bisexuales, al aprobar leyes para continuar su adicción enferma, de penetrar traseros masculinos y rellenarlos de esperma. Es absurdo, pero es la cruda realidad; los heterosexuales siguen mermando su poder en las legislaturas de países creados, supuestamente para defender la sociedad en general, no para destruirla con la nueva infección bisexual del momento.

Un matrimonio armonioso, hombre mujer heterosexual, es la clave para reformar toda condición negativa que impere en la familia; energía contundente que cubre sus cuerpos, de todo lo negativo de sus vidas.

TRANSEXUAL

El hombre transexual, además de estar mentalmente enfermo deseando ser mujer; ignora tener una adicción de corrupción de su vida anterior. Ahora en esta vida su condición hormonal le obliga conducirse como mujer; por haber arrebatado criminalmente la feminidad de su mitad alma-mujer en su vida anterior. O sea arranca cobardemente a su mitad alma-mujer su feminidad, para él convertirse en mujer; a quien supuestamente debiera cuidarla para que ella engendre hijos heterosexuales. ¡Increíble su aberración!

Repito, la mujer es la mitad alma del hombre, siglas CP-AMujer; y Dios se la entrega a cada hombre sobre la tierra para cuidar su heterosexualidad y engendrar en armonía sus hijos. La mayoría vive como su hermana de la misma madre; o nace en la misma familia de su padre; ignora que por miles de años la ha cuidado siempre de no arrancar su feminidad haciendo sexo con hombres. Esa ha sido la función del hombre, cuidar su fuerza heterosexual, y al mismo tiempo cuida también su inmortalidad y la heterosexualidad de su mitad Alma mujer siglas CP-AMujer. En otras palabras, la mujer depende de su mitad alma-hombre CP-AHombre para mantener íntegra su feminidad, resaltando su heterosexualidad para engendrar hijos en su formación. Por ello es una desgracia cuando el hombre se corrompe con su mismo sexo; indirectamente y de forma cobarde, arranca a su CP-AMujer su feminidad, haciéndola menos mujer al intercambiarle la hombría que detesta.

Es necesario repetir, que toda alma del hombre viene programada para impregnar en su cuerpo con el 1er aliento de vida, todo lo que hizo en su vida anterior; incluyendo la corrupción con su mismo sexo. Es la razón que todo hombre contagiado empieza haciendo transgénero, motivado por la genética enferma de nacimiento y por la avanzada Ciencia para hacerse cirugía transexual. El hombre que se siente atrapado en su cuerpo con sentimientos de mujer, así como vestirse deseando y pensando como mujer; es obvio que en su vida anterior vivió corrompiéndose con su mismo sexo. Renace en esta vida con la misma putrefacción del pasado haciendo sexo con su mismo sexo; y como todos ignoran el comienzo de este flagelo, recurren a la Ciencia para convertirse en mujer por sus buenas finanzas. Ignorando que su enferma adicción los convierte en idiotas, al renunciar no solo a su hombría para siempre, también a su alma para destruirla después de su muerte, y nunca regresar a la vida como lo hacemos todos.

La heterosexualidad se mide mediante hormonas masculinas o femeninas en su respectivo cuerpo mujer-hombre, para que la ciencia se avoque de inmediato en este flagelo. La transformación empieza a partir del 100-00% heterosexual; y todo adicto bisexual que sobrepase el 50-50% de hormonas masculinas-femeninas, empieza a reflejarlo su cara para que comprenda su corrupción. Un adicto bisexual regularmente no puede engendrar varones, solo mujeres por su costumbre de pensar en hombre cuando hace el amor con su esposa. Aunque hay ocasiones esporádicas que consigue engendrar el varón, gracias a su joven mujer temperamental que conquista, con el peligro de nacer con Síndrome del cerebro y otras imperfecciones. Sin embargo, como lo he explicado, hay otras formas que un Heterosexual 100% no engendre varones, y es por su enorme efusividad que sobrepasa siempre a su esposa supuestamente "fría" para engendrar solo niñas. Amén de otras artimañas que usa su esposa para bajar su temperamento sexual mediante la masturbación continua, para evitar subir sus números y engendrar varón.

Es imperioso repetir que la adicción de su mismo sexo es el peor cáncer que ha padecido la humanidad desde sus comienzos; la más peligrosa función para destruir la Creación Humana, incluso más fuerte que todas las drogas juntas. Cuando los hombres adictos bisexuales se enteren que poseen un cáncer, y que pueden extirpar, terminará su cobardía de arrebatar la feminidad de su mitad alma–mujer renunciando destruir la humanidad.

Recalco, las mujeres no son culpables de su bisexualidad; el culpable es su mitad alma hombre causante de sus desvaríos, por ser ellos encargados de su heterosexualidad. Siendo lésbicas sin feminismo, y con la hombría impregnada de su mitad alma-hombre en este nacimiento; tratan de hacer el cambio transexual de mujer a hombre, porque no les queda otro camino. Repito, la bisexualidad del hombre se adquiere a partir de heterosexual 100-00%, hormonas masculinas femeninas respectivamente, revirtiendo esos números al 00-100% al convertirse en homosexual y ella en lésbica. Así es como se transforma en 3 o más vidas en M.C.H. Homosexual; y su mitad alma-mujer automáticamente en lésbica H.C.M.; o sea con 00% de hormonas femeninas y 100% masculinas.

La ignorancia pide la aprobación de asesinar los fetos de los bebés antes de nacer, privándoles de su derecho a la vida; así como el consentimiento matrimonial de los adictos de su mismo sexo. Las mujeres que abortan, llevan esa imprecación por toda la vida con otras calamidades que se adhieren, al privar de la vida a un ser programado por ella misma para vivir su experiencia. Realmente no son las mismas después de hacerse el aborto, y nunca terminan de experimentar su culpa y cargo de conciencia por asesinar su propio hijo para satisfacer su vanidad. Su formación hizo posible que su embarazo se realizara, al fecundar su hijo de la rama de apellido de su esposo, a cumplir con el formato establecido de su vida anterior. Lo cual quitarle la vida sería catastrófico para vivir toda su vida maldecida.

Los falsos derechos que proclaman los adictos bisexuales, los ha creado indirectamente la Ciencia, por ignorar al alma como la guía del cuerpo-hombre que no ha podido comprobar. Máxime cuando su adicción enferma los convierte en astutos, para fraguar dentro de su clóset el peor cáncer humano, genéticamente constituido para destruir la humanidad. Aunque suene disparate, esos derechos que claman los adictos bisexuales, son los mismos que deberían reclamar la delincuencia, drogadictos, y toda clase de violadores sexuales, etc. Estos delincuentes dañinos en proporción, hacen menos daño que los adictos bisexuales, auto-programados para terminar con la humanidad.

Desde la creación de la Cristiandad, la adicción de su mismo sexo estuvo siempre escondida en su closet; venía arrastrando su adicción desde Sodoma y Gomorra en el Continente Atlante. Tenían que pasar 2000 años de adoctrinamiento cristiano, para que la contra-cultura hippie de los años 60s, con jóvenes nacidos en la última generación de los 1940s de este Ciclo de almas, finalizado en Diciembre de 2012 hiciera su trabajo. La transformación que hicieron los adictos bisexuales, reprimidos con 2000 años de educación Cristiana, se desbocó en los 60s del siglo XX, al salir del closet con la Era de los Rebeldes sin Causa. Así reapareció la bisexualidad que por centurias se mantuvo en el closet para ejercer su flagelo con libertad, así como la libertad del sexo heterosexual. Ahí apareció con fuerza su adicción expandiéndolo hasta la actualidad, creyendo que al mostrar su contagio homosexual en público; sería suficiente para aprobar sus leyes a su favor.

Con su ignorancia y adicción a cuestas, han formado un lobby Gay de muerte y desolación, aprovechándose del desconocimiento de la Ciencia en esta peligrosa enfermedad escondida en su closet. Tristemente resultó ser el peor cáncer de todos los tiempos que ha gestado la mente del hombre para destruir impunemente la Creación Humana. Por fortuna la postura de la iglesia Católica para defender la vida es fuerte, y nadie posee el derecho de cambiarla, ni aún con las ideas perversas que inventa la dualidad negativa de apoderarse del mundo en cualquier forma destructiva.

El aborto es sin duda un asesinato, que se comete contra un ser inocente; factor clave, incluso por las condiciones creadas por las energías configuradas por la madre, para atraer al hombre corrupto para embarazarla en una violación. Sin duda son condiciones adversas que toda mujer violada hace con su actitud para tener su merecimiento. Suena imposible, pero basándonos en los archivos del alma, es como cada persona configura las aulas de aprendizaje que merece tener por sus acciones. Su propia condición nos dice, que la madre es quien impone la formación electromagnética, para conquistar al hombre corrupto y engendrar a su hijo enfermo de su propia rama de apellido. Es mediante sus acciones, y como madre deseando tener a su hijo; ayuda a resolver un problema que existe y que debe engendrarlo para darle vida; para que su hijo remedie la lección que merece en esta vida con su nacimiento. Si lo aborta; serán otras reacciones que sufrirá la madre y quienes le ayudan, por el asesinato de un ser inocente que merece vivir, programado desde su vida anterior para resolver sus propios errores. Proteger la vida es una función natural que nunca debe violarse; la formación del hijo en el vientre de la madre, se encuentra un aula de clases que ese hijo debe tener por sus acciones en su vida anterior, para que aprenda a vivir sanamente.

Las fuerzas de Dios penetran en todos los espacios del mundo, y nunca se equivocan cuando son activadas por la dirección mental negativa-positiva de las personas. Su responsabilidad por las consecuencias de sus actos, es parte de su experiencia milenaria para comprobar lo bueno y lo malo de sus acciones. Es tan simple protegerse de todo lo malo con actuar armoniosamente, incluso para proteger a sus hijos; porque cuando hay menores de edad implicados en un accidente o malestar, los padres son los responsables directos para tener lo que merecen.

Con la revolución del pensamiento se crean los hechos consumados con relatividad, para expandir hacia otras mentes mejor capacitadas, para definir la idea percibida.

CAPITULO XXI

HOMOFÓBICO HETEROFÓBICO

Los primeros estudiantes del evangelio interpretaron su lectura con la mejor opción de entendimiento, manteniendo su explicación creyendo estar informados. Sin embargo, el evangelio mantiene la misma enseñanza para ser interpretada por el mejor intelecto, con la opción de sus lectores de buscar su propia verdad estudiando la Biblia para comprenderla mejor. Los evangelios fueron dictados a los profetas judíos por los E.T. encargados de la tierra; con el fin de escribirlo en la Biblia para educar la humanidad con la nueva Cristiandad. Es obvio que la inteligencia de los Maestros E.T., dictaron en su propio lenguaje sus formas especiales para educar al hombre por 2000 años, hasta el final del Ciclo de las almas en el 2012, y probar al hombre su capacidad de intuición y comprensión.

El evangelio es un axioma dirigido a formar el estudiante al estudio en su particular formación, tratando de armonizar sus actos en su comprensión y guía, para mejorar su vida. Es muy importante comprender, cómo la palabra se hace carne por la configuración genética de sus deseos, moldeando su cuerpo con su interpretación inmortal, renaciendo con su método simplificado de su propia formación. Los evangelios son como una piedra preciosa, deben tallarse hasta encontrar el diamante que embellece el mensaje; empero podría ese tallado revelarle otra formación que satisface la idea que busca. Ese es el detalle de incomprensión por la cual no pudieron hallar la verdadera enseñanza de inmortalidad del hombre, además de otros descubrimientos muy importantes para comprender el trabajo de formación del alma.

Los estudiantes Bíblicos demostraron por 2000 años, mantener su inmortalidad fuera de sus alcances; debido a la incomprensión de los primeros estudiantes en su interpretación. Al continuar la misma comprensión quedaron satisfechos con su lectura y formación respectiva, restándole importancia al alma cual requería fuerza energética mediante la dirección del hombre. Sin embargo, toda esa fabulosa formación del hombre, perfectamente la escudaron con la imagen simbólica de "Jesús Cristo", dándole a él las funciones de inmortalidad que correspondían al hombre, impidiéndole que fuera responsable. En el final del Ciclo de las almas, el hombre comprende que la palabra bien suministrada es milagrosa, piadosa y misericordiosa, pieza clave del rompecabezas humano, para comprender, que todos los caminos de su vida han hecho de este mundo el mejor paraíso de las almas.

La carne es tan débil, que tiene a más de la mitad de humanidad sufriendo este fenómeno que los destruye mediante la adicción de su mismo sexo; y otros negativos con un infierno de desgracias, y que forzosamente requieren estos libros para salir adelante. Nuestra alma posee funciones energéticas que la mente fortalece por sus acciones, fluyendo hacia otras personas para producir el cambio que merece tener. El Alma posee suficiente energía que ha llenado con su experiencia milenaria, creando un aura especial que cubre su cuerpo para cuidarlo y otras funciones especiales. La misma irradiando su energía para atraer a las personas que llegan a su vida para proseguir positivamente su formación establecida, ya sea para fortalecerlo o negativamente haciéndole daño. Nadie llega por casualidad, es causalidad programada por las energías de sus acciones, para fortalecer su pensamiento en las cosas que realiza o escribe. Cuando sucede un hecho lamentable o un accidente, es porque así estaba escrito que ocurriera, gracias a que sus energías del alma están ligadas a las E.R.C.U. para trabajar su merecimiento, así de simple.

Las energías del alma trabajan con otras energías para hacerle cambiar su rumbo, como forma de recibir un hecho especial que merece tener en sus vidas. Y en ese momento nadie puede cambiar, debido que la persona que debe sufrir un accidente o cualquier desgracia –por ejemplo, ya llenó las expectativas para hacerlo realidad. Hechos programados por cada persona que nadie puede cambiar, porque se alimentan de acciones dispuestas a producir el cambio, en el momento preciso que los recibe. En otras palabras cualquier hecho recibido fue programado por sus propias energías para realizarse, porque es una ley programada por la víctima y el victimario para hacer la obra por merecimiento.

La víctima de una tragedia mortal, posee formas de evitar ese accidente con avisos varios que recibe, como una caída, sueños, enfermedad, o algo que mueva su conciencia que debe cambiar su postura. Igual para evitar daños a sus hijos menores de 21 años supeditados a las acciones de su padre, recordándole que debe cambiar su postura de corrupción para protegerlos de una muerte o enfermedad grave o accidente. Nuestra formación de vida de acción y reacción es el mismo ejemplo de quien lanza una pelota al aire; forzadamente esta debe caer por fuerza de gravedad, y nadie puede evitarlo. Todo hombre mediante la experiencia positiva de vida que realiza, es como una lámpara visible en la noche para atraer la gente, a proseguir el buen camino que ejerce su experiencia. Es muy importante su armonía, que sirve para atraer y motivar a sus seguidores con su pensamiento para beneficiar su alma; y atraer las mejores energías en su camino y continuar ascendiendo. Sin embargo en el terreno negativo, es muy peligroso si el autor ejerce negatividad al poseer fama, esa misma negatividad motiva a sus fanáticos desarrollar su pensamiento; regresándole su misma reacción negativa para destruirlo. Con las energías del alma no se juegan, especialmente si un artista famoso la usa en forma negativa aprovechando su fama, con mensajes para retroceder la conducta y formación de sus fanáticos, programando su propia destrucción de muchas formas.

La prueba la brindan muchos artistas famosos que murieron trágicamente, por distorsionar la buena fama que lograron con su figura y canciones. El fenómeno lo realizan las propias energías de cada fanático contagiado, al irradiar la misma fuente negativa hacia el causante de su cambio, y multiplicados por los miles de contagiados por su mensaje negativo; lo destruye rápidamente. Debe saber todo artista famoso, difundir armonía en lo que hace, para evitar explotar negativamente las energías de sus fanáticos, y que posteriormente recibe el mismo autor para destruirlo. La explicación es simple, todo hombre que sobresale en lo que hace, especialmente los artistas populares; no deben olvidar que sus seguidores imitan su ejemplo, impulsando la misma fuerza por su enseñanza recibida. Si el mensaje es negativo, esa fuerza que los fanáticos imitan, se regresa al impulsor de la idea con reacción multiplicada, por el número de fanáticos que convence con sus ideas. O sea que una fuerza de energía negativa por ejemplo de 100 puntos enviada por el artista famoso, ésta se multiplica por los miles que convence para ejercerla. ¿Pueden imaginar la fuerza negativa que ese artista puede lograr multiplicar con sus fans para destruirlo en cualquier accidente?

Incitar los fanáticos negativamente mediante las canciones, es peligroso para el autor por cada uno que atrae; para regresarle el mal y programar su muerte. La Conciencia Universal nunca permite la desarmonía de las almas dirigidas a las masas con ideas para destruir; pues incitan a los negativos esperando la mínima oportunidad para dañar su sociedad. Quienes expanden sus dotes artísticos, es un don que llega por añadidura desde su vida anterior; y debieran aprovechar sus talentos para beneficiar a su gente con su fuerza de crecimiento.

Toda maldad posee una madeja de corrupción y negativismo como guía genética, para mover automáticamente al hombre en su misma frecuencia, buscando algún hueco para llenarlo de perversidad. La educación humana, se compara con la educación de los hijos en todos sus grados hasta la Universidad; así es como el Creador educa las almas mediante su experiencia inmortal, renaciendo cada 144 años. El alma requiere el cuerpo del hombre como su vehículo, para generar energías mediante su mente, experimentando toda clase de vivencias para transformar su cuerpo con relatividad.

La importancia del hombre es saber conducirse en armonía para conservar su alma sin partición en su siguiente renacimiento; y mantener íntegro su intelecto y formación dirigiendo su familia. Al fraccionar su alma por mal uso del 50% de su tiempo vivido, es la forma cómo divide su alma e intelecto, para unirse en esa formación a las masas por ignorancia, con otra individualidad en esa dualidad. Por ello la humanidad se expande negativamente o se estanca, por la baja comprensión del hombre manteniendo en altibajos su capacidad de hacedor positivo-negativo, dirigiendo su cuerpo.

Presenciamos el final del Ciclo de la humanidad en Diciembre 22 de 2012, para entender cómo la comprensión Negativa hizo estragos después de la 3era generación de los varones nacidos en los 1940s. Mostrando sus almas su negatividad cruel y perversa, con genes asesinos, en el final de los tiempos que menciona la Biblia. Comprobando que fue normal el trabajo destructivo de almas negativas, genéticamente conducidas para imponer sus guías mediante la transformación milenaria para destruir el mundo. Sin embargo, en estos mil años de prueba después del final de Ciclo, nos da la potestad para que las almas positivas, también muestren su poder evitando destruir la humanidad, mediante el cambio que debe hacer antes del plazo concedido.

La humanidad pasó inadvertida, que el Anticristo mencionado en la Biblia se encargó de evitar la destrucción del mundo, antes del final del Ciclo de las almas el pasado 22 de Diciembre de 2012, obteniendo a cambio 1000 años para reestructurar sus guías. Ahora comprendemos que dicho personaje, no es como originalmente lo ilustraba la ingenuidad con negativismo; al contrario, se creó para ilustrarnos la inmortalidad del hombre, revelándonos las interrogantes que ilustra este libro.

El hombre debe vivir en armonía haciendo el bien; para que en forma automática reciba las condiciones que motiva su pensamiento constructivo, abriéndose otros caminos para mejorar su vida. La fuerza de Dios mediante las E.R.C.U. impregnadas en todos los espacios, se confabulan mediante la mente del hombre para tener lo que merecen sus acciones. La vida está llena de sorpresas y motivaciones, para transformar su vida conforme trabaja su libre albedrio, tratando de salir del lugar donde se encuentra; sabe que al dirigirse corruptamente sufrirá las consecuencias.

Ahora sabiendo que es inmortal, comprenderá que siempre ha sido un dios pequeño, haciendo en pequeño lo que hace en grande Dios Padre en el Universo; con gran potencial para cambiar sus formas, mucho mejor que convertir agua en vino. El alma nunca descansa mientras el cuerpo del hombre que dirige esté dormido o despierto, continúa grabando sus experiencias con cada respiro y movimiento las 24 horas del día. Afortunadamente la fuerza de Dios está impregnada en todos los lugares, para que el hombre mismo se proteja con su armonía de conducta; formando un hilo de oro con la Deidad para tener una vida placentera.

Hacer un pedimento a Dios por una desgracia que padece, debe hacerlo con el lenguaje simple de enmendar sus errores; sino lo hace es un pedimento grosero para tener consecuencias. Dios posee una Energía impregnada en los espacios del mundo para proteger al hombre que cumple su deber de vivir armoniosamente; nadie debe temer a nada donde sea que camine con sus buenas acciones. La educación que la vida ofrece al alma en cada renacimiento del hombre, es comparable a la educación que ofrecen a nuestros hijos en la escuela y Universidad. La diferencia, que la humanidad ofrece el renacimiento humano como parte de los grados que el hombre automáticamente adquiere en cada experiencia de vida, con su formación individual. Es única gracias a su libre albedrio que ejerce en cada renacimiento; siguiendo su actitud altruista o decadente de su vida anterior. Gracias a su alma el hombre obtuvo la transformación en su vida anterior; con la prueba contundente de su renacimiento al mostrar su capacidad y formación actual, para proseguir en esta vida su ascenso hasta su muerte.

Nunca terminaría de describir cuán importante e imprescindible es el Alma para dirigir al hombre; sin ella no podría vivir un segundo, la encargada de configurar el funcionamiento de nuestro cuerpo y mantener las grabaciones de vidas anteriores. Además, el alma mantiene su mismo YO y su individualidad milenaria, por 562 renacimientos como mínimo con su nuevo cuerpo, hasta que lo sorprende la muerte. La Fuerza de Dios posee sus energías E.R.C.U. impregnadas en todos los espacios, para codificar las acciones del hombre y regresarle lo que merece su trabajo. Así es como el autor descubrió que Dios no mete Sus Manos en la tierra, deja que su Hijo el Hombre, active sus Energías mediante sus genuinas acciones, capacitándolo para ser un hombre de verdad. Aprendimos que el Hombre es el verdadero simbolismo de Cristo Jesús, que no pudo identificar la humanidad por 2000 años. Y por esa confusión, el hombre hizo añicos sus guías en su renacimiento con la negatividad encontrada a su paso, y continuar el mismo mal como en su vida anterior.

Afortunadamente nunca es tarde, estos libros revelan el origen del ser como nadie lo hizo en el pasado, poniendo en claro el peor cáncer homosexual a partir de su comienzo. La vida humana posee una clara definición de conducción Positiva y Negativa, que define la guía sexual Heterosexual y Homosexual; como una forma que la humanidad muestre su derecho de existir. La ignorancia del pasado deseando destruir la humanidad con la homosexualidad, nos ilustraba los deseos de educar a los niños, cómo usar el ano en vez de la vagina de mujer. Es abominable la confabulación demoniaca de los adictos de su mismo sexo, capaces de burlar la Ciencia y la humanidad para acabar con ella. Tanto ha sido su abominación, que en el pasado se destruyeron pueblos enteros con la homosexualidad con Sodoma y Gomorra. El enfermo adicto bisexual ama tanto con pasión su flagelo a la penetración, que se educó en universidades y hace trabajos especiales para tener cercas los penes del hombre, fascinado con su enferma adicción.

Los adictos bisexuales son muy sagaces y empecinados en buscar la oportunidad de oro que les brinda la amistad de su presunto amigo que conquista con su trato amable, para introducirlo al terreno bisexual. Saben manejarlo con fiestas y alcohol para seducirlo con su mismo sexo; y proseguir arrancando la feminidad de su CP-AMujer, tratando de ser mujer. Afortunadamente su alma se lo recuerda en su renacimiento, para que trate de arrancarlo de su mente toda sensación corrupta de su mismo sexo; no hacerlo podría engendrar a sus hijos con esa aberración. La psicología homosexual actual está en pañales con esta aberración mental del hombre; dejando a todos, su particular interpretación de sus pacientes, que tratan de curar. Por fortuna algunos psicólogos perciben positivamente este mal de su vida anterior, ofreciéndoles por su cuenta, la erradicación mental de dicho flagelo de sus mentes.

Sabemos que toda adicción de corrupción sexual heterosexual es conocida actualmente por todos, y ese no es mi trabajo repetir la recreación insana para propósitos criminales, como la violación, pedofilia y crimen. Sin embargo muchos bisexuales pueden resolver satisfactoriamente su adicción por su economía, dándose los lujos que desee, agrandando su flagelo. La diferencia, es cuando la adicción corrupta ataca al que no tiene dinero, este debe satisfacer su incontrolable enfermedad como sea, haciendo lo que sea, hasta llegar a la violación de mujeres e incluso crimen.

Todos tenemos el mismo origen de las almas; y somos los mismos para dejar de especular si fuimos o no los primeros pobladores de América. Especialmente cuando ignora, cómo la gente llegó después del hundimiento de Lemuria de raza amarilla, como náufragos sobrevivientes sin dirección en la recién emergida América. Después con la llegada de los negros de África, se aparearon con los orientales para crear las tribus salvajes que conocemos en América. El obscurantismo de la humanidad no comprende, que todos los humanos somos inmortales, siempre los mismos fraccionando su alma en cada renacimiento cada 144 años por 81,000 años que dura nuestro 1er ciclo almático con la misma alma individual.

En muchos lugares saben que existe Dios pero no lo perciben; existen leyes, pero no hay justicia; hay escuelas enseñando el mal para engañar y aborrecer, pero no lo comprenden. Así el hombre se guía y alimenta en su respectiva dualidad negativa, contaminando al resto de los suyos para fortalecer su polaridad. Así es como la Negatividad hace su imperio con la misma fuerza para destruir, condicionada desde el comienzo a destruir el mundo si la Positividad lo permite en su deber de protegerlo. Toda energía positiva-negativa del hombre sirve de atracción a su misma frecuencia de su derredor, aumentando su poder para transformar su lugar con sus formas de pensamiento.

La Tierra fue creada en esta parte del Universo, para educar a las almas del Creador, capacitándolas mediante su cuerpo diseñado especialmente para dirigirlo por su mente y libre albedrío. El hombre siempre será un gran transformador gracias a su alma inmortal, grabando su experiencia vida tras vida; alentada con las delicias que proveen las bajas y altas pasiones para satisfacerlo en todo. Una experiencia milenaria creada con su personalidad hombre-mujer, preparando genéticamente la formación de su cuerpo mediante su alma usando su mente para transformarse.

Por ejemplo, educar las almas en la esclavitud se destruirían en poco tiempo por convulsión negativa, porque fueron creadas por miles y miles de años en los 3 reinos de la naturaleza para vivir en libertad. La humanidad ha pasado desapercibido, el gran poder que posee el hombre mediante su mente para transformarlo todo, especialmente las almas menos fraccionadas encargadas de cambiar el mundo en el nuevo ciclo. Queda demostrado, que las almas que hicieron menos particiones durante su tiempo milenario de vida en todos sus renacimientos, actualmente son las más adultas del planeta, viviendo la mayoría en el 1er Mundo.

Siempre hemos comprendido la vida como una guerra entre el bien y mal, experimentando la maldad y bienestar tratando de permanecer en sus respectivos lugares. Por eso era muy importante comprender, cómo su alma conforma su mismo YO individual durante todo su ciclo, ejerciendo su Relatividad de formación dirigiendo su cuerpo; su única fuerza primordial para hacer el cambio. Repito, los Maestros que vigilan las almas en la Tierra, sabían que era peligroso mostrar al hombre su inmortalidad al comienzo de la Cristiandad; seguramente habrían intentado quitarse la vida por ignorancia al no gustarle su nacimiento. Era necesario comprender en esos 2000 años de cristianismo, cómo sus acciones activan las E.R.C.U. y tener su merecimiento, con el fin de asimilar las ventajas que producen las buenas y malas acciones. Conociendo su inmortalidad, el hombre ahora tiene oportunidad de comprender, cómo ha transformado su cuerpo con su actitud y pensamiento en todos los tiempos eligiendo su lugar de nacimiento. Con la experiencia obtenida, sabrá mediante su cuerpo cómo su alma milenariamente ejerció su alquimia mental, viviendo en varias culturas, como forma de aprender a vivir en armonía.

Es triste como los bisexuales en proceso de transformación homosexual, siguen activos en presencia de todos; y la mayoría casados contagiando impunemente a sus hijos. Ahora imaginen si se aprobara una ley a favor de casamientos homosexuales; el mundo irremediablemente explotaría en poco tiempo, por almas ardiendo en el centro del planeta, o los asteroides explotando la Tierra. Afortunadamente estos libros explican los detalles de esta repudiable enfermedad desde su origen, viendo cómo la humanidad se destruye con su flagelo; para empezar a limpiar este cáncer homosexual. Los Maestros planearon la Biblia e Iglesia Cristiana para educar a la humanidad mediante simbolismos por 2000 años, antes de finalizar su ciclo; enseñándole a tener conciencia del Creador. Evitaron revelarle directamente al hombre desde el comienzo su inmortalidad, por el peligro de autodestruirse por venir de la barbarie. Ahora después de recibir 2000 años de educación cristiana, aunado a los 79,000 anteriores, posee suficiente capacidad para asimilar los nuevos cambios del nuevo Ciclo de 1000 años de prueba que comienza. Los Maestros enviaron simbólicamente los mensajes a los profetas, para que la humanidad se educara con moral en los siguientes 2000 años mediante la Biblia y la iglesia Cristiana. Tiempo crucial para asimilar la inmortalidad del hombre mediante la hermosa historia de Jesús; y comprendiera el fenómeno de su alquimia mental y Relatividad individual. La educación Católica Cristiana se reflejó en armonía por todo el mundo, sabiamente ocultándole a sus adoctrinados su poder que posee, para no auto-destruirlo e interpretara la Biblia con la guía de su propio intelecto. Ignoraban que el hombre debía hacer y deshacer a su antojo su mejor estrategia de reformación, dirigiendo su cuerpo con la experiencia acumulada de su vida anterior, hasta el final del ciclo.

Con este libro termina la responsabilidad del autor, que honrosamente le brindaron los Maestros E.T. que cuidan la tierra para hacer este trabajo desde 1984, representando la humanidad con el fin de descubrir los males que la destruían. Su ayuda fue crucial e importante con su contacto continuado, ilustrando al autor a descubrir los males que ponían en riesgo la seguridad del mundo. El Anticristo debía ser un hombre emanado del pueblo para personificarlo, la única forma de desprogramar la hecatombe que lo destruiría al final de Ciclo en 2012 pasado. Esta es una orden de los Maestros E.T que cuidan este planeta, todo se encuentra listo para que Israel, U.S.A., y el Primer Mundo, empiecen a trabajar en la nueva dirección del mundo en libertad, a fin de evitar que la negatividad atraiga los asteroides para impactarse en el Planeta Tierra.

FIN

DEFINICIONES

1.- E.R.C.U. Energías de Reacción de la Conciencia Universal impregnados en todos los espacios de la tierra y Universo, para ser activadas por la mente del hombre, para tener lo que merecen sus acciones.

2.- C.P.V. Círculo Permanente de Vida, 6 generaciones Bisabuelo, Abuelo, Padre, Hijo, Nieto y Bisnieto. Regresando él mismo por su mismo padre cada 144 años aproximadamente.

3.-E.T. Extraterrestres.

4.- F.A. Fenómeno Apocalíptico son genes asesinos que aparecen en los hijos varones después de la 3era generación en estado negativo, educados negativamente desde su abuelo, padre, y él mismo a sus hijos.

5.- CP-AMujer, CP-AHombre. Contraparte Alma Mujer u Hombre, es la mitad alma del hombre que encarna como su hermana (o), o de la misma rama de apellido; encargado de su alma como guía heterosexual.

6.- M.C.H. **Mujer en Cuerpo de Hombre se denomina al homosexual, no puede engendrar; y su mitad alma H.C.M. Hombre en Cuerpo de Mujer se denomina la lésbica igualmente no puede engendrar.**

7.- P.T. Psicología Tridimensional. Psicoanálisis Dimensional actualmente lo ejercen los psicólogos mediante estudio de su derredor; Tridimensional, es una investigación más profunda que abarca el estudio del alma desde su vida anterior; incluso la palabra escrita a través de los tiempos para identificar su origen de formación.

8.- Después explicaré dónde estaban ubicadas estos lugares, donde Noé construía su Arca.

9.-- **Debe nacer en la misma rama de apellido del hombre; incluso los hijos de su hijo, pues los hijos de su hija son de la rama de apellido de su esposo.**

10.- **M.E.T. Maestros Extra Terrestres**

11.- **P.T. Psicología Tridimensional. Psicoanálisis Dimensional actualmente lo ejercen los psicólogos mediante estudio de su derredor; Tridimensional, es una investigación más profunda que abarca el estudio del alma desde su vida anterior; incluso la palabra escrita a través de los tiempos para identificar su origen de formación.**

12.- **Paleros es significativo de actores pagados para hacer teatro y engañar la audiencia haciéndoles creer que es verdad su restablecimiento**

13.- La partición almática que regresa al alma del hombre, aumenta su energía almática e intelecto, son la prueba de fuego para dirigir ambas en una sola dirección

14.- Los soldados que prestan servicio militar defendiendo su país, no posee este calificativo de asesino.

15.- **Su mitad alma mujer se conoce como CP-AMujer: Contra Parte Alma Mujer, y vive como su hermana; o incluso podría nacer de otra madre de su misma Rama de apellido, cuando la misma madre no engendra mujer.**

16.- **P.T. Psicología Tridimensional. Psicoanálisis Dimensional actualmente lo ejercen los psicólogos mediante estudio de su derredor; y el Tridimensional, es una investigación más profunda que abarca el estudio del alma desde su vida anterior.**

Cada ser pensante logra su transformación guiándose en ambas dualidades negativa-positiva, y por primera vez comprenderá porqué nace con el cuerpo que posee, por su actitud y pensamiento en su vida anterior. Con las pruebas aportadas en estos libros, también sabrá que por su irresponsabilidad fracciona su alma con menos comprensión, por vivir la mayor parte de su vida negativamente.

CPSIA information can be obtained
at www.ICGtesting.com
Printed in the USA
BVHW031114170419
545535BV00033B/424/P